THÉORIE

DES RÉVOLUTIONS.

THÉORIE
DES RÉVOLUTIONS,

RAPPROCHÉE

DES PRINCIPAUX ÉVÉNEMENS

QUI EN ONT ÉTÉ

L'ORIGINE, LE DÉVELOPPEMENT OU LA SUITE;

AVEC

UNE TABLE GÉNÉRALE ET ANALYTIQUE;

PAR L'AUTEUR DE L'ESPRIT DE L'HISTOIRE.

Quare fremuerunt gentes, et populi
meditati sunt inania! *Ps.... II.*

TOME III.

A PARIS,

CHEZ L. G. MICHAUD, Imprimeur - Libraire
rue des Bons-Enfans, n.º 34.

DE L'IMPRIMERIE ROYALE.

1817.

THÉORIE

DES

RÉVOLUTIONS.

LIVRE VI.

CAUSES, OCCASIONS, PRÉTEXTES, MOTIFS DES RÉVOLUTIONS.

CHAPITRE I.er

DE CE QUI PRÉCÈDE LES RÉVOLUTIONS.

Toutes les révolutions ont eu leurs causes, leurs occasions, leurs prétextes, leurs motifs. Il ne faut pas confondre ces quatre mots ; ils ont tous une signification et une application différentes.

Les causes d'une révolution se trouvent dans l'état moral des différentes classes de la société ;

Les occasions, dans les circonstances

particulières qui peuvent faciliter le développement de ces causes ;

Les prétextes, dans les allégations de ceux qui agissent par des vues personnelles, sans les avouer ;

Les motifs, dans les premières ou fausses attaques que les révolutionnaires profonds veulent livrer à la constitution, pour établir leur système sur ses ruines.

Tout cela se vérifiera par ce que je vais énoncer, notamment dans le chapitre III : je dirai simplement ici qu'une *cause* peut rester inerte si elle n'a pas une *occasion* d'agir ; qu'un *motif* peut rester caché, s'il ne se présente d'abord sous l'aspect d'un *prétexte*. Pour ne chercher ici mes exemples que dans la France, malheureusement trop riche en ce genre, combien de fois n'a-t-on pas dit que le règne de Louis XV avoit été la cause de la révolution, comme celui de Louis XVI en avoit été l'occasion. En supposant même que cela fût vrai, les motifs de la révolution n'eussent pas été mis en action, s'ils n'avoient été précédés par des prétextes.

Ceci demande une attention suivie, non-seulement par sa liaison avec la plus grande partie de cet ouvrage, mais encore par les idées saines qui peuvent en résulter pour juger la révolution.

En vain voudroit-on en chercher la cause dans le règne de Louis XV. Ce règne, auquel il peut y avoir quelques reproches à faire, a été calomnié, et il peut se justifier par des faits. Sans doute, en suivant tous les ans un règne pas à pas, on peut critiquer quelques-unes de ses opérations. Ce n'est point ainsi que juge la postérité, sur-tout pour un long règne; elle examine quel étoit, à son commencement, l'état de la nation, quel il est à la fin. Il y a alors quatre manières justes de le juger; je dis justes, quand on ne les sépare pas l'une de l'autre : 1.° sous le rapport de sa force militaire; 2.° sous celui de sa population; 3.° sous celui de sa législation; 4.° sous celui de ses finances.

Sous le rapport de la force militaire, Louis XV a soutenu trois guerres de terre. La première dura à peine deux ans, et finit par un traité qui, en donnant la Lorraine

1..

à la France, assuroit ses frontières et sa tranquillité, et par cela même étoit pour elle un bienfait inappréciable. Dans la deuxième guerre, Louis XV confirma dans une branche de sa maison le nouveau royaume qu'elle venoit d'acquérir, et lui procura une nouvelle souveraineté en Italie. Il avoit annoncé, dès le premier moment, qu'il ne prendroit rien pour lui : il n'attaqua la Hollande que pour forcer à la paix générale ; il auroit pu, et peut-être auroit-il dû l'attaquer plutôt. La troisième guerre, celle de sept ans, étoit impolitique et ne fut pas heureuse. La paix de 1763 fit perdre à la France des possessions sur le continent américain ; mais la richesse de ses îles répara promptement ses pertes : jamais elles ne furent dans un état plus brillant que depuis cette époque jusqu'en 1789. La marine françoise avoit fait de grandes pertes, mais qui ne l'empêchèrent pas de soutenir glorieusement la guerre d'Amérique. En 1782, l'Angleterre perdit à la paix des possessions bien plus considérables que celles qui furent cédées par la France vingt ans auparavant.

Sous ce règne, la population de la France augmenta; les canaux se multiplièrent; une partie du royaume fut couverte de grands chemins; par-tout le commerce prit une activité qui s'accrut encore sous le règne de Louis XVI. La législation françoise continua à se perfectionner sur les principes établis par Louis XIV. Les finances reçurent plusieurs échecs: mais aucune des grandes ressources n'étoit entamée; aucune d'elles ne le fut même sous Louis XVI; elles existoient toutes entières lors de la première assemblée des notables; elles étoient plus que suffisantes pour rétablir les finances, si cette assemblée eût voulu s'en servir. Les impôts étoient au-dessous de ce qu'ils sont aujourd'hui, et ce déficit dont on a tant parlé auroit été comblé par des sacrifices bien moindres que ceux que la révolution a exigés.

A tout cela, il faut joindre le caractère de modération et d'équité de ces deux monarques; caractère reconnu et avoué par tous les étrangers; ce qui donnoit aux négociateurs françois un grand avantage dans

les affaires publiques qu'ils étoient chargés
de traiter. Ce fut la France qui, en 1779,
détermina le roi de Prusse et l'empereur
Joseph à faire la paix de Teschen. A tout
prendre, elle étoit donc dans un état plus
florissant qu'à la mort de Louis XIV. En
partant des derniers troubles de la Fronde,
la France avoit donc, pendant près d'un
siècle et demi, constamment augmenté sa
puissance politique, commerciale, militaire
et territoriale. Certes, elle ne pouvoit trouver dans cette augmentation constante une
cause de révolution ; la vraie cause ne pouvoit donc être que dans une inquiétude
d'esprit, par malheur trop répandue parmi
la partie instruite de la nation. Mais pour
que cette cause pût produire un effet, il
lui falloit une occasion : elle se trouva
dans l'assemblée des notables de 1787.
Louis XVI, à la première proposition que
Calonne lui fit d'assembler les notables,
lui répondit par ce mot si sage et si prophétique : *Cette assemblée me meneroit aux
États généraux , dont je ne veux pas.* Malheureusement ce refus ne fut pas soutenu, et

la prédiction du roi se vérifia. Une fois cette occasion offerte, toutes les causes, même les plus éloignées, furent mises en action, par les uns avec des prétextes apparens, par les autres avec des motifs secrets.

Il y a, en général, chez tous les hommes, un esprit d'inquiétude et de mécontentement, qui ne leur laisse jamais voir dans leur vrai jour les différens genres de bonheur auxquels ils peuvent être appelés : ils jugent toujours que ce qu'ils n'ont pas est préférable à ce dont ils jouissent. Ce sentiment s'étend sur toutes les jouissances de la vie humaine, comme sur les jouissances politiques ; il tient à un sentiment plus élevé, qui nous avertit sans cesse qu'aucune félicité terrestre ne peut satisfaire pleinement une ame destinée à un bonheur immortel.

Ce sentiment se trouve par-tout, chez les individus, comme chez les nations : chez les individus, il peut produire dans la société une agitation habituelle qu'elle doit surveiller par les lois, et dont il n'est pas même impossible qu'elle tire quelques avan-

tages : chez les nations, il peut, d'un moment à l'autre, produire une fermentation
souvent dangereuse et jamais utile. C'est
sur cette fermentation qu'un gouvernement
sage et actif doit toujours avoir les yeux,
pour en éloigner tout ce qui pourroit
amener une explosion. On a dit il y a
long-temps : *Heureuses les nations dont
l'histoire ne parle point, ou parle peu!* et ce
mot est très-vrai. C'est un malheur incalculable pour un peuple de ne pouvoir
supporter long-temps un bonheur tranquille, de s'ennuyer de l'uniformité de son
heureuse existence ; malheur d'autant plus
grand, que, dans les troubles politiques, les
excès sont toujours en raison de l'injustice
des prétextes. Les peuples sont là-dessus
comme les particuliers ; on n'aime pas à
s'avouer à soi-même qu'on a fait une faute,
qu'on a détérioré son sort, qu'on a ajouté
foi à des insinuations perfides et nuisibles ;
et malheureusement ce sont toujours celles-
là qui trouvent confiance. Il faut des peines
infinies pour faire adopter au peuple ce
qui peut lui être utile ; il ne faut que de

l'audace et de la fausseté pour l'enivrer de ce qui sera funeste pour lui.

Un gouvernement doit donc regarder comme constant qu'il y a toujours parmi ses sujets un grand nombre de mécontens, qui le sont sans savoir positivement de quoi, à qui le mot de *changement* tournera la tête, qui se précipiteront dans tous les abîmes que la perfidie leur ouvrira, et qui seront d'autant plus difficiles à ramener, qu'ils auront été plus coupables dans leur égarement.

Cette disposition générale précède nécessairement les révolutions, parce que, du plus au moins, elle est habituellement dans toutes les sociétés politiques ; mais elle fera peu de mal dans celles où elle ne trouvera pas l'origine, l'occasion, les causes, les moyens d'une révolution. C'est donc tout cela qu'il faut distinguer soigneusement.

L'origine peut être prochaine ou éloignée ; les occasions, physiques ou morales ; les causes, publiques ou personnelles ; les moyens, prévus ou inattendus, connus ou inusités.

En général l'origine des révolutions est dans l'altération du principe du gouvernement. L'autorité des maires, prodigieusement accrue sur la fin de la première race en France, fut évidemment l'origine de la révolution qui éleva la seconde race. L'autorité royale, dont le premier principe est l'unité, se trouvoit partagée ; le nom étoit d'un côté, la force réelle de l'autre. L'origine *éloignée* date du moment que les maires empiétèrent sur l'autorité ; elle devint *prochaine,* quand ils l'eurent toute entière. Il ne falloit plus qu'une occasion pour manifester la révolution, qui dès-lors étoit faite ; ce qui arriva ensuite ne fut que la déclaration de ce qui existoit déjà.

L'unité du pouvoir monarchique revint sous Pepin, et sur-tout sous Charlemagne ; mais elle ne se maintint pas sous le débonnaire Louis I.er ; de là les révolutions dont il fut toujours le jouet.

Nous avons vu cette même unité de pouvoir abandonnée par Louis XVI. Elle fut attaquée par l'opinion qui prédominoit alors. L'affoiblir ou la déprimer, devint une mode chez une nation pour qui la mode est tout, et tourmentée sans cesse par une légèreté qui la porte vers ce qui est nouveau. Dès-lors il y eut une origine de révolution; mais cette origine, *éloignée* tant que l'autorité n'avoit à lutter que contre les parlemens, qui lui étoient foncièrement attachés, devint *prochaine* dès que l'autorité eut accordé des États généraux. Dès ce moment la révolution fut conçue. Elle naquit au Jeu de paume, et dans la même heure devint gigantesque, parce qu'il y eut deux autorités, l'une antique et juste, qui se défendoit avec foiblesse, l'autre nouvelle et despotique, qui attaquoit avec audace.

En Suède, jusqu'au règne de Gustave-Wasa, l'origine des révolutions du trône étoit habituelle. Elle existoit toujours dans les réunions forcées des royaumes du Nord, dans l'excessive puissance de quelques membres du clergé, et dans ce malheureux droit d'élection. A chaque mutation du monarque, l'occasion étoit prochaine, et il falloit des circonstances particulières pour empêcher qu'il n'y eût une révolution. Pendant long-temps cet État fut constitué en révolution intermittente; on pouvoit calculer d'avance le retour des accès.

Il suit de là:

1.º Que jamais il ne peut y avoir une grande révolution (de gouvernement), sans que cette révolution ait eu une origine, qui a pu être plus ou moins éloignée, que peut-être on n'apercevoit pas, à laquelle se sont jointes des causes accessoires, et qui a été développée par des moyens incapables de produire par eux-mêmes un effet durable;

2.º Qu'au contraire une simple révolution de gouvernement peut ne point avoir une origine éloignée, excepté dans les États où la succession au trône est toujours révolution (mais alors cette origine tient au vice du gouvernement); qu'elle peut naître d'une cause très-récente, d'une occasion imprévue, parce qu'elle ne s'en prend point aux choses, et qu'elle n'attaque que les personnes. C'est ce que l'on voit dans les fréquentes mutations de la couronne d'Angleterre jusqu'à Henri VII.

Pour ces révolutions, il ne faut quelquefois qu'une simple révolte ou sédition ; pour
les autres, il faut une chaîne de mobiles
préparatoires : les unes peuvent être médi-
tées, commencées, finies en quelques
heures par le même homme ; les autres,
travaillées sous la lime des siècles, s'échappent de la main du temps, et, impatientes
de leur existence, usent les révolutionnaires
et les révolutionnés avant de s'user elles-
mêmes.

Ainsi, avec de l'audace, ou seulement de
l'impudence, un esprit ordinaire peut commencer tout-à-coup une révolution ; mais la
finir de même n'appartient qu'au génie. Le
premier peut, soit par adresse, soit par hasard,
saisir l'opinion du moment ; l'autre devine ou
crée l'opinion dont on sera un jour. L'un
a appelé à son secours l'opinion qui lui a
paru prédominante ; l'autre en appelle à
celle qu'il fera naître : c'est-à-dire que l'un
est servi par l'opinion publique, et que
l'autre lui commande ; et cela s'explique
aisément. A l'instant qui précède une grande
révolution, l'opinion publique est une fer-

mentation générale; à l'instant qui la finit, cette opinion n'existe plus, elle est usée, parce que l'imagination des hommes va bien plus vîte que les événemens. Dans le premier moment, elle en veut à ce qui existe, et se prostitue à celui qui détruit; dans le second, elle cherche ce qui doit être, et se jette sur ce qu'on lui dit qu'elle va voir.

Le second principe de l'autorité monarchique est la certitude de la succession au trône. Ce principe manquoit à l'empire romain; il y eut toujours une origine de révolution. Elle fut *éloignée* jusqu'à la fin du règne de Néron; mais du moment qu'elle l'eut détrôné, elle devint *prochaine* pour tous ses successeurs; et les trois premiers en donnèrent bien la preuve. Pour que de cette origine il résultât une révolution qui disposât de la couronne, il falloit une cause, une occasion, des moyens. La cause se trouva dans l'horreur et le mépris qu'inspiroit un monstre couronné; l'occasion, dans l'ambition de ceux qui jugèrent que désormais la couronne appartiendroit au plus hardi ou au plus heureux; les moyens, dans l'indiscipline et la cupidité de l'armée, qui vit le moment de s'arroger le droit d'élection. De là qu'arriva-t-il? que l'origine et les moyens subsistant toujours, dès qu'il se trouvoit *cause* ou *occasion*, la révolution étoit inévitable. S'il y a dans l'histoire romaine une vérité politique démontrée par les faits, c'est assurément celle-là; elle a été prouvée jusqu'à l'évidence par l'effrayante multiplicité des mutations du trône impérial (1).

L'origine tient donc aux choses, les occasions et les causes aux circonstances, les moyens aux personnes.

L'origine peut être calculée long-temps d'avance par quiconque aura découvert le vice qui mine le gouvernement. Les occasions et les causes peuvent se calculer d'après les circonstances environnantes, tant intérieures qu'extérieures; les moyens pourroient se calculer d'avance sur les caractères de ceux pour, avec ou contre qui se prépare la révolution. Mais comme une révolution change les caractères, comme elle

_____

(1) *Voyez* Livre II, chap. VIII.

peut déplacer, ainsi que je le dirai plus bas (1), les principes, les idées, les préjugés, les sentimens; des moyens uniquement calculés sur les caractères pourroient se trouver fautifs. L'expérience a prouvé qu'en révolution, les meilleurs moyens sont les plus inattendus. Ils frappent, ils étonnent, et l'effet se fait sentir pendant qu'on cherche encore ce qui l'a produit.

Lors de la révolution qui donna momentanément à l'Angleterre le royaume de France sous Charles VI, l'origine étoit dans l'excessive puissance et l'insubordination des grands vassaux, qui rivalisoient avec l'autorité royale; l'occasion physique, dans l'accident qui fit tomber le roi en démence; la cause, dans les passions d'une femme et d'une mère dénaturée; les moyens, dans les forces réunies que donnoient au duc de Bourgogne et au roi d'Angleterre leurs immenses possessions en France, et leur caractère personnel.

Assurément, dans cette révolution, tout

_____

(1) *Voyez* Livre VII, chap. II.

sembloit *devoir* la rendre entière et inébranlable; et lorsqu'une servante d'auberge entreprit de la détruire, si l'on n'avoit calculé d'avance les moyens que sur les caractères, toutes les chances étoient en faveur de l'Angleterre : mais l'enthousiasme qu'inspira Jeanne d'Arc rènversa tous les obstacles, trompa tous les calculs, changea tous les caractères. Qu'il y eût ou qu'il n'y eût pas de miracles, l'imagination en vit un et en créa d'autres.

De tout cela il résulte qu'un État peut renfermer un germe de révolution, et prospérer long-temps sans en avoir une. Tant que les occasions, les causes, les moyens ne se rencontreront pas ensemble (1), le gouvernement ira, ne fût-ce que par habitude. Une mine pourra se creuser sous lui; mais tant qu'elle ne sera pas chargée, tant qu'on n'aura pas l'idée et le pouvoir d'y mettre le feu, il est toujours à temps de la découvrir et de la fermer.

On a voulu voir, dans le désordre des finances, l'origine de la révolution fran-

_____

(1) *Voyez* Livre VII, chap. VI.

3.   2

çoise; c'est une erreur : ce désordre n'en a été que l'occasion, ou plutôt que le prétexte. La France avoit bien plus de ressources qu'il n'en falloit pour réparer ses finances; la preuve en est dans ce qu'elles sont aujourd'hui, après d'effroyables déprédations.

CHAPITRE II.

LES RÉVOLUTIONS NÉES DE LA SERVITUDE OU DE LA LIBERTÉ.

C'EST une vérité pénible à dire, mais qui n'en est pas moins essentielle à connoître et à approfondir; l'excès de la liberté a des suites plus funestes que l'excès de la servitude. Malheur à celui qui oseroit en conclure que la servitude est l'état naturel de l'homme, et que, toujours destiné à être gouverné par un maître, peu lui importe d'être opprimé par un tyran! mais aussi malheur à ceux qui ont profané la liberté, qui ont abusé des bienfaits de la nature, qui ont obligé l'homme à se méfier de son plus bel attribut, et à regretter, après avoir imprudemment échappé à ses liens, de n'avoir pas été garrotté et chargé de fers!

Les révolutions nées de l'excès de la servitude sont plus rares, moins dangereuses, plus courtes, que celles qui naissent de l'excès de la liberté. Les faits nous prouveront tout-à-l'heure que cela a toujours été; le raisonnement nous dit que cela doit toujours être.

Quoique égaré souvent dans les rêveries du Contrat social, Jean-Jacques Rousseau a rencontré cette vérité; et elle lui a paru si forte et si bien démontrée, qu'il n'a pu s'empêcher de lui rendre hommage, en disant: « Jamais le gouvernement ne change de » forme que quand son ressort est usé et » le laisse trop affoibli pour pouvoir con- » server la sienne. Or, s'il se relâchoit en- » core en s'étendant, sa force deviendroit » tout-à-coup nulle, et il subsisteroit encore » moins. Il faut donc remonter et resserrer » le ressort à mesure qu'il cède; autrement » l'État qu'il soutient tomberoit en ruines. »

Cet homme extraordinaire, à qui ses erreurs mêmes semblent n'avoir été inspirées que par l'amour de l'humanité, avoit donc pressenti ce dont on a fait après lui une si cruelle expérience, que cette huma-

2..

nité veut être gouvernée par une force toujours puissante, toujours active ; qu'elle est
exposée aux plus grands dangers quand
cette force s'affoiblit, et qu'alors il n'y a
d'espoir de salut qu'en remontant et resser-
rant le *ressort*.

En général, la servitude porte plus sur
les personnes que sur les choses : le despote s'embarrasse peu des lois, tant qu'il
peut à son gré en empêcher l'exécution.
Si donc, en opprimant, il a contrevenu aux
lois sans les détruire, lui une fois éloigné,
les lois se retrouvent, elles reprennent leur
cours, la révolution est finie ; et alors elle
a été purement individuelle, dirigée contre
un homme seul qui se mettoit à la place
des lois. Il n'y a point de suite à donner à
cette révolution ; car pour cela il faudroit
en faire une seconde, alléguer un autre
prétexte, ce qui mettroit à découvert les
factieux, qui ne pourroient plus agir en
vertu de la cause première. Si, au contraire,
l'oppression a été jusqu'à détruire les lois,
le besoin de les rétablir forme l'esprit public de la révolution. Elle tend donc à ce

but par les moyens les plus prompts et les
plus sûrs : ce but atteint, elle est finie ; et
alors, quoiqu'elle soit révolution individuelle vis-à-vis de l'oppresseur que l'on a
chassé, elle est révolution politique par
rapport aux lois qu'on a rétablies ; et sous
l'une et l'autre de ces qualités, elle ne présente que des chances conformes à l'esprit
public qui la dirige.

L'excès de la servitude comprime toutes
les parties, tous les élémens de l'État, les
tient dans une contraction violente, mais
ne les détruit pas. L'excès de la liberté les
décompose, les annulle, dissout les liens
que la servitude auroit trop serrés. Dans
une corporation civilisée, il répand et fait
germer les idées de liberté naturelle, d'état
sauvage, incompatible avec l'état social.
Sous l'excès de la servitude, je me représente la société comme une colonne qu'une
force majeure a renversée, mais qui est
tombée en masse toute entière, et sans
perdre aucune des parties qui la compo-
sent. Sous l'excès de la liberté, je me représente cette même colonne décomposée, ses

principales pierres détachées , éparses ,
brisées , n'ayant plus entre elles ni lien ni
rapport.

De cette comparaison , il résulte que,
dans le premier cas, une révolution peut et
doit même sauver l'État, parce que toutes
ses parties ayant encore conservé leur place,
ou au moins leur numéro , il ne s'agit que de
les remettre sur pied ; on sait d'avance où
elles doivent être. Dans l'autre cas , on ne
reconnoît plus, on ne veut pas même reconnoître la place de chacune des parties ; on
s'efforce de lui en assigner ou de lui en
créer une autre. Il faut donner à la société politique de nouveaux élémens et de
nouvelles formes ; ce qui provoque toutes
les passions, ce qui forme et entretient une
rivalité de factions ; ce qui, par conséquent,
ne sera jamais l'ouvrage d'une seule révolution. La première en amenera donc une
seconde ; et du moment qu'en faisant une
révolution on ne se hâte pas de la terminer,
on ne sait plus à laquelle on s'arrêtera ; mais
on a lieu de craindre de les essayer toutes.

Les révolutions nées de la liberté ne

peuvent jamais avoir que des prétextes, tandis que les autres ont réellement une cause. En partant d'une cause, on peut arriver à un but et ne pas le dépasser ; en se couvrant d'un prétexte, on n'a point de but assuré et avoué : si l'on en a un, on le déguise, comme on déguise le vrai motif ; les intentions sont aussi vagues, aussi indéterminées que les plaintes.

Dans ces deux sortes de révolutions, l'exaltation du peuple est toujours moyen, mais avec une grande différence : dans les révolutions de servitude, le peuple est exalté par ce qu'il sent ; dans les révolutions de liberté, le peuple est exalté par ce qu'on lui dit : or le peuple, qui ne se trompe jamais sur ce qu'il souffre, est presque toujours trompé sur ce qu'il entend. L'exaltation produite par la souffrance peut s'arrêter, parce que l'effet naturel d'une cause réelle peut diminuer ou s'éteindre avec cette cause même. L'exaltation produite par la séduction est bien plus longue et plus difficile à calmer, parce qu'elle est l'effet artificiel d'une cause fausse ou exagérée, que les

séducteurs ont soin de maintenir toujours
en activité. Dans l'une, la cause tient aux
choses ; dans l'autre, aux personnes.

De ce que je viens de dire sort une grande
vérité ; c'est que les révolutions de servitude
ne doivent jamais produire de factions, ou
que, s'il en naît quelques-unes, elles ne peuvent se maintenir, encore moins se multiplier. Au contraire, les révolutions de liberté
étant toujours l'ouvrage de quelques factions,
en font nécessairement naître et en entretiennent d'autres. Ainsi, pour les premières,
il pourra y avoir accord dans les résultats ;
pour les secondes, il n'y en aura pas : dans
celles-là, on pourra trouver un chef; dans
celles-ci, on ne trouvera que des rivaux :
dans les unes, le peuple pourra être conduit ; dans les autres, il ne pourra qu'être
égaré.

La résistance à l'oppression peut, pour
se manifester avec succès, avoir momentanément besoin de l'anarchie. L'abus de
la liberté touche déjà à l'anarchie même.
Ainsi ces deux genres de révolutions pourront être exposés aux désastreux ouragans

de l'anarchie; mais l'excès de l'oppression, même en traversant l'anarchie, doit mener à la liberté; et l'excès de la liberté, même en prolongeant l'anarchie, ne peut mener qu'à la servitude.

Pendant la violente servitude, l'esprit public est ordinairement réduit à ne pas paroître; il est comprimé par la terreur; mais il existe avec d'autant plus de force, qu'il est contraint de la cacher. Il se nourrit de regrets et d'espérances : c'est un feu que la terre recèle, qui s'alimente en s'étendant sous elle, et qui se manifestera tôt ou tard par l'explosion. Au contraire, dans l'excessive liberté, personne n'étant contraint de s'occuper du bien-être général, chacun s'occupe d'abord du sien : c'est en cela que chacun place la liberté ; et l'intention qui rapporte, qui sacrifie tout à soi, étant toujours prédominante, il ne peut y avoir d'esprit public.

Cet esprit est un des grands avantages que donne la civilisation dans une société politique bien réglée ; c'est le premier tribut qu'elle lève sur les hommes dont elle

a fait des citoyens : mais cet esprit n'existe
pas, ne peut pas même être connu dans
l'état de nature, parce que, dans cet état, le
moi est la seule loi reçue ; et c'est précisément celle que l'état civilisé combat comme
sa plus grande ennemie. Or c'est à l'état
de nature que les hommes sont ramenés
par l'abus de la liberté : c'est même à un état
plus déplorable ; car l'excès de la liberté, en
ramenant les hommes à l'état de nature,
les y ramène imprégnés de tous les vices de
la civilisation. Du moins en leur donnant
ces vices, la civilisation les avoit entourés
de préjugés, d'habitudes, de principes qui
en corrigeoient les effets, ou qui en contra-
rioient le développement : mais en se
rapprochant de l'état de nature par l'excès
de la liberté, ils y portent tous les vices
d'une civilisation corrompue, sans y porter
aucun de leurs préservatifs ; et c'est ce qu'il
y a de pire. Les vertus de l'état de nature
ne sont plus compatibles avec cette existence dégénérée. Il faut à l'état de nature
des ames neuves ; et dans l'abus de la liberté,
on ne trouve que des ames usées, corrodées

par tous les vices des hommes réunis sans
avoir de liens, gouvernés sans avoir de
frein. De telles ames sont propres à recevoir momentanément toutes les impressions, mais non à en garder aucune. Ce ne
sera donc jamais une seule révolution qui
se fera chez un tel peuple, parce qu'une révolution promptement et sagement opérée
laisse et maintient une profonde impression; mais ce peuple éprouvera une série
de révolutions, parce que l'égoïsme, qui
fera le fond de l'esprit public, croira toujours voir dans celles qu'il n'a pas encore
éprouvées, la réforme ou le supplément de
ce qui ne l'a pas satisfait dans les autres.

Enfin, la servitude est sans doute un mal,
son excès un mal plus grand encore; mais
cela même suppose nécessairement, d'un
côté, une grande habitude d'obéissance,
de l'autre une suite non interrompue de
forces compressives. L'autorité plus active,
plus soupçonneuse, plus puissante, doit
donc être plutôt et plus aisément instruite
des moindres attaques dirigées contre elle,
et plus à portée de les prévenir ou de les

repousser. Il faudra, dans les tentatives et les préparatifs d'attaque, un grand accord, difficile à se procurer devant une surveillance jalouse, inquiète, dont un rien doit exciter la méfiance ; qui ne craint pas de frapper sur le moindre indice ; qui s'est affranchie de l'embarras des formes ; qui isole les hommes par la terreur, les recherche par la délation ; pour qui tout être suspect est un être proscrit ; et qui, ne rendant compte de ses soupçons qu'à elle-même, ne calcule jamais un crime de plus, et ne se reprocheroit que d'avoir manqué l'occasion de le commettre.

Toutes les observations que je viens de présenter sont parfaitement d'accord avec les *faits.*

Ce n'est point, en général, dans les gouvernemens orientaux qu'il faut aller chercher des exemples de révolutions nées de l'excès de la servitude ; et il y en a deux raisons principales : la première, c'est que (suivant ce que j'ai remarqué, Livre v) là, les révolutions portent toujours sur les gouvernans, et non sur les gouvernemens ; la seconde, c'est que le despotisme n'est pas, à proprement parler, un gouvernement; car un gouvernement se compose de lois et de formes, et le despotisme n'a ni lois, ni formes; mais la tyrannie est l'infraction de ces lois et de ces formes. Ainsi, le despotisme étant l'absence du gouvernement, et la tyrannie en étant la violation, c'est bien moins sous le despotisme que sous la tyrannie qu'il faut chercher les révolutions de servitude. Les trois points sous lesquels je les examine sont fréquemment consignés dans l'histoire.

J'ai dit qu'elles étoient plus rares, plus courtes, moins dangereuses que les autres.

Plus rares, parce que la surveillance étant plus grande, l'autorité est plus à portée de les prévenir.

Plus courtes, parce qu'elles ont un but auquel elles tendent directement.

Moins dangereuses, parce qu'elles ne le dépassent guère.

C'est ce dont on peut se convaincre en parcourant l'histoire de quelques révolutions de l'un et de l'autre genre.

Sous Néron, l'oppression étoit extrême ; l'oppresseur étoit non-seulement cruel, mais ridicule : cependant sept ou huit conjurations furent formées en vain contre lui, et découvertes. Celle de Vindex n'éclata que parce qu'elle avoit été tramée dans les Gaules, loin des regards du tyran ; encore n'eut-elle pas le succès que Vindex s'étoit promis. Mais la mort de ce guerrier ayant amené l'élévation de Galba, c'est toujours à sa conjuration que l'empire dut d'être délivré d'un monstre féroce et insensé. Pison, dont le parti paroissoit si bien lié, avoit échoué, victime de son imprudence, ou de la trahison de ceux qu'il avoit mis dans son secret.

Je me suis, en plusieurs endroits, assez clairement expliqué sur le cardinal de Richelieu, pour qu'il ne puisse y avoir d'équivoque dans ce que je vais dire. Les grands du royaume se regardoient comme étant, sous lui, dans une extrême servitude : sans cesse ils conjurèrent pour le perdre, et toujours ils furent découverts et punis. Plusieurs d'entre eux avoient cependant de grands moyens ; ils étoient excités par une grande haine, par les plus grands intérêts : mais ils étoient aussi rigoureusement surveillés par une autorité inquiète, active, dont les intentions n'étoient réellement que monarchiques, mais dont les formes étoient despotiques.

Il est à propos d'observer ici que si, dans toutes ces conjurations, le premier but étoit d'abattre un ministre tout-puissant, le second étoit de faire une révolution, en redonnant à l'autorité royale les entraves dont elle avoit été si long-temps à se débarrasser. C'étoit cette révolution que Richelieu combattoit, non-seulement avec toute la force de son génie, mais encore avec tout le dévouement d'un homme d'État, décidé à périr plutôt que de céder.

On a vu, dans le Livre II, qu'à la fin du XVII.e siècle, les ennemis des Européens persuadèrent au peuple de Siam que ceux-ci vouloient le forcer d'adopter leurs mœurs et leurs arts. Ce peuple, qui n'avoit jamais eu de liberté politique, qui (ainsi que tous les peuples de l'Asie) n'en avoit même pas d'idée, crut qu'on alloit le réduire en escla-

vage, parce qu'on attaquoit ses préjugés et
ses habitudes : et j'ai déjà remarqué que
c'est la servitude que le peuple sent le plus
et supporte le moins. Une révolution terrible, préparée par un ministre ambitieux
et perfide, éclata avec violence : elle eut
un plein succès, mais qui confirme ce que
je viens de dire. La trame fut ourdie par
ce ministre même. L'autorité toute entière
entre ses mains, ne fut ni soupçonneuse,
ni surveillante : tous les préparatifs se firent
sans trouble, même sans inquiétude, parce
que le peuple, loin d'être asservi, ne fut
pas même inspecté. Il faut donc dire de
cette révolution, qu'elle naquit, non de
l'excès de la servitude, mais de la crainte
d'une servitude excessive ; et cette différence explique et sa formation et ses suites.
Comme il n'y avoit point d'excès de servitude, la révolution fut préparée sans obstacles : comme il y avoit crainte de servitude, la révolution fut entière, et promptement terminée ; l'ancien ordre de choses
reprit son cours, il n'y eut que la dynastie
de changée.

C'est, en général, à quoi aboutissent

toutes les révolutions asiatiques. La liberté étant à-peu-près inconnue dans ces contrées, on n'y connoît point les révolutions qui naissent de l'excès de la liberté. Celles qui s'y font si fréquemment ne sont jamais politiques, mais purement individuelles. Ce n'est pas même l'excès de la servitude qui en est l'occasion ou le prétexte ; car, en Asie, la servitude est et a été de tout temps l'état habituel du peuple. Dans toutes ces révolutions, il n'est jamais employé que comme moyen ; et en lisant l'histoire de leur retour presque périodique, on est toujours fatigué, et jamais instruit.

Assurément la révolution de 1688, en Angleterre, fut purement individuelle; mais on chercha et on parvint à la présenter comme née de l'excès de la servitude : ce n'est certainement pas que Jacques II voulût établir cette servitude; mais on affecta de le craindre, ce qui produisit le même effet. Lui-même fut assez impolitique pour donner à cette crainte deux motifs plausibles : il faisoit prêcher par-tout l'obéissance passive, et menaçoit ouvertement la religion

3.

dominante. Le peuple anglois, travaillé presque publiquement par les ennemis de Jacques et les amis de Guillaume, crut qu'on alloit lui arracher son nouveau culte et son ancienne liberté; il se prêta à la révolution, qui, sans cela, eût été une ré-volution de conquête, et qui fut terminée tout-à-coup par la fuite de Jacques. A la vérité, le parlement, qui, en se servant du gendre pour éloigner le beau-père, se mé-fioit autant de l'un que de l'autre, profita de cette circonstance pour donner à l'au-torité royale des bornes projetées et non établies lors de la restauration de Charles II; mais il le fit avec des formes légales, et non révolutionnairement.

La révolution de Portugal, en 1640, naquit bien certainement de l'excès de la servitude. Quoique la réunion de ce royaume eût été l'ouvrage de la force, elle s'étoit faite avec des conditions imposées ou ac-ceptées par les Espagnols. Ces conditions n'étoient pas exécutées; les lois et les formes étoient violées avec audace, et les récla-mans insultés avec mépris, quand ils n'étoient pas traités avec rigueur. Ainsi l'Espagne non-seulement opprimoit, mais humilioit en opprimant; et cette double tyrannie pesoit sur un peuple qui, pendant un siècle, avoit étonné les quatre parties du monde par la hardiesse de ses découvertes et la grandeur de ses établissemens. On réduisoit la nation à l'impossibilité de les défendre; elle les voyoit tous les jours devenir la proie des Hollandois. L'oppression pesoit donc sur tous les points de la société : la cause étoit générale, l'effet devoit l'être. Une révolution fut ourdie, et réussit, malgré l'inquisition la plus sévère, parce que la haine nationale fut assez forte pour cacher long-temps un secret connu de plus de quatre cents personnes. La révolution, faite en une matinée, atteignit tout-à-coup le but, et ne le dépassa pas : la servitude abolie, il n'y avoit plus de cause, et l'effet cessa. Ce qui se fit ensuite pour réorganiser la monarchie portugaise, n'a plus rien de révolutionnaire; tout se passa comme dans un gouvernement ancien, assez sage et assez fort pour faire lui-même

une revue publique de ce qu'il doit établir,
conserver ou supprimer. On reconnoît,
dans toute la marche de cette révolution,
une autorité légitime qui vient délivrer une
nation libre d'une autorité usurpée (1):
aucune faction n'osa se montrer sous les
apparences d'un vœu général ; les intrigues
mêmes d'un prélat puissant et ambitieux
furent déjouées par la prudence de cette
sainte conspiration. La nation attacha sa
liberté à la personne du souverain. Enthou-
siaste sans délire, libre sans licence, soumise sans bassesse, elle sut être heureuse
de son obéissance et fière de sa fidélité.

Et ce qui prouve bien que cette révolution
(nécessaire) avoit été faite avec un accord et
une mesure rares, c'est que celle qui, peu
d'années après, transféra au fils cadet la
femme et la couronne de l'aîné, ne produisit
ni commotion ni changement dans l'État.
Certes, cette occasion présentoit bien des
chances, ou au moins bien des prétextes à

_____

(1) En la considérant sous ce point de vue, l'usurpation y trouve de grandes leçons, et la fidélité de grandes
consolations.

l'intrigue, à la mauvaise volonté, aux mécontentemens de tout genre : la tranquillité
publique ne fut ni compromise, ni menacée ; et cette seconde révolution, qui
pouvoit faire perdre les heureux fruits de
la première, ne servit qu'à la consolider.

La révolution que fit à Rome la mort de
Virginie, naquit aussi de l'excès de la servitude : le peuple ne sent jamais mieux son
oppression que lorsqu'on le méprise, qu'on
l'insulte au point de lui interdire des sentimens innés ; lorsque l'oppresseur veut enfreindre des lois qui sont hors de son pouvoir, parce que la nature les dispensa d'être
écrites. Cette révolution, non préparée,
fut courte, ne fut point dangereuse, et fut
utile : elle entraîna dans son explosion un
gouvernement révolutionnaire et rétablit
l'ancien. Tout se retrouva comme avant
la création des décemvirs : le sénat et le
peuple eurent tous deux la sagesse, celui-ci
de ne point abuser de ses forces, celui-là
de condamner celle qu'il avoit trop légèrement donnée d'abord, puis laissé prendre.
C'est que le sénat ne put se dissimuler à

lui-même le danger d'une autorité qui n'a-
voit aucun contre-poids, qui ne voyoit plus
de barrière devant elle, et qui, n'ayant pour
créer des lois ou des dignités, d'autre règle,
d'autre frein que son caprice, pouvoit un
jour faire des lois tyranniques, et le lendemain les exécuter tyranniquement. Il vouloit bien que le sénat en corps pût toujours
être le maître du peuple, mais il ne vouloit
pas que ce pût être tel ou tel sénateur.

La révolution connue en France sous le
nom de 9 thermidor, naquit de l'excès de
la servitude, mais ne fut point une révolution de gouvernement; il resta toujours de
même : il n'y en avoit pas auparavant, il
n'y en eut point après. Des assassins voulurent assassiner leurs complices, et furent
assassinés par eux. Ce fut un combat entre
les bourreaux; les victimes n'y étoient pour
rien : car on ne peut donner le nom de
victimes ni à Robespierre, ni au tribunal
révolutionnaire, ni au comité de salut public, qui, tous les jours, égorgeoient cinquante ou soixante citoyens. On ne peut
pas plus le donner ni aux septembriseurs,

ni aux Barrère, ni à toute cette horde féroce, qui, après avoir égorgé depuis septembre 1792, étoit, en juillet 1794, au moment d'être égorgée elle-même. Le 9 thermidor fut une réaction de l'anarchie contre
elle-même; il ne peut être comparé à rien.
Il s'agissoit si peu de changer le gouvernement, qu'après, comme auparavant, il s'appropria la dépouille des victimes : il voulut
profiter de la *monnoie* qu'il avoit fait *battre*.
Le décret de restitution des biens des condamnés, décret provoqué par la justice, le
bon sens, la bonne-foi, la vindicte publique,
ne fut rendu qu'au bout de neuf mois, éprouva les plus grandes contradictions, et ne
porta que sur les biens non vendus : toutes
les ventes, c'est-à-dire, toutes les spoliations
faites jusqu'à cette époque, furent maintenues comme des contrats juridiques. Sept
ou huit ans après, un des révolutionnaires
qui s'étoient le plus opposés à ce décret, eut
encore l'audace, en remplissant les fonctions
du ministère public, d'improuver ce décret,
et de dire qu'il *avoit déshérité la république*...
Dans ce mot effroyable, proféré publique-

ment après un laps de temps qui avoit fixé l'opinion, on voit l'ame toute entière de ces prétendus libérateurs. Toutes les propriétés ravies à leurs légitimes possesseurs étoient *le prix du sang ;* le nom de *haceldama* pouvoit être donné à tous ces champs. Et ce magistrat atroce eut le front d'exprimer ses regrets sur ce qu'il n'y avoit plus de *prix,* parce qu'on ne versoit plus de *sang.*

De quelque manière que l'excessive oppression se fasse sentir, elle met en action des élémens de révolution : ces élémens peuvent se développer en un instant, ou se combiner long-temps avec l'attente de circonstances favorables. Dans le premier cas, c'est ordinairement l'effet d'un hasard, d'une rencontre imprévue : le coup décisif peut être porté par quelqu'un qui, la veille, ne s'en doutoit pas lui-même ; et ce coup doit surprendre, frapper, abattre, avant qu'on ait eu l'idée de s'en défendre. Dans le second cas, les chances plus compliquées, plus difficiles à réunir et à combiner, donnent le temps de se mettre en garde ; et le succès deviendra d'autant plus douteux, que les préparatifs auront été plus nombreux ou plus longs. C'est donc bien évidemment aux révolutions dirigées contre la tyrannie, qu'il appartient de commencer, de s'effectuer, de s'affermir en très-peu de temps. La révolution qui, au milieu du dernier siècle, arracha Gènes à la tyrannie autrichienne, naquit bien constamment de l'excès de l'oppression. Cette oppression étoit soutenue par une armée; cependant la révolution fut l'ouvrage d'un moment : dès que le pouvoir opprimant fut expulsé de la ville, tout rentra dans l'ordre.

Le pouvoir oppressif de Grisler, dans l'Helvétie, ne pesoit pas plus sur Guillaume Tell que sur un autre : Tell le supportoit peut-être impatiemment, mais n'avoit fait aucun projet pour le renverser; et s'il ne se fût pas trouvé sur la place où la tyrannie exigeoit des passans un hommage ridicule, il seroit resté dans le silence, ou auroit cherché à tramer une conspiration qui l'eût exposé à de grands dangers. Il ne conspira point; il fut inspiré par une indignation subite; il la manifesta avec violence. Tout s'électrisa autour de lui; et la liberté fut conquise et proclamée en un instant, sur la place même où étoient encore les débris d'une servitude avilissante.

La révolution qui, de nos jours, a enlevé à l'Angleterre une grande partie du continent américain, peut bien être regardée comme née de l'excès de la servitude. C'en étoit une réelle pour des colons qui, en défrichant des forêts, avoient procuré à leur patrie une immense augmentation de territoire, de ne point participer aux avantages de leurs concitoyens. Je n'examine pas si le droit représentatif, tel qu'il est établi pour le parlement d'Angleterre, donne aux Anglois une véritable liberté ; ils le croient, et c'est assez : ils sont jusqu'à présent assez sages pour ne pas vouloir mieux ; mais ce droit de représentation n'existoit pas pour les colonies, dont cependant l'industrie toujours croissante étoit une source de richesses pour l'Angleterre. L'Amérique demanda à jouir de ce droit, qu'on auroit dû lui donner : elle fut refusée, et ce refus étoit injuste et avilissant. Elle le sentit vivement, parce que j'ai déjà remarqué que les hommes réunis sont encore plus sensibles au mépris qu'à l'oppression. Elle se vengea du mépris, en s'imposant tout-à-coup des privations qu'on ne la croyoit pas capable de supporter : elle se vengea de l'oppression, en annonçant avec fierté qu'elle feroit scission avec la mère-patrie, si on ne lui rendoit pas justice; en différant long-temps de la faire ; en ne la faisant enfin que lorsque les membres du parlement qui partageoient son opinion, eurent perdu tout espoir d'être écoutés. Cette scission une fois faite, l'Amérique la soutint noblement, sans crimes, sans excès, et toujours disposée à terminer la guerre, dès qu'elle le pourroit sans compromettre son honneur et sa liberté. En commençant la révolution, elle n'avoit pas prétendu à l'indépendance : elle y fut amenée par un déni de justice nationale; et dès que cette indépendance eut été conquise, elle se hâta d'en jouir paisiblement, anéantit toutes les formes révolutionnaires, et ne conserva de son état de servitude que les souvenirs nécessaires pour n'y jamais retomber.

Quelque part que l'on veuille, dans ces événemens, attribuer à une puissance rivale, les meneurs, qu'on supposeroit avoir, dès le premier moment, visé à l'indépendance, ne seroient jamais parvenus à la faire adopter sans les refus aussi injustes qu'impolitiques de la métropole. On étudie cette révolution avec plaisir, par cela même qu'on n'y trouve pas la provocation de l'esprit de parti : on n'y voit point de factions se combattre et se détruire mutuellement. Dès le commencement le but est connu, annoncé, légitime : la révolution force de le dépasser, mais elle en indique tout de suite un second; c'est toujours la même route, mais prolongée, et l'observateur peut la suivre sans s'égarer dans des sentiers perpétuellement divergens.

La différence des révolutions nées de l'excès de la servitude ou de celles qui sont nées de l'excès de la liberté, ne me paroît nulle part aussi sensible que chez ce peuple-roi, dont l'histoire est une source inépuisable des plus grandes leçons. Pendant les quatre premiers siècles de la république, toutes les révolutions de Rome naissoient de l'état de servitude dans lequel le sénat vouloit toujours tenir un peuple à qui il parloit sans cesse de triomphes et de gloire. Le Romain, héros au champ de Mars, vouloit encore être souverain dans le Forum. De là cette lutte perpétuelle entre le sénat et lui; lutte dans laquelle la patrie, malgré tous ces troubles, gagnoit toujours de nouvelles forces. La marche ordinaire des choses, l'accroissement graduel de l'empire, vouloient que, dans cette lutte, le peuple acquît toujours plus de puissance; mais à mesure qu'il en acquéroit, il sentoit plus tout ce qui la gênoit : cette gêne lui paroissoit une servitude. Plus il devenoit puissant, moins il vouloit être soumis; et jamais il ne cria plus contre l'oppression, que lorsqu'il eut trop de liberté. Ce fut alors que les révolutions changèrent de nature et tendirent toutes à perdre la république, que les autres avoient maintenue. Les premières donnèrent à l'État de fortes commotions, mais qui rendoient son tempérament encore plus robuste; comme on voit les grands arbres du Nord résister aux tourmentes des plus fougueux aquilons, et acquérir, dans cette longue résistance, un bois dur et pour ainsi dire indestructible : les autres tenoient l'État dans une position permanente de troubles, de rivalité, de corruption, dont il ne put jamais se relever; s'il échappoit à une, c'étoit en s'affoiblissant et pour retomber dans une autre. Le tribunat de l'infame Claudius fut un abus perpétuel de la liberté; ce fut la licence et l'anarchie dans tout leur délire : elles portèrent à la république un coup mortel, et les révolutions qui suivirent n'eurent plus d'autre objet que de savoir qui succéderoit à un gouvernement éteint.

Les Républiques grecques, dans lesquelles l'histoire nous montre des révolutions si fréquentes, abusoient de la liberté et ne savoient pas en jouir. Une révolution faite avec violence, presque toujours avec barbarie, en ajournoit immanquablement une autre. Le temps intermédiaire n'étoit jamais qu'une suspension d'armes : chaque parti observoit son ennemi et attendoit l'occasion de le surprendre. Athènes et Syracuse offrent à chaque instant des traits de ce genre ; on n'est embarrassé que du choix. Mais si l'on veut voir tous ces traits réunis sous un même point de vue qui les rende plus frappans et plus faciles à saisir, il faut lire, dans l'un des traités de Xénophon (1), ce que cet illustre historien a dit de la constitution d'Athènes et de la conduite de cette république vis-à-vis de ses alliés. Il ne disconvient pas que, soit chez eux, soit chez elle, Athènes abusoit de la liberté ; mais il dit avec bonne-foi, que, pour maintenir sa constitution, elle ne pouvoit pas faire autrement.

» Je ne loue pas les Athéniens d'avoir » choisi ce genre de gouvernement, parce » qu'en le préférant, ils se sont mis dans » la nécessité d'abaisser sans cesse les » hommes de bien, et de favoriser les per-» vers ; mais je ferai voir qu'ayant adopté » une telle constitution, ils prennent le » meilleur moyen pour la conserver, » quelques reproches que leur fassent sur ce » point les autres Grecs.

_____

(1) *De la République d'Athènes*, traduction de M. le comte de la Luzerne.

« Ce que veut la multitude, n'est pas
» d'avoir un bon gouvernement; c'est d'être
» libre et souveraine: il lui importe peu
» que sa législation soit mauvaise; c'est le
» vice même des lois qui assure au peuple
» un pouvoir et une liberté sans bornes.

» Le peuple d'Athènes discerne très-bien
» les citoyens vertueux; mais par cela même
» il préfère les hommes qui lui conviennent,
» qu'il sait être disposés à le servir, quelque
» scélérats qu'ils soient: il hait tout ce qui
» a des sentimens de vertu; car il est per-
» suadé que la vertu de ses concitoyens ne
» peut lui être que préjudiciable.... Qui-
» conque n'étant point citoyen d'Athènes,
» aime mieux s'y établir pour vivre sous un
» gouvernement démocratique, est à coup
» sûr un homme qui a le projet de com-
» mettre de mauvaises actions, et qui sent
» que sous la licence populaire, il est bien
» plus aisé à un scélérat de cacher ses for-
» faits et d'échapper aux lois. »

En suivant ces affreux principes, et
pour lui-même, et pour les villes de Grèce
qu'il tenoit dans sa dépendance, le peuple

d'Athènes trouva le sort que méritoient de tels principes.

« Tout gouvernement (dit l'estimable tra-
ducteur déjà cité de l'ouvrage de Xénophon)
» qui a pour maxime d'opprimer les bons
» et de protéger les méchans, a sans cesse
» à redouter la scélératesse de ceux en qui
» il a placé sa confiance. La trahison doit
» retomber enfin sur qui a encouragé tous
» les crimes. Elle porta le dernier coup à la
» démocratie athénienne, et fit disparoître
» un système d'administration aussi absurde
» qu'immoral et funeste à l'humanité. »

Le contraste des effets de l'oppression et
de la liberté est parfaitement sensible dans
l'histoire d'Angleterre, pendant l'intervalle
d'un siècle et demi. Jamais l'Angleterre
n'eut moins de liberté, dans le sens politique qu'elle attache à ce mot, que sous les
règnes absolus de Henri VII, Henri VIII,
Élisabeth. Les communes, qui, pendant deux
ou trois siècles, avoient tant empiété sur
l'autorité royale, sembloient la voir sans
regret reprendre ce qu'elle avoit perdu.
Aucun de ces souverains n'éprouva la

moindre contradiction de la part du parlement: Élisabeth en fit l'aveugle instrument
de sa grandeur; mais Henri VIII en avoit
fait auparavant le vil agent de ses caprices
ou de ses amours. Et il n'est pas inutile de
remarquer, ce qui se justifie encore sous le
protectorat de Cromwel, que, pendant tout
ce temps, où sa liberté fut si fortement
comprimée, l'Angleterre acquit au dedans
et au dehors un grand accroissement de
puissance réelle et de puissance d'opinion.
La mort d'Élisabeth appelant à la triple
couronne les Stuarts, qui déjà en possé-
doient une, il sembloit que la puissance
royale devoit prendre une nouvelle force,
et que l'abus de l'oppression étoit bien plus
à craindre pour la Grande-Bretagne que
l'abus de la liberté; cependant, ce fut celui-
ci qui amena les terribles catastrophes du
XVII.e siècle. La bonté naturelle aux Stuarts
dégénéra en foiblesse, dans le moment où
la licence des opinions politiques et religieuses avoit le plus besoin d'une forte compression. Chacun se crut appelé à régler
l'État et l'Église; et chacun voulut les régler

suivant ses intérêts ou ses opinions. Les uns et les autres commencèrent la révolution, la changèrent plusieurs fois, sans pouvoir en consolider une à leur gré, et, après s'être souillés du sang d'un monarque vertueux et bon, se prosternèrent aux pieds d'un hypocrite adroit et ambitieux, mais soupçonneux et cruel.

Cet état dura jusqu'à sa mort; et ce fut un bonheur pour l'Angleterre, qui, sans cela, eût infailliblement été condamnée à essuyer de nouvelles révolutions. A cette époque, sortant encore toute épouvantée d'un état de servitude, elle fut assez heureuse pour se souvenir qu'elle y avoit été réduite par l'abus de la liberté. Ce souvenir, agissant puissamment sur elle, ne lui laissa entrevoir d'autre danger que celui du retour de cet abus; et de ce préservatif heureux et bienfaisant naquit la révolution de Monck, que j'ai, dans un autre ouvrage, présentée sous ses véritables couleurs. Sans me répéter ici, je dirai simplement que la profonde terreur imprimée par Cromwel, fut d'un grand secours à Monck pour préparer, pour faire,

4..

mais sur-tout pour diriger à son gré la révolution qui rappela Charles II. La restauration du fils fut faite par ceux qui avoient proscrit le père; aucune opposition ne se manifesta; aucune violence ne souilla la reconstruction d'un édifice détruit à force de crimes. On vit s'effectuer, avec un accord parfait, ce dont un mois auparavant personne n'osoit parler sous peine de mort. C'est la confirmation de ce que je viens de dire : dans les révolutions de servitude, les choses font plus que les personnes; or les personnes suivent trop souvent la marche des passions, et les choses suivent toujours celle de la nature.

En se résumant, on peut donc conclure avec toute raison que la révolution qui fit périr Charles I.er naquit de l'abus de la liberté, et que celle qui rétablit son fils naquit de l'excès de la servitude.

La reddition de Paris, sous Henri IV, fut également remarquable par la tranquillité avec laquelle elle s'opéra. Elle termina sans secousse une révolution qui avoit proscrit le légitime héritier du trône, qui avoit été

soutenue et soudoyée par des puissances
étrangères; bien plus, qui avoit pris le
masque de la religion, et qui, sous ce nom
respectable, avoit séduit, non-seulement
le peuple, mais beaucoup de bons citoyens.
Paris, depuis si long-temps en proie à
toutes les factions, théâtre de tant d'horreurs, où la chaire de vérité étoit perpétuellement souillée par les dégoûtantes im-
précations d'un fanatisme séditieux, rede-
vint dès le jour même une capitale policée,
dans laquelle chacun s'occupa paisiblement
de ses affaires, sous la protection d'une autorité qu'il regrettoit d'avoir méconnue.
Sans doute que quelques chefs de ligueurs,
fatigués de leur pouvoir révolutionnaire,
avoient, en préparant cet événement, travaillé pour leur intérêt particulier, plus
encore que pour l'intérêt général; mais cet
intérêt général assura le succès de l'entreprise. On ne s'écarte de l'ordre que par des
efforts; on y revient par une pente insensible, une direction naturelle; il ne faut que
se laisser aller. Dans les écarts du peuple,
les factieux l'exaltent, l'agitent, le tourmen-

tent sans cesse ; lors du retour, il suffit que ses magistrats l'inspectent : c'est ce qui se fit le 22 mars 1594 ; ils continrent (1) les mauvais citoyens, et tout fut calme.

Tous les principes que j'ai exposés au commencement de ce chapitre, retrouvent leur application dans les faits que je viens de citer, et la retrouvent aussi dans cette longue série de calamités que depuis 1789 la France a parcourue, en parlant sans cesse du bonheur qu'elle alloit assurer à l'humanité.

Dans un ouvrage du genre de celui-ci, où les mêmes événemens sont souvent présentés sous des aspects différens, il est impossible de ne pas répéter fréquemment les mêmes faits, en examinant ou les causes qui les ont fait naître, ou les effets qu'ils ont produits. La révolution françoise, ayant à elle seule absorbé presque tous les élémens épars dans les autres révolutions, doit

_____

(1) Jean Séguier, lieutenant civil, s'étoit retiré à Saint-Denis, où il travailla à la reddition de Paris. Le traité fut conclu dans sa maison. (*Voyez* pag. 224 et 225 de l'ouvrage de Fr. Blanchard, intitulé *les Présidens à mortier*, &c.) Antoine Ferrand, lieutenant particulier, y étoit aussi. Il revint à Paris la veille au soir, et Séguier le jour même.

être, plus souvent que toute autre, citée comme fournissant des exemples dont l'application est effrayante.

La demande des États généraux a bien constamment amené la révolution. Tous les bons esprits l'avoient ainsi prédit. Je viens de dire plus haut que le bon sens de Louis XVI le lui avoit fait prévoir en 1786. L'année suivante, les magistrats qui, depuis, ont figuré dans la révolution, ne cachoient pas leur espoir d'en faire une avec les États généraux. Adrien Duport l'annonçoit hautement, et ne craignit pas même de le dire dans une séance du parlement (1). Or, cette demande des États généraux, la manière dont elle fut faite par le parlement, dont elle fut prônée et soutenue dans Paris et dans les provinces, étoient un premier abus de la liberté.

L'ineptie du cardinal de Loménie en amena un second : il provoqua, par un arrêt du conseil, non la liberté, mais la licence des opinions, sur le moyen de

_____

(1) *Voyez* le chapitre suivant.

donner aux États généraux la forme la plus démagogique.

La perfidie de Necker en amena un troisième : il profita de l'incroyable provocation de son prédécesseur, pour faire rendre l'arrêt du conseil du mois de décembre. A ce moment, la monarchie fut réellement dissoute. Toutes les parties ne se tenoient plus que par une force d'habitude qui ne pouvoit résister à la moindre commotion.

Le serment du Jeu de paume la donna ; et ce nouvel abus de la liberté portoit un coup mortel à la monarchie, dès qu'il n'étoit pas sévèrement puni par le monarque.

Dans cette séance désastreuse, la révolution fut proclamée et mise à l'ordre du jour : à compter de cet instant l'Assemblée prétendue constituante ne connut plus, ne voulut plus, ne décréta plus que des abus de la liberté. Ce fut alors qu'un des membres les plus fougueux, Rabaud, qui depuis a été victime de sa démence, osa dire la phrase que j'ai citée plus haut (1); et cette

_____

(1) Livre V, chap. IV.

absurdité fut applaudie dans l'Assemblée et préconisée dans les journaux.

Pendant plus de deux ans, cette Assemblée, sans plan, sans régulateur, sans ensemble, révolutionna tout ce qui existoit avant elle. Saisie de terreur, en 1791 à la vue des jacobins qu'elle avoit fait naître, elle légua à ses successeurs le recueil de tous ses abus de la liberté, sous le nom de *constitution*, et la mission inexécutable de faire marcher cette constitution. En voulant acquérir ou plutôt envahir de nouvelles idées de liberté, de souveraineté, elle perdit jusqu'aux premières idées d'une véritable et sage politique.

Le premier de ces abus, devenus des lois, étoit la déclaration des droits de l'homme, alors publiée par toutes les trompettes du temps, aujourd'hui heureusement oubliée.

L'Assemblée législative, à qui on venoit de léguer une révolution créée et consacrée par tous les abus de la liberté, n'eut ni la force, ni le desir de la terminer ; elle se crut avec raison appelée à en faire ou au moins à en préparer une autre, toujours en suivant la progression des mêmes abus. Au mois d'août 1792, la liberté, qui étoit devenue licence entièrement anarchique, renversa le trône; au mois de septembre, la Convention décréta la république; au mois de janvier, elle assassina le monarque.

Alors la licence n'ayant plus devant elle rien de ce qui lui faisoit obstacle, la matière sembloit manquer pour de nouvelles révolutions. Mais les principes que j'ai exposés, principes plus forts que toutes les déclamations, vouloient impérieusement qu'il y eût encore des révolutions, et que la licence ne pût les faire que sur elle-même : c'est ce que l'on vit pendant quinze ou dix-huit mois. Au bout de ce temps, un frénétique qui vouloit gouverner, et qui ne savoit que boire du sang, imagina qu'il pourroit substituer à cette licence indéfinie une violente servitude. Il fut anéanti avec une facilité qui n'appartient qu'aux opérations préparées par la marche nécessaire des choses : son pouvoir, sa personne, ses complices, ses nombreux agens, tout disparut en vingt-quatre heures, et la licence revint à l'ordre du jour.

Effrayée cependant des tentatives qu'elle avoit faites contre elle-même, la Convention voulut extraire de l'anarchie un simulacre de gouvernement, et ne put en tirer que le Directoire.

Quel que fût le corps ou l'individu qui devoit succéder à la Convention, il lui falloit, pour réorganiser une société que la Convention avoit dissoute, un grand génie et un grand pouvoir. Le Directoire n'eut jamais ni l'un ni l'autre; son pouvoir se borna à faire périr quelques émigrés. Il atteignoit de temps en temps les royalistes, et ne pouvoit atteindre une foule de sangsues publiques, qui voloient effrontément l'État, et qu'on bafouoit sur les théâtres. Son génie n'enfanta jamais que la révolution du 18 fructidor, dans laquelle il fut si puissamment secouru par la sottise de ses ennemis.

Dans cette anarchie, tous les ressorts qui peuvent servir au gouvernement étoient tellement usés, que, même en les retrempant dans le sang, on ne leur redonna qu'une force momentanée : le 18 fructidor ne fut qu'une époque de crimes inutiles. Le Directoire se traîna encore pendant deux ans; il achevoit de perdre et les finances et les armées, lorsque l'anarchie, ayant épuisé toutes les révolutions de la liberté, tendit enfin les bras à celle qui devoit amener la servitude.

Dans une brochure que j'ai publiée en 1790, j'ai dit que, d'après les destructions sans nombre opérées par l'Assemblée constituante, *tout étoit, en France, disposé pour l'établissement du despotisme; qu'il trouveroit par-tout une surface unie, et n'éprouveroit de résistance nulle part.*

C'est dans le cœur humain, c'est dans l'histoire, c'est dans l'expérience de tous les siècles, que j'avois lu d'avance ce dont nous avons donné encore une nouvelle preuve aux siècles à venir. Toute société qui, dans les révolutions, n'a cherché que l'anarchie, finit immanquablement par rencontrer le despotisme. J'ai tort de dire *rencontrer;* elle fait plus, elle l'appelle ; et c'est encore ce que nous avons vu au 18

Brumaire. La destruction du Directoire étoit décidée avant l'arrivée de son destructeur ; la nécessité d'un pouvoir unique étoit connue. Que ce pouvoir eût été destiné à un autre qu'à celui qui l'a pris, cela ne fait rien à ce que j'examine ici. Une dernière révolution étoit nécessaire ; elle s'est faite, comme tout ce qui est de nécessité, à-peu-près toute seule, et celui qui y a le moins contribué est celui pour qui on la faisoit.

Cette dernière révolution, celle qui ensuite établit le consulat à vie, celle qui échangea le consulat viager contre la couronne impériale héréditaire, tout cela ne fut qu'un corollaire d'un théorème bien démontré ; tout cela dut amener de plus en plus une extrême servitude ; et à quelque époque que ce fût, la révolution qui devoit détruire celle-ci devoit naître de l'excès de la tyrannie. Il est essentiel d'observer que cette tyrannie, voulant prendre pour s'établir des formes prétendues légales, mais ordonnées par elle-même, n'a pas osé abolir les lois révolutionnaires portant peine de mort contre quiconque cherchera à renou-

veler la royauté. Toutes ces lois existoient
encore, ainsi que la plupart de ceux qui les
avoient proposées ou adoptées : d'un moment
à l'autre elles pouvoient être par eux remises
en vigueur. La tyrannie auroit pu faire prononcer leur abolition par le Sénat ou le
Corps législatif, qui ne lui refusoient rien ;
mais alors il eût fallu faire, dans toutes les
lois révolutionnaires, un triage qui auroit
trop clairement marqué celles qu'elle se réservoit de faire revivre dans l'occasion. Elle
a mieux aimé s'exposer au danger de se les
voir opposer à elle-même, mais en se pro-
mettant bien de les prévenir ; et elle a traité
la liberté avec tant de mépris, qu'elle lui
permit de feuilleter encore le registre de
ses folies, et de jouer avec des armes,
naguère si terribles, comme on laisse la
décrépitude s'amuser avec les hochets de
l'enfance.

Le mot de Jean-Jacques, cité au commencement de ce chapitre, est encore jus-
tifié par ce qu'a fait l'autorité consulaire
et impériale. Trouvant un gouvernement
dissous, elle ne pouvoit *que monter et*

resserrer le ressort : elle l'eût fait par nécessité , quand elle n'y auroit pas été
portée d'elle-même ; mais ce ressort étant
en outre destiné à comprimer seul une
immoralité toujours croissante, dut finir par
s'user , et conséquemment par perdre son
élasticité ; et alors cette autorité, qui n'étoit
et n'avoit voulu être que révolutionnaire,
s'abîma sur elle-même, et entraîna dans sa
chute tout ce qui, dans ses opérations, n'avoit
été imaginé et créé que pour elle seule. Le
reste de ces opérations a pu subsister en
s'épurant, parce qu'en remontant à leur
origine, elles ne conserveront plus que l'empreinte d'un pouvoir qui avoit été jugé
nécessaire pour arrêter et terminer violemment les désordres et les abus de la liberté.

CHAPITRE III.

DANS LES RÉVOLUTIONS, OPPOSITION DES MOTIFS.

PRESQUE toujours les auteurs, les agens,
les partisans d'une révolution sont conduits
par des motifs non-seulement différens,

mais très-opposés. A mesure que la révolution se développe, chacun démêle l'intention de son voisin. Dès ce moment, un
combat est décidé entre eux, et il ne tarde
pas à s'engager. Le plus heureux, le plus
adroit, et sur-tout le plus audacieux l'emporte : il insulte avec ironie à la crédulité
de ses compagnons, devenus ses esclaves
ou ses victimes. Ceux-ci ne lui pardonnent
jamais de s'être vus le jouet de son ambition; ils ne lui pardonneront même pas les
libéralités dont il pourroit user envers eux,
parce qu'ils ne verront en elles que les
précautions d'une crainte secrète : ils médi-
teront sa chute, en paroissant applaudir à
son élévation; ce sentiment ne s'éteindra
jamais en eux. Ainsi, que la révolution soit
ou ne soit pas regardée comme finie, il y
aura toujours dans l'État un germe de
troubles, une disposition prochaine à un
changement.

A Rome, lors de l'expulsion des rois,
Brutus étoit conduit par son ambition personnelle : il mourut au bout de deux ans,
pendant que la guerre, vivement soutenue

contre Tarquin, ne lui permettoit pas de développer tous ses projets. Collatin avoit été nommé consul comme pour réparer l'outrage qui lui avoit été fait dans la personne de sa femme : peu après, il fut destitué et banni, sous prétexte qu'il descendoit de Tarquin l'Ancien ; et le mari outragé, fugitif ainsi que l'amant audacieux, dut apprendre à juger les révolutions, en se voyant assimilé au roi qu'il venoit de proscrire. Valérius vouloit franchement un gouvernement populaire, et tendoit toujours à affoiblir l'autorité du sénat; mais le sénat, qui avoit substitué la sienne à celle des rois, ne ménagea le peuple que tant qu'il en eut besoin contre un ennemi plein de ressource et d'activité. Aussitôt après la mort de Tarquin, il lui fit sentir une domination plus sévère que celle des rois : et c'est à ce moment qu'il faut fixer l'origine de toutes les dissensions de la république.

Il n'y eut donc, dans le fait, que le sénat qui profita d'une révolution dont le peuple fut, suivant l'usage, l'instrument et la dupe ; qui valut à Collatin un con-

3.   5

sulat momentané, puis une proscription sans retour. Brutus avoit sacrifié ses deux fils à cette révolution, et n'eut pas le temps d'en tirer le parti que son ambition s'étoit promis.

Lorsque cette même république romaine crut détruire le germe de ses dissensions en se donnant un code qui devoit régler et défendre tous les intérêts, on suspendit toutes les magistratures, même le tribunat, et on les remplaça par les *décemvirs*, à qui tout pouvoir fut donné pour rédiger les nouvelles lois. La proposition en fut faite par Appius Claudius, acceptée par le sénat, sanctionnée par les tribuns et le peuple. Jamais une révolution ne s'annonça avec des formes plus rassurantes et un accord plus unanime : néanmoins ce triple accord, dont on pouvoit avec raison se promettre un grand succès, trompa tous les calculs, parce qu'il tenoit à des motifs différens.

Appius, faisant cette proposition, n'avoit été guidé que par son ambition personnelle. Cet homme, qui finit par souiller

un grand nom, représentoit une grande et
ancienne famille, connue par sa justice,
sa bienfaisance et ses vertus. Son grand-
père, un des principaux Sabins, ennemi
juré des Tarquins, étoit venu s'établir à
Rome avec ses vassaux et ses cliens, qu'un
auteur fait monter à cinq mille hommes
en état de porter les armes. Assurément
lorsque ce puissant citoyen avoit applaudi
ou aidé à l'expulsion des rois, ce n'étoit
pas pour rendre au peuple l'hommage qu'il
ne vouloit plus rendre aux Tarquins ; et
dans l'établissement d'une magistrature nouvelle, investie d'un grand pouvoir, son
petit-fils ne cherchoit et ne vit que sa grandeur future.

Le sénat, honteux d'avoir accordé des
tribuns à une populace insurgée, effrayé
du pouvoir révolutionnaire que ces tribuns
s'étoient tout-à-coup arrogé, fatigué de leurs
intrigues, de leurs demandes, de leur audace, espéroit que la nouvelle législation
le débarrasseroit de cette insolente magistrature ; et en effet, il pouvoit là-dessus
s'en rapporter au caractère âpre et hautain

d'Appius, dont l'aïeul, accusé par un tribun, avoit paru devant le peuple sans changer d'habit, l'avoit tellement frappé par sa contenance que le jugement fut remis à un autre jour, et avoit mieux aimé se tuer que de soumettre son sort au caprice de cette multitude.

Les tribuns, chez qui toute grande mesure prise par le sénat trouvoit toujours une violente opposition, ne combattirent point la proposition d'Appius, parce qu'ils se flattoient que cette crise les débarrasseroit des consuls.

Enfin, le peuple, toujours porté à accueillir une idée nouvelle, uniquement à cause de sa nouveauté, ne songea point à refuser une demande adoptée par les consuls, le sénat et les tribuns. D'ailleurs, excédé lui-même des guerres éternelles que le tribunat lui faisoit soutenir contre les patriciens; s'il haïssoit le pouvoir consulaire, il étoit las de la démagogie tribunitienne (1). En

_____

(1) *Jam plebs, præterquàm quòd consulum nomen, haud secus quàm regum, perosa erat, ne tribunitium quidem auxilium, cedentibus invicem appellatione decemviris, quærebat.* Tit.-Liv. lib. III, cap. 34.

vain avoit-on cru exciter et maintenir sa haine contre les rois ; il reportoit de temps en temps ses pensées sur la liberté dont les rois l'avoient fait jouir : ses orateurs la rappelèrent souvent au sénat ; et dans le nouvel ordre qui alloit naître, il eût volontiers retrouvé l'autorité tutélaire dont il sentoit la privation.

Certes, quand le décemvirat prit possession de son énorme puissance, personne n'auroit pu prédire quelle seroit la fin d'une révolution commencée dans des vues si opposées. Appius, dans le temps de son plus grand pouvoir, le perdit par un événement particulier, et qui, dans son origine, étoit absolument étranger aux fonctions confiées aux décemvirs.

Ce même peuple romain, à l'instigation de ses tribuns, avoit, pour humilier le sénat, banni Coriolan qui s'opposoit violemment à toutes ses demandes ; et ce même sénat, qui n'avoit vu qu'en frémissant le peuple usurper un droit si dangereux, lui en donna cependant la confirmation, en lui dénonçant Spurius Cassius. Le peuple s'empressa de condamner cet ancien magistrat, qui, pendant son consulat, avoit proposé de lui abandonner les terres des Volsques. Toutes ces contradictions s'expliquent, quand on en découvre les motifs. Le sénat craignoit toujours que les mécontentemens du peuple ne le portassent à rétablir la royauté, et il vouloit l'en détourner, en lui déférant la punition de ceux qui oseroient y aspirer. Les tribuns empêchèrent le peuple de voir dans Spurius l'homme qui prenoit ses intérêts ; ils ne lui laissèrent envisager que l'avantage d'être confirmé dans le droit de condamner un patricien : le peuple sacrifia sa reconnoissance au plaisir de voir que le sénat recouroit à lui. Ainsi, dans ce jugement, où un accord unanime envoya Spurius sur la roche Tarpéienne, le sénat fut inconséquent par haine des rois, les tribuns furent cruels par haine du sénat, et le peuple fut injuste et ingrat par orgueil et par crédulité. Les tribuns seuls profitèrent des fautes du sénat et du peuple, dans un jugement qui rehaussa encore la puissance tribunitienne ; mais le peuple, après la jouissance passagère d'avoir fait périr un consulaire, ne tarda pas à regretter l'ami qu'il avoit immolé. *Haud diuturna ira populi in Cassium fuit.* Tit.-Liv. lib. II, cap. 42.

Dans la révolution qui coûta la vie à Charles I.er, les factieux de la chambre haute furent, jusqu'au dernier moment, joués par la chambre des communes. Les presbytériens de celle-ci furent d'abord dupes, puis victimes des indépendans ; les Écossois servirent les uns et les autres, et sans aucun but déterminé, et contre leurs intérêts les plus évidens: tant qu'il ne fut question que d'attaquer le monarque, l'accord de tous ces partis parut inaltérable. Peu à peu, l'armée qu'eux-mêmes avoient appelée, créée ou soldée, agit successivement contre eux tous ; Fairfax, qui se crut long-temps destiné au premier rôle, les réduisit tous au silence : mais bientôt, et Fairfax, et l'armée, et le parlement, tout fut réduit à la servitude par Cromwel ; seul, il s'éleva au milieu de tous ces débris, condamnés par eux-mêmes à devenir les instrumens de sa grandeur. Quand ces insensés détruisoient avec fureur le trône dés Stuarts, aucun d'eux ne pensoit au sombre aventurier dont ils alloient faire un terrible despote. Cette vengeance tardive étoit sans doute dans l'ordre de la Providence; mais les gradations successives qui l'amenèrent étoient dans l'ordre de la nature.

Au commencement de 1789, il n'y avoit peut-être pas en France dix personnes qui songeassent à un changement de dynastie (1). Il se peut que Laclos et quelques partisans forcenés du duc d'Orléans eussent l'idée de lui faire passer la couronne; mais ils le vouloient comme moyen, et non comme but de la révolution : car jamais ce prince n'inspira la moindre confiance à ceux qui le faisoient agir; il leur suffisoit que son nom fût un signal de mort et de destruction; et ils réussirent si bien, qu'il le fut

---

(1) En 1792, Brissot, Gensonné, la Salle de la Meurthe, disoient : « En 1791, il n'y avoit que trois ré- » publicains en France.... Au mois de juillet 1792, » la majeure partie de la nation vouloit le maintien de » la constitution..... Sur cent mille votans que ren- » ferme Paris, soixante-dix mille sont royalistes. »

même pour eux et pour lui. Les trois Assemblées, successivement agitées par l'orgueil, le délire et la barbarie, croyoient envelopper dans leurs informes productions l'avenir le plus reculé, et le décret du lendemain venoit révoquer le décret irrévocable de la veille; à une folie elles en substituoient une autre. Pendant six ou sept ans, il n'y eut ni démence, ni crime, qui ne pût prétendre à l'ordre du jour; il ne s'agissoit que d'attendre. Toutes les factions, mues originairement par des motifs dissemblables, trouvoient à chaque pas, dans chaque événement, des motifs, des craintes, des espérances plus opposées encore. Chacune commençoit une construction ; et furieuse de ne pouvoir achever la sienne, détruisoit celle d'une autre. Ce fut là ce qui produisit les quinze mille décrets dont j'ai déjà parlé.

Il n'y eut d'abord que quelques gens sensés qui saisirent cette discordance réelle entre des factions dont l'accord étoit apparent. Le goût de la nouveauté, l'enthousiasme révolutionnaire, le fanatisme démocratique, fermoient les yeux à l'évidence.

Tant qu'on ne voulut que détruire, on trouva de grandes ressources dans l'extrême démocratie; mais l'embarras se fit sentir dès qu'on voulut gouverner. Toute populacière qu'étoit l'Assemblée constituante, plusieurs fois elle reconnut le besoin de s'arrêter, même de revenir sur ses pas. Chaque pause qu'elle vouloit faire donnoit plus de force au parti qui la poussoit en avant. Pour anéantir l'autorité royale, elle avoit remis tout pouvoir aux municipalités, et sans leur réquisition la force armée ne pouvoit agir : aussi, cette Assemblée ne gouverna-t-elle jamais que *sous leur bon plaisir;* la preuve en est dans ses infructueux efforts pour faire payer les impositions.

Cette opposition ne fut pas moins sensible sous la seconde Assemblée, et plusieurs fois se manifesta même avec violence, au milieu de ses délibérations; mais dès que la Convention eut détruit, et voulut remplacer le simulacre de monarchie qu'on lui avoit abandonné, la division, qui déjà étoit dans son sein, pouvant trouver de grands secours, même dans la démocratie muni-

cipale, elle sentit la nécessité de la comprimer. Elle ne pouvoit expressément la
détruire; elle l'attaqua par deux moyens :
le premier fut de multiplier les clubs, de
les peupler de ses agens, et d'applaudir à
leurs motions les plus incendiaires; le second fut de réduire au silence ou à l'inaction les municipalités, dont elle se méfioit,
par l'envoi de ses commissaires, devant qui
toute autorité se taisoit. Par-tout où se présentoit un de ces proconsuls ou de ces
pachas, il falloit être ouvertement en insurrection, si on n'étoit pas aveuglément
soumis. Mais à Paris, l'autorité municipale
ayant pour principe de porter aux plus
grands excès les mesures les plus affreuses,
la Convention n'osa lutter contre elle, ou
lutta toujours avec désavantage jusqu'au
9 thermidor.

Cette loi des municipalités, imaginée
pour dissoudre la monarchie, étoit en effet
l'excès de la démocratie; mais la Convention elle-même n'osant encore détruire cette
loi, en suspendoit l'effet dans les départemens. Cela dura jusqu'à l'instant de sa

séparation. Elle se trouva alors obligée de transmettre aux assemblées primaires un pouvoir qui les mettoit, au moins pour un moment, au-dessus des municipalités. Et ces assemblées ayant usé légalement de leur droit dans un sens que la Convention n'approuvoit pas, le 13 vendémiaire la Convention démentit audacieusement le vœu de tous les départemens, et mitrailla les sections de Paris.

Formé par ces leçons, le Directoire ôta de même aux municipalités un pouvoir inconciliable avec le sien; et, au 18 fructidor, il annulla despotiquement le vœu de cinquante-neuf départemens, cassa leur nomination, déporta ou proscrivit leurs députés. Ainsi, jamais l'opposition des motifs entre des révolutionnaires ne put être mieux démontrée. Le pouvoir donné aux municipalités et aux assemblées primaires, fut imaginé par les constitutionnels, comme le meilleur dissolvant de la monarchie; adopté momentanément par les jacobins, comme moyen de désorganisation; puis détruit par ces mêmes jacobins, devenus conventionnels ou directeurs, comme inconciliable avec toute autorité qui ne veut tolérer nulle part l'apparence même d'un obstacle.

Telle fut donc la marche d'une révolution provoquée, disoit-on, par le despotisme, contre lequel tous les révolutionnaires paroissoient être unanimes. Toutes les autorités (bien plus despotiques) que nous avons vues s'élever, n'ont gouverné qu'en détruisant les formes de la liberté établies par cette même révolution.

On est moins étonné de voir cette diversité, ou, pour mieux dire, cette opposition de motifs et d'intentions dans tous les actes de la révolution, quand on les retrouve même dans des actes antérieurs. On en vit un exemple bien frappant au parlement de Paris, dans les séances où fut arrêtée la demande des États généraux. Adrien Duport les vouloit pour faire une révolution : d'Esprémenil les vouloit· pour l'empêcher. Le premier, avec des intentions perfides, eut un coup-d'œil juste; le second, avec des intentions droites, fit un faux calcul. Si l'on avoit pu le convaincre que les

États généraux feroient une révolution, il auroit fortement combattu leurs partisans. Aussi, ne lui montra-t-on jamais que la séduisante perspective d'un bonheur auquel il auroit le plus contribué. Une seule fois, Duport, toujours si attentif à ne rien dire qui pût nuire à ses vues, eut l'inadvertance, en s'adressant au parti opposé aux États généraux, de le menacer du progrès des lumières, qui pouvoit amener des événemens aussi grands qu'inattendus. Tout son parti sentit la faute qu'il avoit faite par une révélation trop précoce, qui justifioit les prédictions des gens sages, et recourut à d'Esprémenil, qui ne nia point le danger auquel ce prétendu progrès des lumières pouvoit exposer la monarchie, mais qui, dans une opinion aussi brillante que mal raisonnée, s'efforça de prouver qu'alors le parlement se mettroit entre le roi et le peuple, pour maintenir l'autorité de l'un, en assurant la liberté de l'autre. Cette déclamation, pleine d'éloquence et vide de bon sens, affoiblit le mauvais effet de la brusque incartade de Duport. La menace de celui-ci se réalisa, mais non la belle théorie de d'Esprémenil. Le parlement qui devoit se mettre, non entre le roi et le peuple, mais à côté du roi, parce que c'étoit sa seule place, ne fut plus rien du moment que le roi ne fut plus qu'un nom. Il vint reconnoître l'Assemblée constituante, qu'il devoit condamner et poursuivre aussitôt après le serment du Jeu de paume ; et cette reconnoissance n'empêcha pas l'Assemblée de l'envelopper, l'année d'après, dans la destruction générale. D'Esprémenil, inébranlable dans ses principes et grand dans son repentir, déplora alors avec douleur l'aveuglement dont il avoit été frappé, risqua vingt fois et perdit enfin la vie, sans pouvoir arrêter l'incendie qu'il se reprochoit d'avoir involontairement contribué à allumer.

La révolution de Portugal et celle des États-Unis me semblent être du petit nombre de celles qui n'ont pas été suscitées et suivies par des motifs et des moyens opposés : c'est qu'elles ne furent provoquées par aucune vue d'ambition personnelle ; c'est que toutes deux naquirent d'une oppression injuste; c'est qu'elles ne furent point factieuses.

En France la révolution vint de ce qu'un roi trop bon se confia aveuglément à ses sujets; en Amérique, la révolution vint de ce qu'une métropole trop riche refusa despotiquement d'améliorer le sort de ses colons.

Ainsi, chez les Américains, le mode de concession de l'impôt fut un motif réel de révolution; chez les François, il ne fut qu'un prétexte. La première Assemblée n'osa pas l'avouer expressément, mais le prouva par toute sa conduite. On fut moins réservé dans la seconde; on s'en vanta dans la troisième. Le député Bion disoit à la tribune de la Convention : *Ce n'est pas pour détruire les impôts indirects que nous avons fait la révolution; nous les avons détruits pour faire la révolution . . . . Il s'agissoit alors de détruire, il s'agit aujourd'hui de conserver* (1).

_____

(1) Quelqu'un qui, avec le recueil du Moniteur et du Logographe, auroit la patience d'en extraire simplement les aveux ou les menaces de toute faction op-

Ces quatre lignes suffisent pour répondre à ceux qui voudroient établir un grand rapport entre ces deux révolutions.

Il sembloit du sort de la nôtre que tout ce qui prenoit parti pour ou contre elle, fût conduit, avec des vues contradictoires, à un but tout différent de celui qu'on vouloit ou qu'on disoit vouloir atteindre.

Les révolutionnaires ont mille fois dit, écrit, proclamé, chanté, qu'ils avoient conquis d'abord la liberté, puis la république. Ils n'ont pas été long-temps à perdre leur première conquête, et nous les avons vus, en 1804, renoncer généreusement à la seconde.

Parmi les puissances coalisées, l'Espagne, la Prusse, et en dernier lieu la Russie, qui, jusqu'en 1800, avoient eu des intentions droites et pures, quittèrent une alliance

---

primée ou triomphante, donneroit la meilleure histoire de la révolution. Le Logographe est sur-tout précieux, parce qu'il contient tout ce qui a été dit, bien plus intéressant que ce qui a été fait. On y trouve toutes les parties vitales du putride cadavre de la révolution ; et quand on peut surmonter le dégoût que ce spectacle inspire, on voit l'homme dans toute son abjection.

3. 6

où l'on se servoit de leur coopération dans des intentions moins généreuses.

Deux grandes puissances de cette coalition du dernier siècle, formée, disoit-on, pour rétablir la monarchie en France, n'ont jamais dit publiquement un mot ni du monarque ni de la monarchie, malgré les demandes réitérées que leur en faisoient ses plus fidèles défenseurs.

Une d'elles, avec des projets gigantesques d'agrandissement, avoit perdu des possessions immenses : elle croyoit toujours conquérir, et ne savoit pas même conserver.

Toutes paroissoient armées contre une révolution qui bouleversoit l'ordre social : toutes l'ont reconnue ; et le trône, abattu à force de crimes par les républicains, en présence de tous les souverains, étoit abandonné par ces souverains : au commencement du siècle, il fut relevé par les républicains eux-mêmes.

Si je voulois, après avoir suivi et développé ces divers rapprochemens, passer en revue toutes les contradictions que présen-

toient même les bons François entre eux,
les oppositions secrètes qui ont toujours
subsisté parmi les plus illustres défenseurs
de la monarchie, on verroit que, pour inti-
tuler ce chapitre, *dans les révolutions, opposition de motifs,* j'ai malheureusement eu
trop de raisons... Mais je ne puis me condamner à lever ce funeste voile.

Pour justifier ce titre, pour donner au
principe que j'expose ici le dernier degré
de l'évidence, il suffiroit de décomposer
deux corps créés par la révolution du 18
brumaire, le Sénat conservateur et le Tribunat ; d'examiner si ce qu'ils ont fait, le
Tribunat pendant sa courte existence, le
Sénat depuis sa création jusqu'à la basse
turpitude de son dernier acte, étoit ce qu'ils
vouloient faire ; d'opposer les actions aux
discours, les personnes aux choses, ou,
pour mieux dire, à elles-mêmes.

Le Tribunat parut s'obstiner à vouloir
remplir les fonctions que lui donnoit l'espèce de programme dérisoirement appelé
la constitution de l'an 8 : il fut dissous. Le
Sénat, averti par cet exemple, oublia pru-

6..

demment son titre de *conservateur*, pour ne prendre et ne *conserver* que l'habitude de laisser changer tout ce qui déplairoit au souverain : il fut maintenu. Cette dernière constitution de l'an 8 fut faite avec une facilité apparente ; tous les articles étoient adoptés aussitôt que proposés, parce que l'intention secrète de chacun des faiseurs étoit de la changer à sa volonté.

CHAPITRE IV.

DANS LES RÉVOLUTIONS, INFLUENCE DE LA RELIGION.

LE mot *religion* est pris ici dans son sens le plus général : par lui, j'entends toute idée, toute croyance religieuse, quelle qu'elle soit. Cette croyance est, pour les hommes, d'un si grand intérêt, elle agit tellement sur toutes leurs actions, qu'il leur est impossible d'en faire abstraction dans des circonstances aussi critiques que celles d'une révolution. Aussi n'y a-t-il pas de révolutions dans lesquelles on ne la trouve comme *cause*, comme *prétexte*, comme *obstacle* ou comme *moyen*. L'histoire ancienne est là-dessus

parfaitement d'accord avec l'histoire moderne : le Dieu des Juifs, les fausses divi-
nités du paganisme, les mystères de la
révélation, ont été, dans tous les siècles,
également invoqués par quiconque a voulu
faire, diriger, prévenir ou arrêter une révolution.

La religion fut tout-à-la-fois *cause* et
moyen dans la révolution qui commença
l'existence politique des Hébreux, qui réunit
des esclaves dispersés pour en faire une
nation indépendante : elle donna à Moïse
toute la force d'une mission surnaturelle ;
il lui dut son premier empire sur une multitude indisciplinée, comme il lui dut sa
supériorité sur les magiciens de Pharaon ;
sans elle, il étoit abandonné dans le désert :
il lui dut l'eau du rocher, les cailles et la
manne qui, en subvenant aux besoins des
Israélites, apaisèrent leurs murmures. Elle
fut *cause* et *moyen* terribles dans la guerre
d'extermination qu'ils firent aux nations
dont ils devoient occuper le pays. Elle fut
moyen entre les mains de Judas Machabée,
pour affranchir les Juifs de la domination

de la Syrie. Elle fut *cause*, mais cause occulte, dans leurs différentes captivités, et sur-tout dans leur dispersion totale lors de la destruction de Jérusalem par Titus.

Elle fut, dans l'antiquité, employée comme *moyen* par tous les législateurs, par les fondateurs des empires (1) : ils avoient pressenti que toute puissance venant de Dieu, le meilleur *moyen* de la rendre respectable, étoit de la ramener toujours à son origine. Les lois que Sommona-Codom donna aux Siamois, lui étoient, disoit-il, révélées par un ange qui lui avoit ordonné de les annoncer. Lycurgue consultoit ou vouloit qu'on crût qu'il consultoit l'oracle de Delphes. Numa alloit chercher les conseils de la nymphe Égérie. De leur part, ce n'étoit point une imposture ; car l'imposteur trompe pour son propre avantage : eux ne vouloient que l'avantage public ; ils y parvenoient plus sûrement par une supercherie que par des *moyens* violens. Ils cachoient au

_____

(1) *Veramente mai non fù alcuno ordinatore di leggi straordinarie in uno popolo, che non ricorresse a Dio ; perchè altrimente non sarebbero accettate.* Machiavel.

peuple une vérité qu'il n'étoit pas capable d'entendre, et l'entretenoient d'une fiction à laquelle ils attachoient son bonheur. Cet heureux artifice fut long-temps soutenu par le sénat romain : avec ses pontifes et les livres de la Sibylle, il arrêta plus d'une fois des révolutions qui sembloient devoir l'anéantir. Un des plus grands traits de sa politique fut, non-seulement dans le parti qu'il tira toujours des pontifes et des augures (1), mais encore dans l'adresse avec laquelle il maintint toujours la confiance des plébéiens en des fonctions sacrées dont cependant ils étoient exclus.

Cicéron dit (2) qu'un décret pour l'exécution de la loi agraire des Gracques, fut annullé, parce que le collége des augures déclara de mauvais présage deux corbeaux qui, pendant la délibération, s'étoient battus

_____

(1) Les patriciens gardèrent le sacerdoce jusqu'en 454. Les tribuns obtinrent une augmentation des augures et des pontifes, et que les nouvelles places fussent affectées aux plébéiens; mais jusqu'à la fin de la république, les patriciens gardèrent les places d'interrex, de roi des sacrifices et celles des trois grands pontifes.

(2) *De legibus.*

en l'air, au-dessus de l'assemblée. Lorsque Fabius Maximus eut réparé par la sagesse de sa conduite les défaites des armées romaines, il fut remercié par le sénat, non-seulement pour les rares talens qu'il avoit déployés devant l'ennemi, mais encore pour le soin qu'il avoit pris de détourner les mauvais présages.

Aucune nation n'a porté plus loin l'exactitude à remplir les devoirs publics de la religion de l'État ; *nulla unquàm respublica sanctior*, dit Tite-Live : c'est ce qui fit si long-temps la force de la république. Cicéron l'atteste encore (1) : *Nec numero Hispanos, nec robore Gallos, nec calliditate Pœnos, nec artibus Græcos; sed pietate ac religione omnes gentes superavimus.* Et cette force, que le gouvernement de Rome trouvoit dans son union avec la religion, étoit encore un bienfait de Numa; c'étoit lui qui avoit gravé si profondément dans tous les esprits ce respect inaltérable pour la religion et le serment (2); mots si sacrés, qu'ils l'emportoient

_____

(1) *De haruspiciis reipublicæ.*

(2) Tite-Live, en rapportant (liv. III, chap. XX) un

même sur tout le pouvoir du tribun le plus démagogue. On en vit bien la preuve, lorsque les entreprises du tribun Sulpicius menaçoient la république d'une révolution démocratique. Le sénat voulant se donner le temps de ramener le peuple à des vues plus sages, institua des fêtes religieuses pendant lesquelles il étoit défendu de vaquer à aucune affaire. Le peuple, tout échauffé qu'il étoit, n'imagina pas qu'il lui fût possible de ne pas obéir; le tribun lui-même, qui n'obéissoit qu'en frémissant, sentit que son pouvoir sur le peuple n'alloit pas jusqu'à lui faire commettre une impiété : il lui parut plus facile de le provoquer à massacrer les consuls; l'un d'eux, en effet, au moment de tomber sous les coups de la populace, la vit assassiner son fils, qui vouloit le secourir. Les fêtes furent supprimées, et le tribun obtint par un meurtre ce qu'il n'eût pas obtenu s'il eût attaqué une opinion religieuse.

des faits qui, dans l'histoire romaine, viennent si souvent à l'appui de ce que je dis ici, ajoute cette réflexion, bien adaptée au temps où il écrivoit : « *Nondùm hæc, quæ nunc* » *tenet sæculum, negligentia Deorum venerat : nec inter-* » *pretando sibi quisque jusjurandum et leges aptas faciebat.* »

Lorsque Constantinople fut devenu la capitale de l'empire, son patriarche joua fréquemment un grand rôle dans les révolutions dont elle fut le théâtre; il disposa plus d'une fois de la vie et de la couronne des empereurs. La populace, à-peu-près la même par-tout, s'insurgeoit dans Sainte-Sophie à la voix du patriarche, comme elle s'insurgeoit au cirque pour les bleus ou les verts : et dans le tableau que j'ai tracé des nombreuses mutations du trône du Bas-Empire, on voit la prodigieuse influence qu'eurent toujours et la scission avec le pontife romain, et la querelle du culte des images.

Encore aujourd'hui, dans cette même ville, où règne depuis plus de trois siècles la religion de Mahomet, le muphti a conservé le pouvoir qu'avoit le patriarche : le janissaire le plus séditieux s'arrête souvent à sa voix; et le sultan le plus despote recule quelquefois devant un pouvoir désarmé.

Durant plus de quatre siècles, l'histoire de l'Europe est remplie de révolutions nées de l'abus que faisoient alors les papes de leur puissance, et de l'extension qu'ils vouloient lui donner. Ce ne fut point sans danger, et sans s'exposer même à de terribles catastrophes, que les souverains leur opposèrent quelquefois une résistance non-seulement juste, mais dictée par le devoir: on vit même plusieurs princes compromettre leurs droits les plus sacrés, dans l'espoir de profiter d'une iniquité revêtue des apparences religieuses, et se rendre les instrumens des vengeances et des prétentions pontificales, qu'ils reconnoissoient ainsi faire partie de l'ordre politique. Par la même raison, lorsque, de nos jours, on enlevoit aux papes ce dont ils n'abusoient plus depuis long-temps, ce que le devoir, la justice et une sage politique prescrivoient de leur laisser, ou même de leur assurer de nouveau, on accéléroit la décomposition de l'Europe, en lui ôtant un point central de réunion religieuse, et en ajoutant à une puissance temporelle déjà gigantesque, la force d'une usurpation spirituelle, force momentanée sans doute, mais qui, dans sa plus courte durée, devoit produire de grands déchiremens.

Il n'y a point d'événemens qui aient eu en Europe une influence aussi longue et aussi universelle que les croisades. Cette vérité, déjà connue, vient d'être démontrée dans un ouvrage aussi lumineux que profond. Et bien certainement ce fut l'esprit religieux qui, pendant deux siècles, ébranla toute l'Europe, et la conduisit au milieu des Sarasins et des Ottomans, d'où elle rapporta le germe de tous les changemens qui alloient s'opérer chez elle. Que cet esprit religieux dût ou ne dût pas être avoué par la saine politique; que la conduite des croisés fût ou ne fût pas conforme à l'esprit qui les menoit si loin de leur patrie, peu importe: je ne considère ici cet esprit que sous le rapport de l'influence qu'il eut sur les mœurs, les arts, le commerce, la politique de l'Europe. Sur tous ces points, il y eut, dès le XII.ᵉ siècle, des révolutions très-sensibles. Les autres le devinrent peu-à-peu ; mais toutes avoient leur origine dans la commotion générale que les croisades avoient donnée aux nations européennes. Or, cette commotion appartient toute entière à l'esprit religieux; lui seul la produisit, et lui seul pouvoit la produire, parce que, sur-tout à une époque où les communications de peuple à peuple, ou même celles de province à province, étoient peu fréquentes et difficiles, il n'y avoit que lui qui pût tout-à-coup rapprocher les distances, les intérêts, les opinions, et soumettre tout à l'action électrique d'une exaltation universelle qui, ne voyant plus qu'un but unique, étoit disposée à tout sacrifier pour l'obtenir. Tous les hommes, je le sais, sont susceptibles d'exaltation; mais pour qu'elle soit générale et prompte, il faut qu'elle tienne à un sentiment inné dans tous les cœurs, et qui, tenant lui-même à des craintes ou à des espérances éternelles, échauffe les ames les plus froides, en même temps qu'il enflamme les imaginations ardentes.

En parlant, dans le Livre III, *des révolutions religieuses*, j'en ai dit assez pour qu'on puisse juger de l'influence qu'eut la réforme sur les plus grands événemens des XVI.ᵉ et XVII.ᵉ siècles. J'ai fait voir, dans l'*Esprit de l'Histoire*, combien elle influa sur le sort de la maison d'Autriche, et notamment sur les changemens qui conduisirent l'empire germanique à la paix de Westphalie. Ces changemens, il est vrai, furent autant l'ouvrage de la politique que de la religion ; mais il est vrai aussi que la politique, ou ne les eût pas obtenus, ou auroit eu bien plus de peine à les obtenir, sans les secours qu'elle trouva dans le conflit des opinions religieuses ; et le chef-d'œuvre de Richelieu fut (ainsi que je l'ai observé ailleurs), en s'emparant d'une guerre de religion, d'en faire tellement une guerre politique, que sept ans après sa mort elle fut terminée par le plus grand monument qui ait jamais été vu.

Lorsque Mahomet tiroit, dans ses projets révolutionnaires, un si grand parti de sa religion, il avoit l'air d'en partager l'enthousiasme : il la propageoit, il s'en disoit le prophète. J'ai fait voir, dans le Livre III, qu'il lui dut ses premiers succès. L'union intime qu'il établit entre elle et son gouvernement, prouve que cet adroit imposteur avoit bien calculé quelle pouvoit être la force de l'influence religieuse en faveur du pouvoir politique. Il conçut, fit marcher de front, et exécuta à-la-fois deux grandes révolutions : l'une dans les esprits, à qui il fit adopter un dogme absurde, annoncé par des visions ridicules, mais accompagné d'une morale sage et bienfaisante; l'autre dans les individus, qu'il domina ou vainquit par la terreur, et dont il fit des instrumens qui lui devenoient nécessaires pour étendre sa religion et son empire.

D'après ce que j'ai déjà dit sur Odin, on a pu voir qu'il voulut être, dans la Scandinavie, le fondateur d'une religion nouvelle : ce fut évidemment à elle qu'il dut l'empire que son nom seul obtint si long-temps sur des peuples presque sauvages; ce fut par elle qu'il leur inspira cette ardeur martiale, ce mépris de la vie, ce dévouement aveugle, qui les rendirent si terribles dans les combats. Avant d'en venir aux mains, le nom d'Odin retentissoit dans toute l'armée. On étoit persuadé que lui-même venoit dans la mêlée enflammer la fureur des combattans, frapper ceux qu'il destinoit à périr, et em-

porter leurs armes dans les demeures cé-
lestes ; car ceux-là seuls étoient admis,
dans le palais d'Odin, à des jouissances
particulières pour eux, et toutes analogues
au genre de mort qui les avoit conduits dans
ce lieu privilégié. Il est hors de doute que
ce dogme religieux étoit parfaitement propre au but qu'Odin s'étoit proposé. L'intrépidité des peuples du Nord, leur indifférence au milieu des douleurs, leur empressement à rechercher avec ardeur la mort,
même la plus cruelle, les rendirent audacieux et patiens, deux qualités avec lesquelles
une nation est invincible. L'Europe civilisée
en fit trop souvent l'épreuve. Dans les
régions hyperborées, l'engourdissement et
l'âpreté de la nature tenoient les ames dans
une apathie aussi froide que le climat.
Odin sentit que ses Scythes, établis
dans ces régions, en prendroient bientôt
les habitudes physiques. Il voulut combattre ces habitudes, ou même les empêcher
de naître, par une profonde et durable
impression; et il jugea avec raison que la
religion seule pouvoit la donner. Il ne

chercha pas à multiplier dans ces têtes glaciales les idées religieuses, qu'elles étoient peu susceptibles de comprendre et de conserver. Il en établit une principale, à laquelle toutes les têtes étoient perpétuellement rappelées, tant par le pouvoir et la vénération dont il avoit entouré le ministère héréditaire, que par les sacrifices humains, dont il avoit lui-même déterminé les rites et les époques. Ces sacrifices étoient affreux; ce ministère étoit un ministère de sang : mais le tout soumettoit à une autorité absolue des guerriers intrépides et orgueilleux, qui auroient fait sans cesse des révolutions sur eux-mêmes, si leur valeureuse superstition n'avoit pas toujours été prête à en faire au dehors.

La superstition est de tous les âges et de tous les climats. Elle a appartenu, elle appartiendra à toutes les nations, parce que c'est l'abus, c'est l'excès d'un sentiment inné, qui a toujours besoin de porter sur quelque objet. L'activité d'une croyance dominante est nécessaire; elle a fait des révolutions, elle en a prévenu, elle en a

3.

arrêté : c'est une arme offensive et terrible dans la main d'un factieux, d'un hypocrite ou d'un fanatique ; c'est une arme qui peut, même dans la main du peuple, si elle est dirigée par un homme d'État, devenir défensive et salutaire. C'est alors qu'elle est essentiellement pouvoir conservateur : ennemie des changemens et des nouveautés, elle se rapproche alors du véritable esprit de religion, qui est un esprit d'ordre et de paix, et dans lequel un gouvernement juste trouvera toujours le moyen de consacrer et, par conséquent, de consolider son autorité.

CHAPITRE V.

INFLUENCE DES TEMPS.

LA différence des temps influe d'une manière sensible sur l'origine et les causes des révolutions ; c'est-à-dire que de telle origine, ou de telle cause, résulte en un temps un effet qui n'en eût pas résulté dans un autre.

Il y a des temps de maturité pour les

révolutions; il y a des momens d'inquiétude, de malaise universel, où la moindre
occasion devient cause active, moyen dé-
terminant.

Si le sénat romain n'eût pas conservé
contre l'autorité royale, une jalousie qui
avoit commencé sous Romulus, et à laquelle
ce prince fut sacrifié; s'il n'eût pas reçu
de Servius Tullius lui-même la première
idée qu'on pouvoit substituer deux consuls
au roi; si le dernier Tarquin n'eût pas
exaspéré ce même sénat par son arrogance
et ses vexations, la lubricité de Sextus son
fils n'auroit eu aucune suite politique,
car il n'y avoit nul rapport de ce genre
entre l'aventure tragique de Lucrèce et une
révolution.

Au contraire, il y en avoit un très-naturel
entre la mort de Virginie et l'expulsion des
décemvirs. L'infame réclamation d'Appius
étoit la plus révoltante extension d'une
autorité déjà trop grande. Il avoit le front
d'élever, de faire plaider, de juger lui-
même au milieu du *Forum*, l'effroyable procès imaginé par sa brutale lubricité. Sur le

7..

théâtre même de la souveraineté du peuple romain, il attaquoit les droits du peuple, l'honnêteté publique, l'honneur des familles, la tendresse et l'autorité paternelles et la foi conjugale. Ce monstrueux jugement renversoit toutes les lois, au nom de la loi même; et le peuple, épouvanté, n'avoit plus à espérer de salut que par l'anéantissement de l'autorité qui rendoit de pareils décrets.

L'action privée de Sextus ne tenoit qu'à l'audace effrénée d'un libertin; l'action publique d'Appius tenoit à la combinaison oppressive d'un despote luxurieux. Lucrèce, révélant ce qu'elle pouvoit cacher, et croyant expier en se tuant ce qu'elle eût mieux fait de prévenir, auroit dû exciter peu d'intérêt; la mort de Virginie, immolée à l'honneur par la main même d'un père désespéré, au milieu de tout le peuple romain, devoit produire une grande explosion.

Jacques II n'étant encore que duc d'Yorck, avoit rendu à l'Angleterre des services essentiels : il avoit soutenu, avec le courage

le plus brillant, l'honneur du pavillon bri-
tannique ; il avoit des vertus qui devoient
le faire aimer ; et Guillaume III, connu pour
avoir un caractère ardent et impérieux, ne
pouvoit invoquer en sa faveur aucun avantage sur son beau-père : mais le mot *papisme*
faisoit tout alors. L'Angleterre, violemment
séparée, malgré elle, de l'Église romaine,
par le despotisme rigoureux de Henri VIII,
croyoit toujours perdre sa liberté, parce que
Jacques II étoit attaché à cette Église ; et
ce fanatisme religieux, irrité par les im-
prudences du P. Peters (1), produisit une
révolution politique : cette révolution n'auroit pas eu lieu, si, à cette époque, ces
mêmes Anglois, que Henri VIII n'avoit dé-
tachés du Saint-Siége qu'à force de terreur,
n'eussent détesté le catholicisme aussi fortement qu'ils l'avoient défendu. Ils chassè-
rent le vertueux Jacques II, parce qu'il pra-
tiquoit secrètement la religion catholique ;
et ils avoient été les humbles esclaves de

_____

(1) Innocent XI sentoit le tort que le P. Peters feroit en Angleterre à la religion catholique ; il engageoit
Jacques II à l'éloigner de son conseil.

Henri VIII, défendant cette même religion par des écrits publics, disputant chez lui contre les hérétiques, puis les condamnant au feu, et recevant du pape même le titre de défenseur de la foi.

Au milieu même des fureurs de la Ligue, pendant que l'exaltation religieuse avoit égaré les têtes les plus sages, la France ne se trouva pas même prête pour la révolution que l'on préparoit : si elle l'avoit été, s'il y avoit eu réellement un parti révolutionnaire bien formé pour couronner les Guises, la mort du duc et du cardinal auroit donné à ce parti une grande force dans toute l'étendue du royaume ; et si Mayenne n'avoit pas eu assez de nerf pour le conduire, d'autres auroient pris sa place ou au moins son nom. Mais l'événement prouva bien que la révolution n'étoit que dans le cœur des Guises ; et si Henri III, aussitôt après leur mort, eût marché sur Paris, la Ligue étoit finie : elle crut se soutenir ou se relever par un assassinat, et ce crime inutile ne lui rendit pas un pouvoir que le temps ne lui avoit pas donné.

Avant que la Hollande eût secoué le joug de l'Espagne, il y avoit eu dans les Pays-Bas des révoltes perpétuelles ; il y existoit un germe habituel de dissensions : mais dans tous ces mouvemens insurrectionnels qu'on voyoit si fréquemment, rien ne ressembloit à une révolution. La manière même dont commença celle des Provinces-Unies, fit bien voir qu'elles n'étoient pas encore parvenues à la maturité révolutionnaire ; mais l'orgueil et la maladresse de Philippe II, la conduite scandaleuse du cardinal de Granvelle, les cruautés du duc d'Albe, hâtèrent cette maturité. Avant que les grands succès des flottes hollandoises eussent élevé les prétentions de l'union, elle ne tenoit point à être puissance indépendante ; pendant longtemps elle ne voulut même que rester sous la domination de Philippe, en obtenant de lui qu'il se conformeroit à la constitution. Elle repoussoit, par la justice de ses premières demandés, une révolution que Philippe provoquoit par l'imprudence de ses injustes refus. Ce fut à force de temps et de fautes, qu'il obligea l'union à vouloir une révolution.

Et encore comment la vouloit-elle alors? elle offroit sa souveraineté indifféremment à des princes protestans ou catholiques, et ce furent les refus d'Élisabeth et du duc d'Alençon qui la déterminèrent à ne pas aller chercher au dehors un appui dont elle pouvoit se passer. Dans un autre temps, la fierté d'Élisabeth et la vivacité du duc d'Alençon n'eussent pas refusé une couronne, et alors la Hollande n'eût fait que changer de souverain. Ce fut donc le temps qui influa sur la tournure que prit la révolution, et qui influa sans que la Hollande parût s'apercevoir de cette influence, puisqu'elle n'avoit pas cru que ses offres pussent être refusées.

On ne sait si, lorsque Alexandre voulut pénétrer dans l'Inde, il étoit préalablement instruit des secours qu'il devoit trouver dans les dissensions des États indiens : s'il l'ignora, son projet, déjà gigantesque, étoit une vraie démence. D'après les obstacles qu'il rencontra, même en profitant de ces dissensions, on peut juger de ceux qu'il auroit éprouvés si les monarques indiens se fussent réunis pour se défendre. Le succès des révolutions qu'il fit dans une partie de l'Inde, tint donc au moment où il les entreprit.

De nos jours, lorsque Kouli-khan fit une révolution dans ces mêmes États, lorsqu'il l'étendit jusqu'au Mogol, et régna momentanément à Dehly, d'où il emporta dix-sept ou dix-huit cents millions, il dut sa prodigieuse fortune à la désunion de la maison royale du Mogol et à la perfidie d'un ministre qui avoit autant d'audace que d'ambition. Ce bel empire asiatique attendoit en ce moment une révolution : il falloit qu'elle fût faite ; elle le fut par le premier qui se présenta.

Assurément l'empire du Mexique, dans toute sa force, défendu par des sujets d'un dévouement et d'une fidélité à toute épreuve, eût été à l'abri des attaques d'une poignée d'Européens, qui, même en ne perdant qu'un homme contre cent, devoient nécessairement finir par être détruits ; et Cortez ne seroit qu'un aventurier ignoré et malheureux, s'il n'eût attaqué le Mexique dans le moment où les Tlascaliens juroient la perte des Mexicains. Ce fut ce moment qui le servit, sans qu'il pût même l'avoir prévu ; ce fut ce moment qui décida la révolution. Cortez, à qui l'aveugle fortune en donna l'honneur, ne fut que l'instrument ; le province de Tlascala fut la cause.

Il faut en dire autant de la conquête de la Chine par les Mantchous : au milieu du XVIII.ᵉ siècle ils attaquèrent cet immense empire, pendant qu'il étoit gouverné par un souverain qui avoit tous les vices sans aucun talent. Plusieurs provinces étoient ouvertement révoltées contre lui ; ce fut le vice-roi lui-même qui introduisit les Mantchous sur les frontières de la Chine : et ceux-ci, en voyant la belle défense et le dévouement d'un grand nombre de Chinois, quoique abandonnés par leur indigne souverain, jugèrent de ce qu'ils auroient éprouvé devant un monarque qui eût été digne de commander à de si fidèles sujets.

Il est à présumer que des mémoires, secrets aujourd'hui, mettront un jour à découvert tous les ressorts qui ont joué successivement dans nos révolutions depuis 1789 : alors on verra que le temps a fait celle du 18 brumaire ; qu'il n'y en a point qui appartiennent plus exclusivement au temps seul. La pentarchie, livrée au mépris universel, étoit révolutionnée par le temps : ainsi que toutes les autres factions, elle avoit fait le sien ; ce qui, pour toute faction, est l'ordre irrésistible de faire place à une autre. Il ne s'agissoit plus que de déclarer authentiquement ce qui étoit déjà fait ; et Lucien Buonaparte, en entrant au pas de charge dans l'assemblée de Saint-Cloud, est venu lui dire ce qu'elle savoit déjà, que la pentarchie et les deux Conseils *avoient vécu*. Ce fut le *vixerunt* prononcé par Cicéron après la mort de Céthégus et de ses complices. Cette révolution étoit l'inverse de celle que l'on avoit tant proclamée et fêtée depuis dix ans, et qui avoit aussi été faite par le temps.

Lorsqu'une nation a passé par tous les âges d'une société politique, lorsque après avoir traversé des siècles de foiblesse et d'ignorance, elle a toujours su accroître sa puissance et développer sa politique ; lorsque parvenue, avec ses avantages, à un siècle d'instruction, de goût et de génie, elle a consolidé sa grandeur en répandant au loin et les rayons de sa gloire et l'enthousiasme de son héroïsme, et les élans de son industrieuse activité, arrive pour elle l'époque dangereuse d'une maturité qui avoisine la corruption, qui peut-être n'est pas encore une décadence, mais qui amène tout ce qu'on peut regarder comme la rendant inévitable. Cette époque est celle du règne de l'esprit, ne reconnoissant plus ni bornes ni autorité; soumettant tout à sa discussion et à ses calculs; ne parlant que de son indépendance, et n'en tolérant aucune autre; substituant par-tout les droits aux devoirs; desséchant les vertus, favorisant les vices; remplaçant l'amour de l'ordre par le fanatisme de la liberté; incendiant toutes les têtes, quand il ne peut pas corrompre tous les cœurs, et livrant la société, ainsi décomposée, au vague de toutes les idées systématiques, aux prestiges de toutes les illusions, enfin aux désordres de la licence, puis aux convulsions de l'anarchie. Je n'ai pas besoin de reprendre chaque ligne de cette phrase pour prouver qu'elle contient l'histoire des dernières années de la monarchie françoise. Il n'y avoit alors qu'une forte autorité qui pût arrêter et repousser une révolution que le temps amenoit à grands pas : cette autorité ne se trouva nulle part, pas même où elle devoit être ; et la monarchie étoit dissoute avant d'être abattue.

A deux époques très-rapprochées de l'histoire romaine, on trouve deux exemples de l'influence des temps méconnue par deux hommes célèbres. César, entreprenant par caractère, habitué à *venir*, *voir* et *vaincre*, avoit un peu trop devancé les temps et les circonstances, lorsqu'au moment de marcher contre les Parthes, il s'étoit fait mettre par Antoine la couronne sur la tête. Auguste, aussi ambitieux, mais plus timide, ne vit que le mauvais succès de cette tentative, et il n'osa la renouveler. Il ne sentit pas que les regrets et la conduite du peuple après la mort de César, frayoient devant son successeur le chemin que César n'avoit pu ouvrir; que la mort de ses assassins, du fils de Pompée, et enfin celle d'An-

toine, avoient livré sans retour la république
entre les mains du vainqueur heureux, qui
n'avoit plus qu'à fixer et à légitimer l'unité
de pouvoir dont les temps proclamoient
la nécessité.

En observant avec soin la conduite de
Sylla et de Pompée, on voit aussi les points
dans lesquels ils ont suivi et ceux où ils
ont paru méconnoître l'influence des temps.

Sylla avoit profité de son consulat pour
rendre à la constitution son ancienne force
et diminuer celle de la démocratie ; mais
cette démocratie n'étoit plus ce qu'elle avoit
été : l'assemblée du peuple, toujours difficile
à contenir, mais qui, autrefois, ne réunissoit
que les citoyens d'une même ville, ou au
moins d'un même territoire, étoit devenue
une agrégation confuse de nations long-
temps ennemies ou rivales. Tous les individus qui venoient à Rome pour user ou
plutôt pour se faire payer de leur souveraineté, n'étoient plus Romains, dans le sens
que cinq siècles de gloire avoient attaché
à ce nom. Sans principes, sans ordre, sans
harmonie, cette monstrueuse composition

ne pouvoit plus avoir de mouvemens réguliers; chez elle, le moindre mouvement étoit convulsion. Aussi, dès que Sylla eut quitté Rome pour aller attaquer Mithridate, ses lois furent abolies : elles tenoient à sa personne, et non au temps; leur abolition fut faite, conformément au temps, par des convulsions révolutionnaires. Il fut déclaré ennemi de la république pour avoir fait la seule chose qui auroit pu la maintenir, si elle n'eût pas été minée par le temps. Ses maisons furent rasées, ses biens confisqués, ses amis proscrits; c'est-à-dire qu'on le traita comme ceux qui, dans les beaux jours de la république, avoient aspiré à la royauté.

Éclairé par cette violente révolution, Sylla sentit qu'il falloit en faire une autre pour rétablir ses lois, et sur-tout pour les soutenir; que c'étoit la force armée qui devoit désormais être le législateur du *Forum*; mais qu'il falloit que ce législateur fût auparavant vainqueur des ennemis de l'État. Jusqu'au moment de son abdication, toute sa conduite fut conforme à ce calcul, qui étoit juste. Il resta quatre ans en Asie; il en revint triomphant, avec une armée qui lui étoit dévouée. Revêtu d'une dictature indéfinie, il anéantit les partisans de la démocratie, et donna les lois les plus propres à la comprimer. En rendant au sénat le jugement des causes publiques, en ne faisant porter devant le peuple que des lois déjà approuvées par le sénat; en rétablissant les comices dans leurs antiques formes; en réduisant les tribuns aux fonctions de leur institution primitive; en leur ôtant le droit d'appel et de convocation, et les bornant à une simple opposition; il est certain qu'il reconstituoit la république : mais le temps, qui l'avoit déconstituée, le temps, auquel il faut que toute institution humaine finisse par céder, même lorsqu'il cède momentanément à la force de tel ou tel homme, prit toute la sienne après Sylla (1).

Pompée reconnut et suivit d'autant plus son influence, qu'elle convenoit parfaitement à sa politique ambitieuse, mais timide

---

(2) *Voyez* ce que je dis de son abdication, Livre VII.

et incertaine. Citoyen d'une république qu'il aspiroit à dominer ; évitant de paroître factieux, mais fomentant les factions ; feignant de défendre la liberté, mais avec l'intention d'en dégoûter à force de licence et d'anarchie, il espéroit, en suivant la marche des temps, réduire cette république à ne plus subsister qu'en se livrant à lui, et vouloit avoir l'air, non pas de s'en emparer, mais de la recevoir des mains de la nécessité. C'est à quoi il seroit infailliblement parvenu, s'il n'eût pas trouvé un rival plus adroit, plus heureux, mais sur-tout plus audacieux que lui. César s'appropria tous les moyens que le temps offroit à Pompée, et leur donna encore plus d'activité. Alors Pompée, obligé de les abandonner, recourut aux moyens opposés, mais qui n'étoient plus d'accord avec le temps. Il revint à ce sénat qu'il avoit tant humilié, et qui proclama comme sauveur de la république celui qui avoit achevé de la détruire. Le sénat et lui, perdus tout-à-coup au milieu de l'immensité de l'empire, entre les désordres d'un luxe effréné, la haine d'un

peuple pauvre, et tout-puissant par sa sou‑
veraineté, les prétentions d'une noblesse
riche et factieuse, essayèrent de présenter
comme une lutte de la république contre
le despotisme, ce qui n'étoit plus qu'un
combat singulier entre César et Pompée.
Dans cette lutte, Pompée contrarioit les
temps et fut vaincu. Je sais et j'ai déjà dit
qu'il accumula fautes sur fautes ; mais la
première fut de vouloir, ou plutôt de feindre
de vouloir rétablir ce qui n'existoit plus, ce
que lui-même avoit travaillé à démolir.
Tant qu'il voulut ce que le temps vouloit
aussi, il put être étonné de ses succès ; mais
quand un autre le voulut plus révolution‑
nairement que lui, tout fut dit ; la révolu‑
tion fut *faite* par le temps, fut déclarée par
César dictateur : aussi n'eut-il aucune peine
à la maintenir ; elle subsista après lui,
comme auparavant, parce qu'elle étoit en‑
core plus l'ouvrage du temps que celui de
l'individu.

Et telle est l'influence nécessaire, je pour‑
rois même dire la toute-puissance du temps
sur toute espèce de changement politique,

que non-seulement il agit sur les grandes révolutions, mais encore sur l'ouvrage le mieux combiné du plus sage législateur. C'est le temps que celui-ci doit consulter pour réformer utilement des abus : il lui faut quelquefois du courage pour les attaquer ; mais il lui faut toujours de la patience pour les attaquer à propos. Les réformes les plus desirables manquent, quand elles sont faites à contre-temps ; et alors l'abus qu'on a voulu détruire trouve une nouvelle force dans l'inutilité des coups qu'on lui a portés, parce qu'aux yeux du vulgaire, pour qui le succès est toujours une raison, un abus paroît plus raisonnable, du moment qu'il a été attaqué sans succès.

Un des hommes qui me paroissent avoir le mieux senti cette impérieuse nécessité de se conformer au temps pour réformer des abus, est Gustave-Wasa. Au moment où il délivroit sa patrie du joug de Christiern, il fut vivement frappé des grands avantages que les ennemis de l'État avoient trouvés dans l'éligibilité du trône, et dans l'excessive puissance de la noblesse et du clergé. Cependant le vainqueur des Danois, le libérateur de la Suède, proclamé roi par la reconnoissance publique, ne se crut pas encore assez fort pour attaquer ce double abus. Il appela le temps à son secours ; et ce ne fut qu'aux États de Westeras, vingt-un ans après ceux de Strengnès, qu'en faisant déclarer l'hérédité du trône, il diminua le dangereux pouvoir des deux premiers ordres.

Je n'envisage ici que sous le rapport politique ce qui se fit à Westeras ; et, sous ce point de vue, Gustave recueillit le fruit de sa patience. La Suède ne fut plus gouvernée par des princes danois, comme elle l'avoit été si souvent ; la couronne resta héréditaire, malgré quelques troubles momentanés et la foiblesse de son fils Éric. La noblesse perdit une grande partie de sa puissance, et ne la reprit que plus de cent cinquante ans après, par les fautes multipliées de Charles XII. Le clergé vit s'échapper sans retour les immenses richesses dont il avoit fait un si coupable usage. L'introduction des dogmes de la réforme fut pour Gustave un moyen puissant, que la religion devoit lui interdire, mais que le temps sembloit lui indiquer. Il suivit, il fit plus, il attendit l'indication du temps. Dans le cours de cet ouvrage, et notamment dans le Livre III, je m'explique assez fortement sur la réforme, pour qu'on ne puisse mal interpréter ce que je dis ici. Mais il est certain que la conduite de Gustave, condamnable en un point, sous le rapport de la religion, lui étoit, dans tous les points, politiquement tracée par les circonstances : et la preuve, c'est que la Suède vit s'opérer, sans secousses et sans convulsions, deux grands changemens, l'un politique, l'autre religieux, c'est-à-dire, les plus dangereuses révolutions par lesquelles un État puisse passer.

CHAPITRE VI.

DANS LES RÉVOLUTIONS, INFLUENCE DU CLIMAT ET DES MŒURS.

JE réunis dans le même chapitre l'influence du climat et celle des mœurs, parce que toutes deux semblent avoir une relation intime, attendu que, par-tout, les mœurs ont été influencées par le climat.

On a reproché à Montesquieu d'avoir porté trop loin cette influence. En supposant même qu'il l'ait exagérée, cela prouveroit toujours qu'elle existe, et c'est en effet une vérité qu'on ne peut nier. Aristote en avoit fait l'observation ; et il disoit avec raison qu'en examinant les cités fameuses de la Grèce et la position locale des autres peuples, on trouvoit par-tout la grande influence des causes physiques. Montesquieu, en développant cette vérité, est parti du même point ; mais il en a fait principalement l'application à des peuples qu'on peut appeler immuables. Je les nomme ainsi, parce qu'à travers les siècles et les révolutions, leurs mœurs n'ont point changé ; elles sont telles aujourd'hui qu'elles étoient il y a deux ou trois mille ans. Leur civilisation est restée dans l'état où elle étoit alors ; et il est certain que plus un peuple aura fait de progrès dans la civilisation, plus on verra diminuer chez lui l'influence du climat ; parce que, plus l'homme est élaboré, moins il est l'homme de la nature, et c'est sur-tout sur l'homme de la nature que cette influence se fait sentir.

Les peuples de l'Asie, de l'Inde, de la Chine, sont réellement des peuples immuables : aussi toutes les révolutions y ont un caractère d'identité très-remarquable. Plus de vingt dynasties ont été, en Chine, précipitées du trône, et l'ont toujours été avec les mêmes moyens, les mêmes causes, les mêmes suites. Plusieurs fois cet État, vaste et populeux, a été envahi par des conquérans étrangers, et toujours ces conquérans venoient des grandes plaines de la Tartarie, pays dans lequel le climat et les mœurs ne changent point. Plus il y a de simplicité, d'uniformité dans les mœurs et dans les lois d'un peuple, moins il est exposé à les voir changer. Or, rien de si simple que les lois, les mœurs d'un peuple nomade ; il n'a d'autre idée aujourd'hui que de faire ce qu'il faisoit hier. Lorsque l'accroissement de sa population le force à en envoyer l'excédant au dehors, aucune combinaison politique ne prépare son expédition ; il sait, par tradition, comment il en fut fait une cent ans auparavant ; il fait de même.

Quoique les Indiens ne puissent pas être regardés comme des peuples nomades, il y a toujours parmi eux une permanence de mœurs et d'habitudes qui tient évidemment au climat, et, dans toutes leurs révolutions, une identité qui ne peut être attribuée qu'à l'influence du climat et des mœurs. Depuis Alexandre jusqu'à Thamas-kouli-khan, toute armée étrangère qui s'est présentée dans l'Inde y a fait des conquêtes, y a donné ou ôté des couronnes, en a emporté des trésors, et y a laissé le même gouvernement. Cette identité si ancienne tend à diminuer graduellement dans l'Indostan, depuis que des nations européennes qui y ont formé de grands établissemens, s'efforcent d'y introduire les usages, la politique et la tactique de l'Europe. L'influence du climat cédera, avec le temps, à celle des mœurs, et alors les révolutions y prendront de nouvelles formes et un nouveau caractère : mais les mœurs anciennes disputeront encore long-temps le terrain; et si, par des événemens qui ne paroissent pas vraisemblables, les Européens étoient exclus de l'Indostan, ces mœurs reprendroient bientôt leur premier empire, et le climat reprendroit sur elles son antique influence.

Peu de pays ont été plus révolutionnés que la Perse : ses longues et fréquentes guerres avec l'empire romain auroient dû lui donner quelques couleurs d'une puissance européenne ; les Grecs, les Scythes, les Arabes, les Sarasins, les Turcs, y ont successivement établi leur domination ; la redoutable puissance des califes y a porté le mahométisme : et cependant, ainsi révolutionnée et dans ses habitans et dans sa croyance religieuse, la Perse ne l'a jamais été dans son gouvernement ; chez elle, comme à la Chine, comme dans l'Inde, comme dans tous les empires asiatiques, il est resté immuable au milieu de tant de changemens ; et vainqueur de ses conquérans mêmes, il les a vus se soumettre à lui, ou plutôt à l'influence du climat et des mœurs, qui repoussoient tout autre gouvernement.

Ce n'est encore que par cette double influence qu'on peut expliquer la multitude et la dégoûtante monotonie des crimes qui, en Perse, se commettent dans toutes les ré- volutions, et sur-tout l'indifférence avec laquelle un peuple stupide en est le témoin, l'instrument ou la victime. Il est même une observation qu'on ne peut manquer de faire en lisant l'histoire de Perse, et qui est aussi honteuse que pénible pour l'humanité; c'est que l'effusion du sang semble y être un moyen nécessaire de gouvernement. Dans la liste des souverains persans détrônés, on ne trouve que ceux qui répugnoient à employer ce cruel moyen. Dans les préjugés ou les habitudes des Perses, ils appeloient foi- blesse ce qui étoit bonté : ils regardoient comme peu digne de les gouverner le mo- narque qui les regardoit comme des hom- mes, et lui ôtoient souvent la vie, unique- ment parce qu'il avoit ménagé la leur.

La même observation peut encore se faire sous une latitude bien différente; mais là c'est des mœurs bien plus que du climat qu'il faut reconnoître l'influence. Dans l'empire moscovite, jusqu'au mi- lieu du dernier siècle, les supplices les plus cruels étoient d'un usage fréquent, non-seulement lors des révolutions, mais dans la marche ordinaire du gouvernement. Des exécutions barbares se faisoient sous les yeux du souverain : il ne croyoit pas s'avilir en devenant lui-même l'exécuteur de ses arrêts de mort; Pierre le Grand en donna plus d'une fois le honteux spectacle. Personne, pas même le condamné, ne trouvoit cela étonnant. Cet usage avoit donc, comme tous les autres, été consacré par l'habitude et l'opinion, qui se forment des mœurs; il devoit avoir pris naissance dans l'insensibilité physique des peuples du Nord. Montesquieu a observé qu'il avoit fallu outrer les supplices pour les leur faire craindre ; et comme, en temps de révolution, il faut se faire craindre plus que jamais, c'étoit dans les temps de révolution que les mœurs exigeoient un plus grand nombre et une plus grande barbarie de supplices.

On n'ose pas mettre au nombre des révolutions les tentatives de Pugatschew pour en faire une. Ce misérable, qu'on crut pendant quelque temps près de devenir célèbre par ses succès , et qui ne fut fameux que par ses crimes , se vit cependant au moment d'opérer une révolution. Il la soutenoit par des atrocités qui font frémir; et en les employant comme moyens de réussir, il ne croyoit sûrement pas heurter l'opinion , qu'il avoit intérêt de se concilier. Il faisoit ce qui, dans les mêmes contrées, avoit été fait de tout temps par le pouvoir dominant, soit légitime, soit révolutionnaire.

Si le climat et les mœurs ont habituellement une si grande influence , il est clair qu'elle deviendra plus grande encore en temps de révolution ; car, dans la marche régulière de l'ordre politique, cette influence peut être ou atténuée ou contre-balancée par les lois. Mais dans une révolution il n'y a plus de lois à invoquer , si ce n'est celles qui sont faites par la révolution même ; et je dirai dans le Livre VII ce que sont ces lois. Toutes les passions, alors sans frein , prennent donc la direction que leur donnent les mœurs et le climat , parce que les mœurs et le climat , qui forment les habitudes de l'homme social, forment son premier instinct, quand la société change ou se décompose, soit par lui, soit contre lui, soit autour de lui.

En Hollande, pays froid, aquatique, chargé de brouillards, où l'habitant, calculateur flegmatique, suppute continuellement son gain ou sa perte, son espoir et ses craintes, les révolutionnaires supputent et exécutent avec le même sang-froid le nombre de meurtres jugé nécessaire pour le succès ; ils ne le dépassent pas : c'est pour eux une règle de compte, tout comme une autre. Par la même raison, lents à se jeter dans l'arène des révolutions, dès qu'ils y sont entrés ils marchent au but lentement, mais obstinément. Tout cela a été très-sensible dans la longue lutte des Provinces-Unies contre l'Espagne. Elles furent long-temps en insurrection, sans prendre un parti prononcé ; mais dès que l'union eut été signée, tous les efforts tendirent à la consolider et à la faire reconnoître. Au milieu des plus grandes crises, les Hollandois firent, dans leur État naissant, ce qu'ils

faisoient en pleine mer, au milieu des tem-
pêtes. Forts de la ténacité de leur volonté,
ils attendoient un temps plus favorable, et
arrivèrent ainsi à la'trève de 1609.

Ce que cette ténacité leur faisoit faire contre des ennemis extérieurs, elle le leur faisoit
faire dans l'intérieur même de l'État contre
ceux qu'on lui signaloit comme des ennemis
domestiques. Dès que la faction d'Orange
fut parvenue à exciter le peuple contre les
frères de Witt et Barneveldt, elle fut assurée
de sa vengeance ; et ces trois magistrats,
aussi recommandables par leurs talens
comme hommes d'État, que par leur pa-
triotisme comme citoyens, furent victimes
de la fureur d'un peuple dont ils avoient
toujours été les bienfaiteurs.

En Italie, où la vivacité naturelle des
habitans, où la chaleur du climat, produisent des impressions plus vives que durables,
une mobilité d'idées plus véhémente que
profonde, on a vu toutes ses républiques,
excepté une, fréquemment révolutionnées
les unes par les autres, ou révolutionnées
par elles-mêmes. On y trouve ce qu'Aris-

tote dit des républiques de la Grèce : tous les partis se succèdent, s'entre-détruisent ; et si, après plusieurs siècles d'agitation, elles prennent une position plus tranquille, c'est lorsqu'elles sont obligées de participer à la politique extérieure qui les entoure. Alors se calme peu-à-peu cette mobilité que leur donnoit l'influence du climat et des mœurs, parce qu'une influence plus forte, plus universelle, les assujettit à une grande orbite politique, dont elles doivent suivre ou partager les mouvemens. Alors aussi s'altèrent, se confondent et se perdent les caractères distinctifs qui leur appartenoient spécialement. Un seul reste, parce qu'il tient plus encore aux individus qu'à la nation, parce qu'il produit plutôt des effets isolés que des effets publics ; c'est le desir, l'habitude, je dirai presque le besoin de la vengeance : non cette vengeance ouverte, menaçante, qui, en provoquant audacieusement un ennemi, l'avertit au moins de se défendre ; mais celle qui se cache sous le masque même de la réconciliation, et, aussi lâche que perfide, endort sa victime avant de l'immoler.

L'histoire des factions qui, pendant si long-temps, ont déchiré les républiques d'Italie, offre perpétuellement des exemples de cette vengeance ténébreuse, qui ne se montre au grand jour que lorsqu'elle se croit sûre de porter des coups inévitables. Elle est, en temps de révolution, d'autant plus active, qu'elle n'oublie et n'épargne pas ses ennemis dans le train ordinaire de la vie : plusieurs villes célèbres tenoient un état exact des meurtres qui se commettoient sur leur territoire ; et l'on a remarqué qu'il y avoit toujours peu de différence dans les sommes totales de chaque année.

Une observation frappante sur la double influence dont je parle ici, c'est qu'elle doit être bien plus sensible dans une révolution de peuple à peuple, que dans une révolution d'un peuple sur lui-même. Dans celle-ci, on peut avoir peine à la suivre et à la reconnoître à travers les violentes dissensions qui, en divisant une nation, en montrent toujours une partie dans un état d'opposition avec l'autre. Pendant une époque d'effervescence et de convulsions, laquelle des deux parties conservera le plus son attitude et sa physionomie naturelles ? il est difficile de le décider ; et l'on s'éloigneroit peu de la vérité en disant que l'une et l'autre sembleront les perdre, tant que durera la lutte, mais que la partie vaincue, qui, vis-à-vis de l'autre, se regarde toujours comme ennemie, ou au moins comme étrangère, ne tardera pas à s'en montrer revêtue de nouveau. C'est par la même raison que la double influence paroîtra toute entière dans une révolution de peuple à peuple, parce qu'alors ce sont deux masses entières, parfaitement distinctes, qui, fortes chacune de l'union de leurs élémens, se rencontrent et se heurtent sur tous les points de leur étendue ; parce que les étincelles que ces chocs en font perpétuellement sortir, en éclairent toutes les parties, et les montrent dans leur plus grand état d'irritation ; parce que le peuple qu'on attaque semble tenir encore plus à ses habitudes et à ses mœurs, quand toute son existence est compromise, et qu'il peut encore les maintenir, même après que ses armes ont succombé.

3. 9

Tout dépend alors de la manière dont le peuple vainqueur termine la révolution. Les Messéniens vaincus, mais toujours dépouillés et maltraités par les Spartiates, restèrent pendant plus de deux siècles moins leurs sujets que leurs ennemis, et, après cette longue servitude, redevinrent une nation indépendante. Les ilotes, transplantés hors de leur territoire sous la triple servitude de l'individu, de la glèbe et de l'État, firent enfin expier à Sparte l'esclavage barbare auquel elle les avoit condamnés. Rome, plus sage, ou plus politique, en révolutionnant successivement tous les peuples d'Italie, admit au rang de ses citoyens ceux qui avoient le mieux défendu leur indépendance, et eut lieu de s'applaudir en voyant couverts de ses armes des guerriers qui avoient si long-temps tourné les leurs contre elle. César avoit trouvé une grande opposition dans les Gaules, quand il voulut les révolutionner; pendant dix ans, les deux peuples avoient combattu avec acharnement l'un contre l'autre : les Gaulois, par l'inspiration de leurs Druides, qui exerçoient sur eux

un pouvoir religieux et politique; les Romains, avec la confiance que donnent six
siècles de victoire, et sur la foi des oracles,
qui leur promettoient l'empire du monde.
Après une lutte terrible, qui coûta, dit-on,
la vie à près de deux millions d'hommes,
la Gaule fut révolutionnée; mais l'amalgame se fit tout-à-coup entre les vainqueurs
et les vaincus : amalgame si parfait, qu'il
arrêta long-temps l'invasion des Francs. Il
se fit pareillement entre les Francs, les
Gaulois et même les Romains, lorsque
ceux-ci eurent renoncé à défendre leurs
conquêtes. Les trois peuples n'en formèrent plus qu'un; et de la refonte de ces
trois élémens, si long-temps hétérogènes,
naquit la plus puissante monarchie qui
jamais ait existé en Europe. L'influence des
mœurs et la douceur du climat furent les
premiers agens de cette refonte, qui trouva,
comme je l'ai dit au Livre III, son vrai
point de perfection sous l'influence de la
religion.

Celle des mœurs et des habitudes d'un
peuple révolutionné par une force étran-

gère, n'est pas même entièrement perdue, quand cette force les a comprimées et se flatte de les avoir détruites. Il est bien vrai qu'alors l'effet de leur influence ne paroît pas sensible ; mais elle n'agit pas moins en silence, jusqu'à ce qu'une occasion lui permette d'agir ostensiblement. Certes on pouvoit la croire entièrement anéantie en Angleterre après la conquête de Guillaume I.er ; lui-même crut peut-être avoir détruit jusqu'au souvenir de ce que les Anglois avoient été depuis le règne de S. Édouard : mais ce souvenir, effacé en apparence, avoit laissé dans tous les esprits des traces profondes ; et ce fut lui qui commença, sous un des fils même de Guillaume, ces sanglantes révolutions, où l'on retrouve toujours les mêmes mœurs, les mêmes habitudes nationales, parce que c'étoient toujours des révolutions d'une nation qui cherchoit à reprendre son ancienne attitude.

Il me semble que nulle part ce souvenir, cette influence des anciennes mœurs, n'eut un effet plus sensible qu'en Espagne, après la conquête des Maures. Quand on voit comment les Visigoths, cantonnés dans quelques montagnes inaccessibles à leurs ennemis, y conservèrent l'espoir et y trouvèrent les moyens d'expulser ou d'anéantir un jour une nation conquérante qui faisoit trembler l'Europe, on reconnoît l'infatigable et constante énergie d'un peuple qui avoit traversé une grande partie du continent européen pour s'établir sur les deux mers, et qui avoit fait et maintenu ce grand établissement, malgré les Romains, les Vandales et les Maures. Il falloit que cette énergie, réduite à l'inaction après le désastre de Xérès, trouvât encore dans les mœurs nationales un fond suffisant pour l'entretenir, et pour lui faire gagner en profondeur, pendant une longue compression, ce qu'un tel état de contrainte lui faisoit perdre en étendue.

C'est ce qu'on ne voit pas en Italie depuis le iii.e et le iv.e siècle jusqu'aux révolutions qui suivirent le règne de Charlemagne. Les Huns l'avoient ravagée sans pouvoir s'y établir ; les Turcilinges y avoient renversé l'empire romain sans pouvoir y consolider le leur; les Goths avoient succédé à ceux-ci, pour être eux-mêmes remplacés par les Lombards ; les Lombards avoient fini par se soumettre à la souveraineté de la France. Au milieu de cet enchaînement rapide de mutations violentes, les Romains, jouets ou esclaves de tant de peuples , avoient perdu toute idée, toute trace de leur ancienne existence. Les barbares , transplantés sous un climat si différent du leur, obligés d'y changer leurs mœurs, sans en trouver qui y fussent fortement caractérisées et anciennement établies , prenoient passagèrement celles que les circonstances leur présentoient, ne s'attachoient foncièrement à aucune, et voyoient se renouveler des générations qui ne tenoient les unes aux autres ni par des souvenirs, ni par des habitudes. De là l'étonnante facilité avec laquelle, pendant quatre siècles, ces belles contrées changèrent de maîtres et d'habitans.

On voit encore mieux ressortir cette étonnante facilité, et on est encore plus

convaincu qu'on ne doit l'attribuer qu'au défaut de mœurs nationales, lorsqu'on la met
en opposition avec la force et la durée des
changemens opérés quelque temps après
sur d'autres points de l'Italie, sur les bords
du Pô, du Tibre et de l'Arno. Des masses
énormes de barbares fondèrent des empires
qu'ils ne purent conserver. En Sicile et en
Calabre, quelques chevaliers normands
établirent leur empire sur les débris de
l'empire grec, et le maintinrent contre les
empereurs de Constantinople, contre les
Sarasins, contre les efforts de l'Occident.
C'est que les mœurs de la chevalerie étoient
propres sur-tout à produire ces grands et
durables effets, parce qu'elles transmettoient
aux enfans la gloire, les sentimens, les
principes des pères; parce qu'il y avoit
toujours des uns aux autres une substitution
de pensées, de souvenirs, d'habitudes,
substitution que chaque chevalier conser-
voit et transmettoit plus soigneusement
que son patrimoine même, et qui créoit
parmi eux cet heureux mot d'*honneur*, la
plus grande richesse, la plus belle pro-

priété qu'un peuple pût conquérir, parce qu'elle lui garantissoit que jamais il ne seroit asservi à un autre peuple.

J'ai dit que la double influence étoit toujours moins sensible dans une révolution d'un peuple sur lui-même, et cela s'est vérifié sur-tout dans la révolution françoise. L'influence du climat y est nulle : le crime n'admettoit aucune distinction dans les degrés du méridien ; on égorgeoit du nord au midi. Belzunce avoit été massacré à Caen avant que Beausset le fût à Marseille. Paris avoit eu l'initiative des assassinats, comme il avoit eu le brevet d'invention des fatales lanternes : ce fut là que la guillotine joua, pour la première fois, au mois d'août 1792. Arras et Avignon rivalisèrent bientôt avec la capitale.

L'influence des mœurs fut insensible ou se perdit au milieu du délire qui agita les révolutionnaires, et devant la stupeur qui frappa les révolutionnés : il n'y eut de reconnoissable que la légèreté et l'impétuosité françoises. Elles furent telles, qu'on passa au travers de la liberté, en voulant, disoit-on, la conquérir ; et que toujours en parlant de monarchie, on se trouva tout-à-coup au plus haut période de la démagogie. Alors disparurent jusqu'aux moindres traits de la physionomie nationale. La France, méconnoissable au physique comme au moral, présenta, dans sa législation comme dans son costume, les nouveautés les plus absurdes et les plus dégoûtantes. Dans sa ridicule prétention de se mettre hors de toutes les sociétés connues, elle ne voulut pas même conserver l'ancienne manière de compter le cours de l'année, et enveloppa dans une proscription universelle tout ce qui avoit une date antérieure à ses incendiaires assemblées.

Par-tout où passa et tant que dura ce terrible météore, il fut donc impossible de distinguer une autre influence que la sienne. L'ancienne se conserva dans tous les lieux qu'il n'avoit pu atteindre ou qu'il n'avoit fait qu'effleurer, tels que plusieurs montagnes des Pyrénées et le Bocage de la Vendée : le feu sacré de l'honneur françois y fut couvert, prêt à se rallumer tout-à-coup et à opérer des prodiges plus que suffisans pour restaurer la monarchie.... Ces prodiges, rendus inutiles par des combinaisons que je n'ai point à dévoiler ici, livrèrent *au premier occupant,* la France sans mœurs, sans principes, sans constitution, sans religion, enfin dans un état de nudité absolue, telle qu'un misérable jeté par la tempête sur une île inconnue. Plutôt que d'être repoussé en pleine mer, le vaisseau de l'État vint se réfugier dans la première anse ; et l'équipage, sans s'occuper à la sonder, tout effrayé encore du danger du naufrage, s'abandonna sans réflexion au danger du repos.

En perdant ainsi l'influence des souvenirs, des habitudes, des avantages de son ancienne existence, la France s'étoit soumise uniquement à l'influence du moment et à celle du hasard : elle s'étoit livrée inconsidérément aux chances viagères d'un seul homme ; il disposoit arbitrairement des sentimens et de la fortune des individus, qui auroient formé une masse autour de lui, mais qui, dans cet état aussi précaire qu'abject, ne formèrent jamais une nation.

Il faut donc regarder comme constant qu'un des plus forts indices de l'approche d'une révolution, est l'incohérence des lois avec les mœurs. Et en effet, il n'y auroit point de révolution tant que les lois se conserveroient dans une parfaite stabilité; mais cette stabilité dépend de celle des mœurs, et celle-ci est bien plus difficile à maintenir que l'autre. Pour empêcher que les mœurs ne changent, il faut, de la part du gouvernement, une attention suivie, une succession d'observations de détail; il ne peut trop étudier la cause et les effets du moindre changement. Lorsqu'il l'aperçoit trop tard pour être à temps de l'arrêter, il doit alors examiner quelles sont les lois qui se trouvent en contradiction avec les mœurs changées, et y faire lui-même, avec une sage lenteur, des changemens qu'une révolution secondée par les mœurs feroit avec violence et sans aucune mesure. Il tomberoit dans une grande erreur, s'il croyoit pouvoir maintenir les lois contre les mœurs, ou ramener forcément celles-ci au point où elles étoient : ces deux choses sont hors de.

son pouvoir ; et la plus grande faute que puisse, dans ce genre, faire un gouvernement, c'est d'essayer ce qu'il ne peut exécuter. Les nouvelles mœurs, déjà affermies dans les changemens auxquels elles sont parvenues, se fortifient encore par l'inutilité reconnue des efforts qu'on leur oppose ; et tout pouvoir assez imprudent pour donner, en luttant contre elles, le secret de sa foiblesse, est un pouvoir avili. Or, partout où l'autorité est méprisée, une révolution est inévitable.

Elle pourra être retardée, parce que l'ancienne union de toutes les parties leur donne encore une force d'ensemble, mais qui, plus apparente que réelle, disparoîtra à la première impulsion, pour ne laisser voir tout-à-coup qu'une désorganisation effrayante. L'État se trouve alors dans la position la plus fâcheuse : il n'y a plus de pouvoir ; il n'y a plus de lois ; et l'on peut même affirmer qu'il n'y a plus de mœurs, dans le sens où j'ai dit plus haut qu'il n'y avoit plus de mœurs nationales ; car les principaux agens des institutions politiques de l'État pou-

voient bien, par leurs rapports habituels
avec la société, peut-être même par la ver-
satilité de leurs opinions, avoir participé
au changement des mœurs; mais ils n'avoient
jamais compté qu'il entraînât le changement
de ces institutions, auxquelles tenoit leur
existence. Au premier moment où ils les
voient tomber, où ils reconnoissent que c'est
la conséquence nécessaire d'un vice qu'eux-
mêmes ont propagé, ils veulent revenir sur
leur erreur: ils désavouent, ils repoussent
des mœurs dont les suites les épouvantent; ils
veulent arrêter ou détourner un torrent auquel ils ont ôté ses digues: mais ceux qui, ne
tenant pas comme eux aux institutions politiques, les ont aidés ou prévenus dans ce funeste déplacement, se lancent dans ce torrent, et croient jouir de son impétuosité. Il
y a donc alors opposition réelle entre les
différens partis qui avoient paru concourir
simultanément au changement des mœurs.
Les uns voudroient revenir aux mœurs anciennes, qui défendoient le gouvernement et
les lois; les autres, ne voulant plus dans le
gouvernement et dans les lois que ce qui aura

été créé ou du moins réformé par eux , ne
peuvent pas même conserver les mœurs graduellement changées, et prennent celles du
jour, du moment, qui sont bien plutôt des
modes passagères que des habitudes, et que
par conséquent on ne peut qu'impropre-
ment appeler *mœurs ,* parce qu'il n'y a pas
de *mœurs* sans *habitudes.* Le gouvernement
marche au hasard, entouré encore de principes anciens, et cependant cédant à des
maximes nouvelles. Dans cet état d'une
confusion antisociale, tous les partis ont
un désavantage plus ou moins marqué vis-
à-vis de celui qui , s'abandonnant à la pente
sur laquelle il s'est une fois lancé, n'y reconnoît plus d'autres principes , d'autres
règles, d'autres *mœurs* que de se donner toute
la force de son poids multiplié par sa vîtesse,
et par conséquent de laisser bien loin derrière lui, ou d'anéantir en passant, tout ce
qu'il croit pouvoir faire d'autres calculs. La
route désastreuse que le torrent aura parcourue, n'offrira donc que des débris et des traî-
neurs, jusqu'à ce que se divisant et s'épuisant
lui-même, ce torrent vienne, comme tous les

autres, se perdre dans l'abîme révolutionnaire, où la fermentation de tant d'élémens
hétérogènes produira tôt ou tard une nouvelle révolution.

Tout cela s'est vu exactement dans les
préliminaires, dans le début, dans les mutations, dans la violence, dans le résultat
de notre révolution.

Dans les préliminaires : par le changement successif des mœurs publiques ou
privées, des opinions religieuses ou politiques, changement qui étoit sensible dans
tous les états, qui tendoit à les confondre
tous, lorsque les institutions les distinguoient
encore; que le gouvernement avoit eu d'a-
bord l'imprévoyance de ne pas observer,
qu'il eut ensuite l'imprudence de favoriser,
au moins tacitement.

Dans le début : par la facilité aussi inconcevable qu'instantanée, avec laquelle
s'évanouit en quelques heures une autorité
bienfaisante, qui depuis cent quarante ans
n'avoit pas éprouvé un moment de résistance; par la stupeur, l'inaction, les fausses
démarches de tous les corps qui consti-

tuoient la vie politique de l'État, qui devoient périr avec lui, qui ne purent jamais
s'entendre pour le sauver, parce que tous
pouvoient se faire le reproche mutuel, et
malheureusement trop bien fondé, d'avoir
plus ou moins contribué ou accédé au changement des mœurs.

Dans les mutations : par la division qui,
même dès les premiers jours de la révolution, éclata parmi les principaux agens; par
les sincères mais inutiles regrets de ceux
qui, tout-à-coup, se virent avec effroi au milieu des ruines d'un édifice qu'ils n'avoient
voulu que réparer; par les différens plans
de constitution que tracèrent ceux qui, ne
voyant plus devant eux qu'une table rase,
crurent qu'ils seroient les maîtres d'y travailler à volonté; par la fragilité de ces constitutions, enfans morts-nés de la révolution, tous conçus de son germe impur, et
qui ne pouvoient être vivifiés ni développés
par les mœurs anciennes, devenues un objet
de mépris ou de regrets, par des mœurs plus
modernes, perdues dans la révolution
qu'elles avoient amenée, par les mœurs du

jour, qui, étant nécessairement celles des meneurs de telle ou telle faction, changeoient avec eux, et ne pouvoient donner à aucune institution politique une stabilité qu'elles n'avoient pas elles-mêmes.

Dans la violence : par les excès tantôt ridicules, tantôt atroces, auxquels se porta la fougue révolutionnaire, quand elle voulut ramener forcément à la barbarie une nation révolutionnée par une surabondance de civilisation; quand elle voulut décimer, que dis-je, réduire au tiers un grand peuple, à qui on pouvoit bien reprocher l'affoiblissement des mœurs, mais qui reconnoissoit encore l'empire des souvenirs et des habitudes, et qui sembla s'y attacher davantage quand on décréta en son nom que ces souvenirs et ces habitudes étoient des crimes.

Enfin, dans le résultat (au moins tel qu'il a été jusqu'en 1813, car celui qui, en 1814, est né de ce résultat même, a tenu au bouleversement de l'Europe, que je n'examine pas en ce moment) : par les chances imprévues avec lesquelles tous les

3.   10

grands événemens de la révolution ont constamment trompé les calculs de ceux qui l'avoient faite ; par l'extrême facilité avec laquelle furent successivement détruits tous ces pouvoirs convulsionnaires , qui avoient détruit aussi facilement une monarchie de quatorze siècles ; par la coupable indifférence ou la servile adulation qu'ont également montrée et les amis et les ennemis des principes monarchiques, dans l'abîme où les révolutions les avoient tous entassés, lorsqu'un soldat audacieux vit, dans cet empire de la mort, la possibilité de fonder le sien ; lorsque, réalisant le songe prophétique d'Ézéchiel, il conçut l'idée de rassembler tous ces ossemens, de les rappeler à la vie, et de se composer avec eux une invincible armée de satellites ou un vil troupeau de victimes, avec qui, sur qui, son ambition, sa vengeance et sa tyrannie donneroient la mesure de tout ce que l'humanité peut supporter de plus cruel, de plus insensé, de plus honteux.

Telle devoit être, et telle a été, sur ce qui a précédé la révolution, l'influence de la dégradation des *mœurs;* sur ce qui s'est fait pendant la révolution, l'influence de leur entière dépravation; sur le gouvernement qui lui a succédé, l'influence de leur confusion, de leur abjection, ou pour mieux dire, de leur nullité : car la France, sous le gouvernement impérial n'a plus eu de mœurs publiques ; elle avoit perdu son caractère national ; elle n'avoit plus d'autre physionomie ni d'autre attitude que celle que lui commandoit ou lui permettoit d'avoir le despote à qui elle se prostituoit, qui, en jouissant de sa prostitution, acquéroit le droit de la mépriser, et qui usoit outrageusement de ce droit, sans que ses outrages pussent la tirer de son apathie.

Et c'est-là, ainsi que je l'indiquois tout-à-l'heure, la différence des révolutions chez un peuple qui marche vers la civilisation, ou chez celui qui l'a dépassée. Un peuple neuf, qui est sorti graduellement de la barbarie, peut, dans les révolutions qui le civilisent, acquérir de bonnes mœurs et de bonnes institutions, parce que, sortant de la barbarie, il peut encore conserver de ses vertus sauvages, ce qui est conciliable avec l'enfance de la civilisation. Mais la France, tombant dans les révolutions par l'excès de la civilisation, tendoit à rentrer dans la barbarie, avec tous les vices d'une civilisation putréfiée : on a retrouvé en elle le mélange monstrueux de l'une et de l'autre. Savante dans sa barbarie, systématique dans ses crimes, calculant encore les degrés de sa corruption, elle n'a point été irréligieuse par ignorance, mais, ce qui est bien pire, par mépris ou par haine de la divinité. C'étoit-là l'état de la majorité marquante dans le nouvel ordre de choses; le reste, qui, à la vérité, n'étoit pas minorité en nombre mais l'étoit en puissance, ne connoissoit, ne desiroit que le repos : comme si de la révolution il avoit tout oublié, excepté le règne de Robespierre, il regardoit comme heureux tout régime où l'on n'égorgeoit pas journellement sur l'échafaud.

Cet état des *mœurs* nationales est, après une révolution, très-favorable au despote, et parfaitement d'accord avec ses lois. Lasse de s'être si long-temps agitée pour détruire, la nation n'a plus qu'une volonté, celle de laisser réédifier, pourvu qu'on ne la force pas d'y prendre part et qu'on lui laisse son inerte servitude. Or, il est évident qu'un tel vœu national doit être exaucé par le despote, qui n'en toléreroit pas un autre.

La France avoit d'anciennes institutions politiques, qui, bonnes par elles-mêmes, étoient encore maintenues par d'anciennes mœurs et par l'opinion. Quand les mœurs et les opinions ont changé, les institutions, attaquées de tous côtés, n'ont trouvé de soutien nulle part. Il n'en étoit pas de même de ses institutions nouvelles : toute leur force étoit, non pas en elles-mêmes, mais dans les circonstances qui les avoient créées : elles étoient fortes, non par les mœurs ni par l'opinion, mais précisément parce qu'il n'y avoit plus ni mœurs ni opinion ; elles n'étoient ni fondées ni consolidées, elles étoient simplement posées ; et sur quoi ? sur un gouvernement gigantesque. Elles seroient tombées tout-à-coup avec lui, si, lors de sa chute, il fût revenu tout-à-coup une opinion et des mœurs, parce qu'elles auroient nécessairement été en opposition avec celles-ci, et qu'il n'y a ni institutions ni lois qui puissent long-temps lutter contre elles avec avantage.

Sans avoir la prétention de scruter les destinées futures d'une monarchie qui recommence, on peut, après avoir frémi sur le passé, chercher dans l'avenir une perspective rassurante. Un événement heureux a pu ramener dans la France quelques-unes de ses anciennes lois ; mais seul il ne suffiroit pas pour la ramener à ses anciennes mœurs ; et sans celles-ci, celles-là ne pourront se soutenir. La volonté du souverain peut changer des institutions d'un jour à l'autre ; mais il lui faut le concours du temps pour changer les mœurs.

Cependant, pour ne pas négliger ce qui, dans cette triste perspective, peut présenter un point de vue plus consolant, je dois faire une observation ; c'est que la France n'ayant point eu, sous l'empire, de mœurs nationales, étoit plus propre à reprendre les anciennes que si elle en eût pris et conservé d'autres. Dans la révolution, elle s'en étoit bien fait momentanément, qui, comme je l'ai dit, étoient des modes et non des habitudes; mais elle n'en avoit point conservé : le gouvernement impérial ne lui donnoit point de mœurs non plus; il ne lui donnoit que des impressions négatives, qui ne pouvoient pas durer plus long-temps que lui, et qui doivent être effacées par le gouvernement qui lui succède. C'est celui-ci qui devra créer des mœurs; ce qu'il ne peut faire de sa seule autorité, mais en se servant de celle de l'opinion. On a dit, il y a un demi-siècle, que l'opinion étoit le janissaire des monarchies : le nouveau monarque françois, au lieu de la craindre, peut en faire son grand-visir; et il n'y a pas de bien moral que ne puisse faire naître une autorité légitime, lorsque la première loi qu'elle s'impose à elle-même, est de former, de diriger, de s'associer l'opinion publique. Alors les mœurs nationales se forment et se développent dans la même direction : il s'établit naturellement un acccord parfait entre les mœurs et les institutions; ce qui donne au pouvoir politique la plus grande force qu'il puisse avoir.

Puisque je parle de ce qu'étoient et de ce que pourront être les mœurs en France, il faut que je termine ce chapitre par un mot prophétique de Montesquieu. Ce penseur politique, dont les plus savantes et les plus profondes méditations ont été justifiées par la révolution, après avoir dit (Liv. VIII) que la plupart des peuples de l'Europe sont gouvernés par les mœurs, ajoute : « Mais si, » par une grande conquête, le despotisme » s'établissoit, il n'y auroit pas de mœurs » ni de climat qui tinssent. »

Il semble que le commencement du XIX.e siècle lui ait été révélé.

CHAPITRE VII.

INFLUENCE DES FEMMES DANS LES RÉVOLUTIONS.

J'AI dit, dans le chapitre précédent, que tout ce qui a une influence quelconque sur les actions ordinaires de la vie, en avoit encore plus dans une révolution. L'histoire du monde et celle du cœur humain nous disent également que l'influence la plus forte

doit être celle des femmes. Cette intéressante moitié du genre humain , qui prend
soin de notre première enfance, sur qui se
portent les premières et les plus vives sen-
sations de notre jeunesse; qui, dans l'intimité
de l'union conjugale, nous attache par le
charme d'un amour paisible et durable ; qui
nous fait connoître le bonheur de revivre
dans nos enfans; à qui il appartient de remplir, avec autant de grâce que de patience,
les pénibles devoirs de la maternité ; qui
n'exerce jamais mieux les droits de la beauté
que lorsqu'elle a l'air de les ignorer; qui est
d'autant plus sûre de régner sur toutes nos
affections, qu'elle a moins le desir d'y tenir
la première place ; qui, par le seul ascendant d'un regard enchanteur, peut ajouter encore à l'onction de la religion même,
à l'empire de l'honneur , au prix des plus
grands sacrifices ; mais aussi qui, plus susceptible d'enthousiasme et de prévention
que notre sexe , reçoit facilement des impressions vives et profondes , et les communique avec la même facilité ; qui se livre
avec plus d'abandon à une passion, lorsque

cette passion est plus en opposition avec
ses occupations naturelles; chez qui, en conséquence, l'ambition est plus ardente, la
haine plus implacable, la vengeance plus
cruelle, et qui, pour les satisfaire, a souvent
eu recours ou à la dissimulation la plus
profonde, ou à l'audace la plus effrontée,
ou même à l'abus le plus honteux de ses
charmes; les femmes, en un mot, ne peuvent
se trouver contemporaines d'une révolution, sans y jouer un grand rôle; et il peut
être tel, lors même qu'elles le jouent en
secret, lorsqu'elles voient le fruit de leurs
efforts sans vouloir les avouer.

Il y aura, pour leur influence, une grande
différence à établir entre les nations barbares et les nations policées; mais en
observant que cette influence, qui devra
être très-différente dans la manière de
l'exercer, pourra l'être beaucoup moins
dans les résultats.

Il faut songer qu'en parlant des nations
barbares, je ne parle point ici des nations
sauvages. Chez celles-ci les femmes ne sont
autre chose qu'un meuble nécessaire dans

la hutte. Le sauvage ne les voit point sous un autre rapport, si ce n'est dans les pays où il leur impose l'obligation du travail extérieur dont il s'affranchit.

Nous connoissons les nations barbares par ce que l'histoire du Nord nous a conservé sur les Scandinaves, les Sicambres, les Cimbres et sur-tout les Germains. Chez ces peuples, les femmes influoient par l'habitude de partager tous les dangers de la guerre, par l'élévation d'ame, par l'énergie que cette habitude leur donnoit, par les soins, les encouragemens qu'elles prodiguoient aux blessés, par le dévouement avec lequel elles ramenoient des bataillons entiers à la victoire ; aimant mieux se tuer que de survivre à une défaite. Elles influoient par l'estime, la confiance qu'inspiroient à leurs époux une conduite pure et même sévère, une vertu qui non-seulement ne se démentoit jamais, mais qui paroissoit même ignorer qu'il fût possible de se démentir.

Tacite nous dit que ces Germains, si fiers, si impatiens de toute domination, reconnoissoient dans leurs femmes une sorte d'ascendant. Ils les consultoient dans toutes les affaires importantes : ils croyoient trouver en elles quelque chose de surnaturel , de saint, comme une sagesse, comme une inspiration céleste. Lors de la guerre des Bataves, Velléda régnoit sur plusieurs nations germaniques : elle les gouvernoit au nom de la divinité, avec qui elle étoit supposée avoir une relation intime. Quand Marius sauva l'Italie par la défaite entière de la terrible armée des Cimbres et des Teutons, les femmes, avant de tuer leurs enfans et de se tuer elles-mêmes, offroient de se rendre, pourvu qu'elles ne fussent esclaves que des Vestales. Elles ne voyoient pour elles la possibilité de vivre, que si la garantie de leur honneur leur étoit assurée par une protection religieuse.

Chez des peuples qui, n'étant plus sauvages, ne connoissoient cependant encore que les premiers degrés de la civilisation, il est aisé de sentir quelle influence de telles femmes devoient avoir, et sur leurs maris, dans l'intimité, et sur leurs concitoyens, dans les assemblées de la nation. Aucune entreprise importante ne pouvoit être formée sans leur assentiment; pour l'obtenir , on ne devoit pas songer à les effrayer , encore moins à les séduire , il falloit les convaincre.

Il est à remarquer que cet empire pouvoit être avoué de tous et de chacun. Personne n'avoit à rougir d'un sentiment uniquement fondé sur la vertu, dont la nation entière s'honoroit, et qu'elle plaçoit avec un juste orgueil parmi les articles les plus sacrés de sa constitution.

Nous ne voyons point que ce sentiment ait jamais produit aucun mauvais effet pour l'État , pas même des effets vicieux relativement aux mœurs. S'il en résultoit quelquefois une trop grande exaltation , elle avoit toujours le bien public pour but ; elle avoit sur-tout une grande pureté pour base.

Il est évident que , chez les nations barbares, ce pouvoir est fondé sur la simplicité , ou, si l'on veut même , sur l'âpreté des mœurs publiques. Au contraire, chez les nations policées, il tient aux recherches de la vie habituelle dans la civilisation , et par conséquent porte sur la corruption des mœurs privées. En Angleterre, où les hommes vivent beaucoup moins qu'en France dans la société des femmes , lorsqu'elles veulent jouer un rôle dans quelque grand événement public, il faut qu'elles sortent de leur sphère accoutumée ; il faut, pour ainsi dire, qu'elles commencent par se mettre hors de leur sexe (on en a vu un exemple frappant lors de la guerre contre les États-Unis). C'est un parti que beaucoup de femmes, même ambitieuses, ne pourroient se résoudre à prendre ; et leur répugnance à faire ce premier pas, peut les empêcher de faire le second. En France, les femmes qui voulurent jouer un rôle dans la révolution , ne furent point embarrassées pour révolutionner leur société journalière ; elles n'eurent qu'à appliquer à des objets sérieux les moyens de séduction qu'elles employoient ordinairement dans des objets d'amusement ou de frivolité. Dans leurs loges, dans leurs soupers , dans leurs boudoirs, elles attaquoient le gouvernement, au lieu de parler d'un roman ou d'un opéra. Parmi elles, il fut de mode d'être factieuse, sans cesser d'être coquette, et d'annoncer la chute de la monarchie aussi légèrement que celle d'une tragédie nouvelle.

Une telle influence est donc bien différente de celle dont je viens de parler. Elle n'emporte avec elle aucune idée religieuse, puisqu'elle tient à des passions que la religion condamne. Elle ne sauroit être avouée par la nation, parce qu'une société politique peut bien reconnoître l'ascendant d'une bonne mère de famille sur son mari, mais non l'empire des femmes galantes sur leurs amans, empire qui ne peut même être exercé que par un nombre très-limité d'individus, parce qu'à moins de supposer une société corrompue en masse, les femmes qui auroient le honteux courage de faire gloire de leur déshonneur, seront toujours moins nombreuses que les autres. Il est constant que la nature a placé dans le sexe une pudeur indélébile, qui ne retient pas il est vrai une femme éhontée, mais qui l'importune au moins, et qui lui reproche en secret ses défaites, pendant qu'elle s'efforce de les publier comme des victoires.

Enfin, chez les nations policées, la forme du gouvernement, sa marche habituelle, la complication de ses intérêts, ne permettent pas aux femmes d'y participer. Si elles y prennent part, ce ne peut être que par des intrigues secrètes, toujours surveillées et contrariées par d'autres ; ce qui produit d'abord des jalousies, puis des factions. Sous un gouvernement foible, les factions agitent toujours et troublent quelquefois l'État; dans des circonstances difficiles ou calamiteuses, elles le troublent, peuvent même le détruire, mais ne le relèvent jamais.

La faction de Fausta conduisit Constantin à faire périr son fils, et cependant Fausta étoit une femme légitime; mais elle vouloit exercer sur son mari un empire que les mœurs et le gouvernement ne lui donnoient pas. Une intrigue domestique devint une faction, dont l'héritier du trône fut la victime.

Douze siècles après, l'adroite et ambitieuse Roxelane fit tomber dans le même piége le grand Soliman ; et deux de ses fils périrent victimes des intrigues d'une sultane.

Dans ces deux révolutions, qui toutes deux eurent lieu à Constantinople, il y a une conformité et en même temps une différence également remarquables. La conformité est dans le grand caractère, dans le génie, dans les conquêtes, dans la célébrité du règne des deux souverains, tous deux aveuglés, séduits, entraînés par deux femmes intrigantes qui les privent du soutien de leur trône, et ne leur laissent qu'un repentir aussi tardif qu'inutile. La différence est dans le pouvoir qu'usurpa une de ces femmes, et dont elle abusa avec une cruelle adresse : le pouvoir de Fausta tenoit à l'état légal que lui donnoit son rang d'impératrice ; le pouvoir de Roxelane tenoit à un rang que les usages asiatiques, que la loi musulmane, ne reconnoissoient pas. Avant que son influence fît périr le malheureux Mustapha, il avoit fallu que cette influence la fît triompher des préjugés, qui pouvoient bien lui laisser prendre un avantage marqué sur ses compagnes, mais qui s'opposoient à ce qu'elle prît aucune part aux affaires de l'État.

Cette même ville de Constantinople nous offre encore un exemple de l'influence exercée par une femme, dans un rang d'où son premier état devoit l'exclure à jamais. Théodora avoit été comédienne avant d'être femme de Justinien; elle avoit passé du théâtre sur le trône; et elle empêcha l'empereur d'en descendre honteusement, dans la révolution que vouloient faire Hypatius et Pompée, neveux d'Anastase. Pendant les affreux événemens qui rendirent quelque temps cette révolution douteuse, l'empereur fut constamment indécis ou vil; Théodora fut toujours impératrice. La sédition s'étoit manifestée par une de ces disputes si fréquentes entre les bleus et les verts. Justinien avoit commencé par s'avilir, en dialoguant avec les uns et les autres. Les deux partis réunis contre un souverain qui ne savoit pas se faire respecter, portèrent pendant cinq jours le massacre et l'incendie dans toute la ville. Ce souverain, effrayé, vint, en suppliant, à l'Hippodrome, y avoua ses fautes, y fit des sermens, puis alla cacher au fond de son palais sa honte et sa terreur; et en apprenant que les deux factions proclamoient les neveux d'Anastase, il abandonnoit Constantinople, et se sauvoit de l'autre côté du Bosphore, sans Théodora. *Quand on porte la couronne*, lui dit-elle, *on ne doit pas survivre à sa perte; le trône est un glorieux sépulcre*. Peut-être avoit-elle débité sur la scène cette grande maxime; mais il est sûr qu'elle en fit alors une belle application. Elle prit sur elle de donner des ordres, dont son foible époux recueillit le fruit. Une troupe fidèle dissipa les séditieux: les deux princes proclamés furent pris et exécutés; et Justinien, au moment de n'être plus qu'un monarque fugitif, devint un empereur tout-puissant, parce que l'énergie qui lui manquoit se trouva dans une femme qu'on n'en auroit pas crue susceptible.

L'histoire ancienne est remplie de révolutions dont l'influence des femmes a été la cause, l'occasion ou le moyen. Véturie et

Volumnie sauvèrent la république romaine,
dont Coriolan avoit juré la perte. La jalousie
de la fille du grand Scipion donna aux Gracques la première idée des efforts qu'ils firent
pour établir la démocratie. La fuite perfide de
Cléopâtre, à la bataille d'Actium, entraîna
celle d'Antoine, jusque-là si redoutable
pour Octave, et qui perdit en un moment
le fruit de tant de combats et de tant de
crimes. Les Irène, les Théophanon, les Zoé,
les Eudocie, ont joué à Constantinople le
premier rôle dans les révolutions si fréquentes du Bas-Empire.

L'histoire moderne n'offre pas moins de
preuves de cette influence. La foi chrétienne
triompha des fables du paganisme, en
France, par l'ascendant de Clotilde sur
Clovis; en Pologne, par l'ascendant de
Dambrowka sur une noblesse indisciplinée;
en Russie, par l'ascendant d'Anne sur Wla-
dimir son époux. Pendant un demi-siècle,
les descendans de Clovis voient leurs
États remplis de troubles et de sang par
Frédégonde et Brunehaut. Isabelle de Bavière appelle et reçoit les Anglois au milieu

de la France ; elle s'arme contre son fils
pour lui enlever l'héritage de ses pères, et
il ne tient pas à elle qu'il ne soit à jamais
exclu du trône qu'il devoit relever. Il relève
ce trône, parce qu'Agnès Sorel ne cesse de
lui reprocher de n'en être pas digne, et que
Jeanne d'Arc, après l'avoir fait triompher
des Anglois, le conduit à Reims pour être
sacré. La politique foible et tortueuse de
Catherine de Médicis produit ou entretient
en France les guerres civiles, et amène les
calamités de la Ligue. La jalousie, l'ambition
de Mme de Longueville, de Mlle de Mont-
pensier, de Mme et de Mlle de Chevreuse, ani-
ment les partisans de la Fronde, et menacent
la France d'une révolution intérieure, pendant qu'au dehors elle dicte la loi à ses ennemis. Enfin (car cette nomenclature seroit in-
finie) la révolution politique qui, au milieu
du dernier siècle, changea tout le système
de l'Europe par l'alliance imprévue des maisons de France et d'Autriche, fut l'ouvrage
de la marquise de Pompadour (maîtresse
avouée de Louis XV), qui elle-même cédoit
aux expressions amicales que la célèbre

Marie-Thérèse lui prodiguoit dans ses lettres.

Nous avons vu, dans la révolution, des femmes d'un autre genre exercer aussi une autre espèce d'influence. Non contente de celle que lui prêtoient plusieurs femmes de la haute société, la Constituante voulut y en ajouter une dont j'ai honte de parler; mais il n'est point de turpitudes révolutionnaires que cette Assemblée n'ait malheureusement le droit de réclamer. Tant que durèrent ses séances (et en cela elle fut imitée par les deux autres Assemblées), elle soudoya publiquement et plaça effrontément dans ses tribunes ce qu'elle put trouver de plus abject, de plus dégoûtant et de plus barbare dans la dernière classe des femmes du peuple: elle leur commandoit d'un signe les vociférations ou les applaudissemens. Ses décrets les plus importans et les plus désastreux furent rendus sous leur horrible influence. Elle leur commanda même des crimes; et si elles manquèrent celui-qui leur étoit prescrit dans la nuit du 5 au 6 octobre, l'Assemblée leur fut au moins redevable de la captivité du roi et de la famille royale, amenés en triomphe à Paris. Charlotte Corday, en voulant délivrer la terre de l'infame Marat, auroit dû faire une révolution, et ne médita qu'un assassinat. Elle eut l'air de n'avoir jamais calculé la force que devoit lui donner la mort d'un monstre avili, et d'avoir voulu s'en tenir à venger la France, au lieu de chercher à la sauver. Aussi, la longue préméditation du meurtre qu'elle commit, le sang-froid avec lequel elle l'exécuta, le courage qu'elle montra même en montant sur l'échafaud, ne lui donnèrent pas la plus légère influence ni sur ce qui précéda, ni sur ce qui suivit une action aussi hardie. Son sang coula peu de temps après celui de sa victime, et bientôt on ne parla plus ni de l'une ni de l'autre.

Dans une autre partie de la France, des femmes, même d'un ordre très-inférieur, donnèrent des exemples d'une influence qui retraçoit celle des femmes des Germains sur leurs maris : celle-là fut toujours l'instinct de la vertu, et jamais le travail de la séduction.

Dans l'intéressante histoire de la guerre de la Vendée, on ne se lasse pas d'admirer le dévouement, les sacrifices, l'énergie de ces héroïnes vendéennes, qui, au nom de leur Dieu et de leur roi, perdoient leur fortune, leurs enfans et leur vie, pour combattre des scélérats qui ne reconnoissoient plus ni Dieu ni roi.

Puisque je parle, dans ce chapitre, de l'influence des femmes dans les révolutions, je ne puis le terminer sans en mentionner une, moins sensible peut-être, mais aussi admirable, plus douce, plus journalière, et par cela même plus difficile à soutenir, parce que le grand élan que peut donner un moment d'enthousiasme est plus aisé à concevoir qu'une longue persévérance dans une continuité d'efforts pénibles ; c'est l'exemple que plusieurs ont donné, dans les différentes phases de la révolution, par leur inaltérable patience au milieu d'une série de malheurs et de privations auxquels elles n'étoient point préparées. Parmi celles qui ont péri sous la hache révolutionnaire, on n'en cite pas deux qui aient donné des marques de foiblesse ; elles s'étoient tout-à-coup accoutumées à mourir. Parmi celles qu'une pauvreté absolue réduisoit au travail de leurs mains, on n'entendoit pas une plainte ; elles s'étoient tout-à-coup accoutumées à souffrir : cette patience noble et résignée a créé celle de leurs frères, de leurs maris, de leurs enfans. Quiconque a, dans ces années calamiteuses, observé attentivement les François intègres, soit au dedans, soit au dehors, a pu se convaincre que ce calme, tout-à-la-fois si fier et si soumis, si impassible et si religieux, est ce qui a le plus excité et l'admiration des étrangers bienfaiteurs de l'émigration, et la fureur des révolutionnaires persécuteurs de la fidélité.

CHAPITRE VIII.

INFLUENCE DE LA FÉODALITÉ.

LES révolutions de l'histoire ancienne ne nous présentent rien sur cette influence, qui a été si puissante dans plusieurs révolutions de l'histoire moderne. Les anciens ont ignoré cette espèce nouvelle de gouvernement, dont l'origine véritable est difficile à démêler, dont le développement offre tant de variations, dont les avantages, les inconvéniens, les abus, ont si fortement influé pendant long-temps sur l'état politique de l'Europe.

Parmi les nations qui venoient du Nord ou du Nord-Est pour s'établir dans différentes parties du continent dépendantes de l'empire romain, plusieurs apportèrent avec elles les usages que l'on peut regarder comme la source de la féodalité. Ces usages, sans doute, tenoient plus à la personne qu'à la glèbe, parce que, chez des peuples pasteurs, il n'y a réellement pas de propriété foncière; chacun a la jouissance du champ qu'il occupe, ou plutôt qu'il parcourt, et le quitte pour en aller parcourir un autre. Mais, au milieu même de cette vie errante, il y avoit, parmi ces peuples, une classification de personnes, que l'on retrouve encore dans toutes les tribus tartares. Les individus ainsi classés reconnoissoient des chefs qu'ils suivoient à la guerre; cela simplifioit les levées et la marche des armées,

grand avantage pour des nations qui devoient toujours être prêtes à se transporter
ailleurs. Dans le partage des propriétés con-
quises, on suivit naturellement l'ordre de
la classification personnelle, qui se trouva
ainsi augmentée de celle du territoire ; et
de cette distinction, variée à l'infini par de
nouvelles concessions, par des usurpations,
par l'hérédité des bénéfices, qui d'abord
n'avoient été qu'à vie, qui même avoient
commencé par être révocables, enfin par
l'anarchie qui suivit la destruction de l'empire de Charlemagne, résulta, dans tous les
États européens, une féodalité qui, quelque
justes reproches qu'on puisse faire à cet
étrange gouvernement, avoit au moins
l'avantage incontestable d'être *moyen conser-*
vateur : car, on peut remarquer que cette
féodalité, qui a toujours été cause, occasion,
prétexte, effet ou moyen dans les révolutions des États modernes, ne peut pas être
accusée d'en avoir elle-même détruit aucun ;
ce qui indique nécessairement qu'il y avoit
en elle, même dans les plus grands troubles,
un accord secret, une direction naturelle

de forces qui tendoient plus à maintenir qu'à abattre.

Le grand vassal étoit intéressé à ce que tous les anneaux de la chaîne qui alloit jusqu'au dernier habitant, ne fussent point interrompus. Les guerres que les grands vassaux se faisoient entre eux, ne tendoient point à faire des révolutions; c'étoit, au contraire, pour maintenir, pour exercer, pour augmenter leurs droits : mais ils étoient tous intéressés à la défense des droits en général. Cela s'est bien vu dans toutes les circonstances où on a voulu soulever contre eux les paysans, soit en Allemagne, soit en France. Les guerres des Maillotins et de la Jacquerie auroient été beaucoup plus longues, et peut-être auroient eu une fin bien différente, si la force de la hiérarchie féodale eût permis à ces malheureux de se mesurer avec elle. Défendus par leurs lois, les seigneurs l'étoient encore par leur armure, réservée à la chevalerie seule, et qui leur donnoit un avantage certain.

La féodalité offroit donc un obstacle aux révolutions qui auroient pu se diriger contre la noblesse. Il est bien vrai qu'elle opposoit trop souvent des obstacles à l'autorité royale ; mais dans ces momens-là même elle ne vouloit ni l'anéantir ni la changer : elle sentoit que cette autorité étoit la clef de la voûte, et n'osoit pas risquer de se débattre au milieu des débris que la chute de cette voûte auroit accumulés.

Mais elle eut quelquefois trop d'influence sur les révolutions que vouloient faire des puissances étrangères. Ainsi la haute féodalité de deux maisons de Bourgogne eut une influence funeste sur les révolutions tentées en France pendant la captivité de Jean et la démence de Charles : elle donna trop long-temps à ces puissances une très-grande force, et cependant elle finit par les abandonner sans que la révolution pût avoir lieu, tant étoit fort le lien féodal, qui, comme je le disois tout-à-l'heure, gênoit l'autorité royale, mais qui cependant retenoit, même malgré eux, les grands vassaux armés contre elle.

Tout édifice politique raisonnablement constitué est composé d'élémens gradués ;

et c'est sous l'ingénieux emblème d'une pyramide très-large à sa base, et n'ayant qu'une pierre à son sommet, qu'on nous présente l'idée d'une monarchie parfaite. Dans cette construction, il est clair que tout se tient et se prête une force réciproque ; mais en même temps le moindre dérangement dans cette multitude de degrés ralentit la communication médiate du sommet à la base, et empêche absolument la communication immédiate ; et, par la même raison, il produit le même effet sur les communications de la base au sommet. De là les avantages et les inconvéniens de la féodalité : les avantages, parce que les vassaux les plus puissans n'ont point intérêt à changer un gouvernement dans lequel ils sont bien plus rapprochés du gouvernant qu'ils ne sont éloignés des gouvernés, et que c'est toujours par les hommes puissans que se préparent et se font les révolutions ; les inconvéniens, parce que la souveraineté du gouvernant agissant moins directement sur les dernières classes des gouvernés, elles sont nécessairement exposées à être dans une plus grande dépendance des classes plus élevées, et qu'alors leur état d'oppression doit être d'autant plus pénible, que le recours à l'autorité suprême est plus éloigné.

D'après cela, en jetant un coup d'œil général sur toute société soumise à un gouvernement féodal, on doit donc s'attendre à y apercevoir sur-tout des troubles habituels entre les classes élevées, des entreprises tentées contre elles, mais toujours infructueusement, par les dernières classes, aucune dirigée spécialement contre l'autorité suprême, mais quelques-unes contre l'individu qui l'exerce, ou contre les priviléges qu'on veut lui attribuer. C'est en effet ce qu'apprend l'histoire des États monarchiques de l'Europe, depuis la fin du ix.e siècle, époque où la féodalité voyant tomber de toutes parts les barrières dans lesquelles Charlemagne l'avoit contenue, remplaça le gouvernement qu'il avoit établi, mais que sa postérité ne sut pas maintenir. Je prendrai mes exemples dans l'empire germanique, dans les trois royaumes du Nord,

sur-tout dans la France ; et en faisant voir
que l'Angleterre donne des exemples con-
traires, j'observerai à quoi tient cette différence, et je prouverai que cette différence
même vient encore à l'appui de ce que j'a-
vance.

La puissance impériale fondée par Charlemagne étoit déjà diminuée, lorsque le
sceptre échappa des mains des foibles hé-
ritiers de ce grand monarque. L'hérédité
avoit déjà reçu des atteintes, et l'élection
devenoit le droit public de l'empire. Tous
ces chefs militaires, tous ces grands officiers,
toute cette magistrature armée, en attaquant
l'hérédité du trône, établirent celle de leurs
fonctions et de leurs bénéfices, et rédui-
sirent bientôt la couronne impériale à n'a-
voir sur eux, au lieu d'une souveraineté,
qu'une suzeraineté qu'elle ne conserva même
pas. La constitution se trouva changée ; et
on en voit la preuve dans la différence remarquable des capitulaires sous Charlemagne et sous Charles le Chauve. Dans les
uns, on voit des sujets soumis, qui suivent
les intentions de leur souverain ; dans les

autres, on ne reconnoît plus que des vassaux tout-puissans qui exigent de leur suzerain de grandes concessions, et qui se placent entre les sujets et lui. Ce changement s'opéroit à-la-fois dans la France et dans la Germanie; mais, dans celle-ci, il alla jusqu'à élever les grands vassaux au rang de souverains; parmi eux, l'empereur ne fut plus que *primus inter pares*. L'empire devint une confédération aristocratique, dans laquelle chaque confédéré avoit un pouvoir royal sur son territoire, et ne devoit à la commune patrie que des secours dans des cas déterminés. En France, les grands vassaux furent bien puissans, beaucoup trop pour le bon ordre d'une monarchie; mais le monarque conserva sur eux un pouvoir qui, foible d'abord, s'accrut constamment de siècle en siècle. On voit dans l'*Esprit de l'Histoire* à quoi tient le sort différent de ces deux autorités, qui toutes deux avoient été absolues en-deçà et au-delà du Rhin, et dont l'une ne cessa de gagner, pendant que l'autre ne cessoit de perdre. La féodalité, première cause, première occasion, ou premier moyen de ces changemens, ne trouva point d'obstacle dans la politique extérieure de l'empire, et se plaça promptement au premier rang, en faisant reconnoître son indépendance par le chef qui lui devoit son élection. Elle fut arrêtée en France par une politique extérieure qui menaçoit non-seulement l'indépendance, mais l'existence de tous ; et obligée de lui opposer une digue, elle fut conduite à faire pour elle-même de cette digue un point de réunion, un centre commun, dans lequel chaque siècle confondoit quelques rayons, et qui finit par les absorber tous.

De là encore une autre différence dans les liens féodaux des deux empires : en Germanie, il n'y eut plus de lien féodal entre l'empereur élu et ses co-souverains ; il n'y en eut plus entre ces co-souverains mêmes, vis-à-vis les uns des autres. Le lien féodal, alors exposé à devenir oppressif, n'exista plus que des co-souverains vis-à-vis de leurs vassaux, qui n'avoient aucun recours. Au contraire, en France, le lien féodal resta entre les plus grands vassaux et le roi, seul souve-

rain, et souverain héréditaire. Ce lien donnoit dans plusieurs cas le recours au roi,
comme quand un suzerain *véeoit* [refusoit]
à son vassal le jugement de sa cour.

Cette différence établit pour la couronne
de France deux grands avantages que n'eut
point la couronne impériale : elle amena
l'universalité et la souveraineté de la justice
royale, par la voie des appels, et les réunions par voie de confiscation ou de déshé-
rence ; ce qui produisit une révolution lente,
mais toujours soutenue, en faveur de l'unité
du pouvoir monarchique.

Les longues et déplorables querelles entre
le sacerdoce et l'empire, furent encore très-
nuisibles au prince que les co-souverains
nommoient pour exercer l'autorité impériale. Lui-même, avant d'en être revêtu,
servit ou flatta plus d'une fois l'autorité sa-
cerdotale ; et après avoir par-là abaissé
l'autre, il pouvoit difficilement la relever,
quand elle se trouvoit entre ses mains.
Aussi, lorsque ces querelles cessèrent, l'autorité impériale fut-elle limitée légalement
par la bulle d'or. A compter de cette époque,

quand les empereurs voulurent étendre leur autorité, ils alloient contre le titre même de leur élection; ce qui, en donnant à leur tentative un caractère d'usurpation, donnoit contre eux le droit de résistance.

En France, la féodalité ne put jamais parvenir à consacrer par un acte constitutionnel les droits qu'elle auroit voulu opposer à la royauté. Quelque grand vassal pouvoit, à la suite d'une guerre heureuse, obtenir individuellement par un traité des avantages qu'une autre guerre lui enlevoit ensuite; mais les grands vassaux réunis trouvèrent toujours, soit dans les parlemens, soit dans les États généraux, une puissante opposition à tous leurs efforts contre l'autorité royale, qui les repoussoit avec des formes légales, lors même qu'elle étoit obligée de soutenir ces formes par d'autres mesures.

Ces nuances, si marquées dans toutes les révolutions de la féodalité en France et en Allemagne, prirent toujours une couleur plus distincte; et lorsque la première partie du XVII.e siècle vit l'autorité royale consolidée en France par le ministère de

Richelieu, elle vit aussi l'autorité impériale définitivement affoiblie en Allemagne par le traité de Westphalie. Ainsi, soit qu'on remonte de cette époque jusqu'au règne de Charlemagne, ou qu'on redescende de ce règne à cette époque, un examen attentif et suivi montrera toujours la différence de la féodalité dans les deux empires, comme la première cause de la différence de leurs révolutions.

Dans les trois royaumes du Nord, la féodalité étoit devenue excessive ; et elle porta l'aristocratie au point que la monarchie y fut toujours dans un état de trouble. Cet état dura pour la Suède jusqu'à la révolution que fit Gustave-Wasa, et qui rendit le trône héréditaire : pour le Danemarck, jusqu'au règne de Frédéric III, qui assura l'hérédité et l'indépendance de la couronne par la révolution de 1660. Depuis cette époque, il n'y a pas eu la moindre altération dans le bonheur et la tranquillité dont le Danemarck a joui. La Suède, moins heureuse, parce que la révolution de Gustave-Wasa n'avoit pas autant comprimé la féodalité que celle de Frédéric, a vu de siècle en siècle le pouvoir des grands vassaux rabaissé ou relevé, mais non sans troubles, suivant que le souverain savoit faire usage de son autorité. L'emploi qu'en fit Gustave - Adolphe la transféra, pleine de force et de gloire, à Christine, qui par son abdication lui fit perdre ses avantages. Celui qu'en fit Charles XII ne les lui rendit pas, et rabaissa l'autorité de son successeur. Le malheureux Gustave III lui avoit redonné une grande force par la révolution de 1772.

Il est à remarquer qu'en Danemarck et en Suède, la féodalité n'établit jamais nominativement sa souveraineté absolue comme en Allemagne ; mais elle eut toujours pour but d'atténuer celle du roi, et sur-tout de maintenir l'éligibilité. Par ces deux moyens, elle étoit à-peu-près souveraine de fait, sans en affecter positivement le titre ; et l'élection lui laissoit toujours l'espoir de reprendre sous un règne ce qu'elle avoit perdu sous un autre. C'est ce qui s'est vu constamment en Pologne, depuis qu'à l'extinction des Piastes, la noblesse polonoise

eut le malheur de rendre la couronne élective. Pour avoir voulu mettre de plus en
plus le roi élu dans sa dépendance, elle
s'est mise dans celle des puissances étrangères, et a perdu l'État pour conserver
ses prétendues prérogatives, ou même pour
en usurper de nouvelles.

L'excessive féodalité a produit des effets
non moins funestes en Courlande et en
Écosse. Peut-être les Courlandois ne
voyoient-ils pas d'abord les dangers auxquels ces excès les exposoient ; peut-être
même n'avoient-ils d'autre intention que
de tenir leur duc dans un état précaire vis-
à-vis d'eux : mais du moment que la Russie
approcha de leurs frontières, leurs troubles
habituels ne pouvoient manquer de les conduire à leur perte. Lorsque les rois d'Écosse
furent appelés, par l'ordre de la succession,
au trône d'Angleterre, la réunion naturelle
de deux royaumes si long-temps ennemis,
pouvoit inspirer des craintes au plus foible ;
et ces craintes devoient lui montrer la nécessité de fortifier l'État dans son intérieur
par l'accord parfait de toutes les parties. Il

ne paroît pas que les grands d'Écosse aient
reconnu cette importante vérité; au contraire, leur fierté, leur insubordination,
s'animèrent de plus en plus contre le roi,
quand ils virent sur sa tête une couronne
qu'ils regardoient comme rivale de la leur; et
d'excès en excès, ils arrivèrent jusqu'au trop
fameux *covenant*, qui fut la source de tous
les malheurs de l'Écosse et de l'Angleterre.

En France, ce fut bien évidemment le
désordre de la féodalité qui enleva la couronne à la seconde dynastie; mais elle la
transmit à la troisième sans faire d'autres
changemens. L'autorité royale, déjà si affoiblie, auroit pu l'être encore davantage
par l'acte qui en revêtit Hugues Capet: elle
ne le fut pas; on la lui donna dans l'état
de réduction où elle étoit tombée pendant les cinquante dernières années de la
deuxième race; et depuis ce temps elle a constamment travaillé à reprendre tout ce qu'elle
avoit perdu pendant ce long intervalle. Il
y eut de grands troubles, dans lesquels
les grands vassaux jouoient toujours un
premier rôle : cependant aucune tentative

ne fut faite par eux, ni pour se mettre
entièrement sur la même ligne que le souverain, ni pour changer le gouvernement,
ni même pour changer la race régnante. La
branche directe s'étoit cependant éteinte;
et pour la remplacer, celle des Valois n'eut
à combattre que des ennemis étrangers. A
l'extinction de celle-ci, une grande révolution fut tentée pour exclure la branche
des Bourbons; mais ce ne fut point l'ouvrage
de la féodalité, déjà beaucoup réduite,
sur-tout depuis le règne de Louis XI. La
féodalité pouvoit bien avoir donné aux
Guises les moyens d'augmenter leur puissance, mais ils ne réclamèrent aucun de
ses droits dans le vaste projet qu'ils avoient
conçu, parce qu'ils savoient bien que cette
féodalité même, première origine de leur
puissance, lui prescrivoit des bornes, et
sur-tout maintenoit une hiérarchie qu'ils ne
pouvoient attaquer sans se rendre coupables
de félonie; tandis que l'exclusion prononcée
pour des motifs de non-catholicité, laissoit
l'autorité royale dans toute sa force, et ne
faisoit qu'appeler une quatrième dynastie.

En Angleterre, la féodalité a présenté un spectacle bien différent; et il faut remonter jusqu'à son origine pour s'expliquer cette différence : on a vu cette origine dans ce que j'ai dit Livre v, chap. iv. Chez les Anglois, la féodalité eut l'air de n'attacher aucune importance à la fixité de l'ordre pour la succession au trône : dans aucune occasion elle ne jugea à propos de s'en occuper; et l'on peut en conclure, avec raison, qu'elle avoit calculé que des troubles inséparables de cette incertitude, seroient toujours favorables aux prétentions qu'elle comptoit faire valoir. En effet, elle ne tarda pas à les annoncer; et dès la première tentative, elle réussit à faire reconnoître celles qu'elle présentoit. Ce premier succès détermina la nature de toutes les révolutions qui suivirent : elles eurent toujours pour but et pour résultat, ou de morceler la souveraineté, ou de changer le souverain, jusqu'à ce que l'un et l'autre fussent anéantis par une révolution qui surpassât toutes les précédentes. Cette identité parfaite des intentions, des moyens, des effets dans toutes

les révolutions qui eurent lieu en Angleterre, depuis Jean Sans-terre jusqu'aux
premiers troubles du règne de Charles I.er,
devient encore plus sensible lorsqu'on les
rapproche des révolutions produites en
France par la féodalité, qui jamais, jusqu'à
la Ligue, n'eurent pour but de changer le
souverain, et qui toutes respectèrent la souveraineté, dont cependant on pouvoit dire
que la féodalité étoit rivale.

Ainsi, pour résumer tout ce que je viens
de dire, en Allemagne, la féodalité, devenue tout-à-coup souveraine, établit l'éligibilité, et changea le gouvernement, en
reconnoissant autant de souverains qu'il y
avoit de grands vassaux. En France, où
elle avoit la même origine, où ses premiers
efforts avoient été prévenus ou comprimés
par la sage et prévoyante énergie d'un monarque tout-puissant, où ses efforts ulté-
rieurs avoient été secondés par la foiblesse
et la désunion d'une race royale dégénérée,
elle change cette dynastie; mais ce changement fait, elle ne va point au-delà; elle
ne touche point au gouvernement, qui

s'améliore de règne en règne ; elle maintient
sur-tout l'ordre de l'hérédité au trône ; elle
appelle et défend les branches collatérales,
à l'extinction de la directe ; et perdant successivement
des prérogatives dangereuses
pour la tranquillité publique, conservant
toutes les distinctions honorifiques nécessaires
au maintien de sa dignité, étudiant
et suivant toutes les phases d'une civilisation
que chaque siècle perfectionne, elle
vient se confondre dans la hiérarchie d'une
monarchie guerrière sans être conquérante,
absolue sans être arbitraire, également
éloignée de la licence de la démagogie, de
l'insubordination de l'aristocratie, et de la
servitude du despotisme.

Dans le Nord, la féodalité s'établit, se
règle elle-même, mais ne veut reconnoître
au-dessus d'elle qu'un pouvoir factice, qui
dépend aussi d'elle-même. Elle rend la couronne
élective, afin de pouvoir, à chaque
mutation, lui imposer de nouvelles lois ;
elle se fait une habitude, je pourrois même
dire un droit, de suspendre ou hâter ces
mutations par des révolutions que son ex-

cessive puissance la met dans le cas de sus-
citer. En Danemarck, elle est abaissée pour
jamais par une révolution qu'elle n'a pas
prévue et que ses excès justifient. En Suède,
elle essuie différentes réductions contre
lesquelles elle cherche toujours à revenir ;
et cet esprit de réaction, indélébile chez
elle, en armant des traîtres contre Gustave III, prépare aux Suédois de nouvelles
révolutions.

Pendant que, dans le Nord, la féodalité, sans autre frein que celui qu'elle se
donne momentanément, trouble l'État
par son excessive licence, et abuse de ses
abus mêmes, en Angleterre elle s'agite et
fermente dans le cercle trop resserré où
elle a été enfermée par la violence d'une
autorité arbitraire et jalouse, du premier
choc brise ses premiers liens, et, de secousse
en secousse, fait passer l'État par toutes
les révolutions que doivent amener l'incertitude des droits de la couronne et celle
de sa succession : et cependant on a observé, avec raison, que ce qu'il y avoit
de plus surprenant dans le système féodal,

c'est qu'une forme de gouvernement si contraire au premier but de la société civile, si incompatible avec la liberté et la sûreté du peuple, si funeste au commerce, aux sciences, aux arts, se soit métamorphosée naturellement, et à la longue, en des constitutions sous lesquelles les hommes jouissent de toute la sécurité et liberté desirables, où les talens et le génie peuvent exercer toute leur activité. Tout ce que je viens de dire est parfaitement d'accord avec cette remarque de Priestley (1), et démontre qu'elle doit sur-tout s'appliquer à la France; parce que c'est-là, plus que par-tout ailleurs, que la féodalité a toujours gardé le type, qui lui appartient essentiellement, de *pouvoir conservateur;* parce que c'est-là, sur-tout, qu'elle a plutôt contrarié qu'attaqué l'autorité royale; enfin, parce qu'il n'y a que la France où, soit par un heureux hasard, soit plutôt par l'union du monarque avec les corps intermédiaires, organes de ses volontés légales et dépositaires de son autorité, la féodalité ait essuyé sans se-

_____

(1) Discours sur l'histoire de la politique.

cousse des diminutions graduelles, et toujours proportionnellement aux améliora-
tions que le progrès des lumières amenoit
dans l'ordre politique.

Car, un point capital pour tout gouvernement, sur-tout pour un gouvernement
féodal, c'est que toutes les mutations, sensibles ou non, qui peuvent survenir dans
sa hiérarchie, soient toujours en raison du
perfectionnement de tout ce qui compose
la société. Lorsque la société, encore peu
avancée dans la civilisation, ne reconnoît
que des guerriers et des serfs, la féodalité
paroît d'accord avec l'état des personnes et
des choses. Lorsque la servitude commence
à diminuer, et encore plus lorsqu'elle cesse
entièrement, lorsque les serfs deviennent
agriculteurs, lorsque ceux-ci deviennent
artistes, négocians, hommes de lettres,
hommes d'État, il est clair que, si la féodalité reste ce qu'elle étoit originairement,
non-seulement elle ne sera pas d'accord
avec les choses et les personnes, mais elle
sera vis-à-vis d'elles en opposition ouverte
et continuelle. Le plus grand malheur qui

puisse arriver à un État, c'est de ne pas vouloir s'avouer les révolutions que le temps a faites chez lui, et d'agir comme s'il n'y en avoit point : il se trouve alors en contradiction avec cette *invincible nature qui reprend toujours son empire.* Lorsqu'on veut l'empêcher de le reprendre par cette marche insensible, qui est essentiellement la sienne, elle le reprend par des secousses violentes et multipliées, qui répandent par-tout la terreur ou la mort, et ouvrent des volcans que le temps peut à peine éteindre et fermer.

CHAPITRE IX.

INFLUENCES ÉTRANGÈRES DANS LES RÉVOLUTIONS.

C'EST déjà, pour un État, une position dangereuse que d'être exposé au flux et au reflux des révolutions, et de nourrir dans son sein des intrigues qui les empêchent de se terminer ou de donner un résultat heureux ; mais le danger est bien plus grand, quand ces révolutions sont suscitées, fomentées, soudoyées par une puissance étrangère ;

lorsque tout factieux est sûr de trouver en elle des secours pour un projet, quel qu'il soit, dès qu'il peut prolonger des troubles dont elle compte profiter. En recourant à cette puissance, chaque parti allègue le desir de faire réussir un plan qui doit guérir les maux de l'État; chaque parti cherche à tromper ses ennemis, parvient quelquefois à se tromper lui-même, mais ne trompe jamais l'étranger, qui l'écoute et l'observe avec des vues très-différentes, qui prévoit et calcule le demi-succès auquel il consent à contribuer, mais qu'il se promet bien de ne pas porter trop loin, et dont il se promet même d'arrêter les suites, si elles étoient trop décisives.

Sur ce point, la politique a été la même dans tous les temps; et une aussi constante expérience peut autoriser à conclure que cela sera toujours : comme s'il étoit du sort des générations de ne pouvoir jamais s'appliquer à elles-mêmes les exemples des générations passées, et même, en déplorant l'aveuglement qui les empêche de lire dans l'histoire de tous les âges, de méconnoître celui qui les empêche de voir ce que leur présente leur propre siècle !

Nous avons vu, dans les républiques grecques, l'influence que deux villes rivales eurent toujours sur les révolutions des autres villes : l'une s'efforçoit toujours et ne manquoit jamais de détruire ce que l'autre avoit fait ; il en résultoit, pour toutes les républiques dont elles influençoient le gouvernement, le retour des mêmes crimes, que chaque parti commettoit tour-à-tour, et des mêmes malheurs, que perpétuoient leurs troubles et leur foiblesse. Ce n'étoit pas l'amour de l'égalité, ce n'étoit pas celui d'une juste subordination, qui dirigeoient Athènes et Sparte, lorsque l'une établissoit par-tout une démocratie absolue, et l'autre une aristocratie vindicative: c'étoit, d'un côté, le desir de dominer dans les conseils de ces malheureuses villes ; de l'autre, celui de ne jamais leur laisser reprendre la force que leur désunion leur avoit ôtée. Aussi, parcourons toutes les révolutions auxquelles Athènes et Sparte prennent part, soit ostensiblement, soit en secret, nulle part nous ne verrons le moindre effort pour réunir, au moins pour rapprocher les partis ; toujours nous verrons les moyens extrêmes qui ne pouvoient que les désunir et les aigrir davantage. La politique des deux rivales étoit, en cela, conforme à ce qu'elles regardoient comme leur intérêt du moment ; et c'est le seul qui entre dans tous les calculs d'une basse et jalouse politique : rarement les gouvernemens ont le courage assez grand et le coup-d'œil assez juste pour sentir toute la force d'une politique d'équité ; et malheur aux États qui se mettent dans leur dépendance !

Le sort des républiques grecques fut encore plus malheureux, lorsque quelques-unes d'entre elles se mirent sous la protection des Perses : par cela seul, elles ajoutoient à toutes leurs causes de révolutions la terrible nécessité de devenir, dans certaines occasions, ennemies de leurs compatriotes.

Les Achéens firent la même faute dans leur confédération. Au lieu de ne chercher leur force que dans l'union des États qui la composoient, ils eurent recours à une force

13..

étrangère, et ils appelèrent les Macédoniens. L'erreur étoit sans excuse, puisque la conduite de Philippe et d'Alexandre avoit dû apprendre aux Grecs que, pour eux, la Macédoine étoit encore plus redoutable comme amie que comme ennemie. La conséquence de cette erreur fut que les Grecs opposés aux Athéniens appelèrent les Romains, qui dissipèrent la ligue achéenne, et asservirent la Grèce entière, en paroissant lui laisser sa liberté.

J'ai déjà eu occasion de faire observer ce que fut alors la politique des Romains et ce qu'elle produisit. Pour voir ce qu'elle fut, il suffit de lire le discours dans lequel le proconsul romain proclama cette liberté si vantée qu'il rendoit à la Grèce. Pour voir ce qu'elle produisit, il suffit de jeter les yeux sur ce que devinrent ces républiques, rendues à une liberté qu'elles ne tenoient que de leurs vainqueurs, et dont ceux-ci eurent grand soin de provoquer et de multiplier les inconvéniens. La Grèce dut alors regretter ces temps, nébuleux à la vérité, où elle parcouroit habituellement un cercle de révolutions, mais où, du moins, ces révolutions n'étoient influencées que par des Grecs, et, en troublant chaque État, laissoient la Grèce entière à l'abri de toute influence étrangère. En effet, tant que les révolutions n'étoient chez elle que le résultat de sa liberté même, on pouvoit espérer qu'elle en seroit enfin assez fatiguée pour y renoncer; mais cet espoir devoit s'évanouir du moment que les révolutions ne seroient plus, chez elle, que le fruit de sa servitude, et qu'elles lui seroient toujours commandées ou suscitées par ceux qu'elle pouvoit indifféremment appeler ses protecteurs, ses maîtres, ou ses ennemis.

Ce que la politique des Romains fit en Grèce, elle le fit en Espagne, en Afrique, en Asie, en Macédoine; elle intervint dans toutes les querelles de deux rois et de deux princes rivaux; elle accorda toujours son insidieuse protection au plus foible, sauf à la lui retirer ensuite, ou même à s'armer contre lui : plus d'une fois même elle arma le fils contre le père, Rhadamiste contre Pharasmane, Pharnace contre Mithridate;

et toujours ces adroits et odieux moyens conduisirent insensiblement à leur perte, et ceux contre qui ils étoient employés, et ceux qui avoient la criminelle imprudence de les solliciter.

Le laps de temps écoulé depuis 1771, nous permet de citer un exemple que nous donne l'histoire moderne, à l'appui de l'histoire ancienne : aucun des souverains existant alors ne vit aujourd'hui, et la Pologne, telle que nous la voyons depuis le congrès de Vienne, en 1814, n'est plus celle qui a fini de nos jours dans de si terribles convulsions.

Il existoit, au milieu du continent européen, une nation renommée par sa bravoure, et qui devoit l'être encore plus par ses malheurs, parce qu'elle étoit condamnée à fournir une terrible preuve des dangers d'une influence étrangère dans les révolutions : le peu que j'ai dit sur la Pologne (Livre II, chap. XVIII), met cette preuve dans un grand jour. La noblesse polonoise, aussi impolitique qu'indisciplinée, croyant toujours que ses sabres la défendroient, même contre ses propres dissensions, parce qu'ils l'avoient défendue souvent contre les Tartares et les Turcs, non-seulement n'a jamais calculé les changemens qui se faisoient autour d'elle, mais semble avoir tenu encore plus aux vices de son anarchique constitution, depuis que, par les spéculations de ses voisins, ces vices leur ont fourni de grands moyens de lui nuire. Mably a dit avec raison que Pierre I.er avoit jugé le parti que la Russie pouvoit tirer de l'anarchie polonoise. Déterminée à s'agrandir, sur la Baltique aux dépens de la Suède, sur la mer Noire aux dépens de la Turquie, sur la mer Caspienne aux dépens de la Perse, cette puissance, en s'agrandissant encore aux dépens de la Pologne, intervenoit au milieu de l'Europe : rien assurément n'étoit plus fait pour fixer l'attention des diètes et des diétines. Cependant la Pologne, dans ses trois dernières révolutions, n'a pas joué le rôle qu'elle auroit pu prendre (1) : on eût dit qu'elle n'étoit que

_____

(1) Excepté le bel élan qu'elle eut en 1791, au mois de mai.

l'agent des trois puissances qui seules conduisoient l'intrigue de ces désastreuses tragédies, dont trois démembremens consécutifs ont été les dénouemens. Dans la profonde combinaison de cette spoliation, l'Autriche fut toujours la plus astucieuse, la Prusse la plus cupide, la Russie la plus audacieuse ; c'est-à-dire que chacune de ces trois puissances garda le caractère que lui donnoient les circonstances et le personnel de chaque souverain. Le cabinet de Vienne, ou plutôt Kaunitz, placé entre les principes religieux de la grande Marie-Thérèse et l'insatiable ambition du fougueux Joseph, se trouvoit naturellement engagé dans une marche tortueuse et indécise, qui d'ailleurs étoit depuis long-temps habituellement la sienne. Frédéric, en qui l'âge altéroit chaque jour la passion de la guerre et augmentoit celle de l'argent, commençoit toujours par enlever jusqu'au dernier ducat du territoire même sur lequel il se réservoit de manifester à temps ses prétentions. Catherine, portée par inclination à tout usurper, et dont le règne même étoit

une usurpation, excitée par la rapacité des
Orlow et par la dureté de Saldern, traitoit
d'avance les Polonois comme des sujets rebelles, les reléguoit en Sibérie, et prétendoit commander despotiquement les délibérations de leurs diètes. La ruine entière,
les partages, et enfin l'anéantissement total
du royaume de Pologne, tels furent les
bienfaits que ces terribles protecteurs ré-
pandirent à l'envi sur leurs imprudens pro-
tégés.

L'influence étrangère fut, au Mexique,
bien autrement dangereuse, lorsque ce vaste
et populeux empire, qui pouvoit anéantir
Cortez et sa poignée de soldats, leur fut
miraculeusement livré par la jalousie d'une
nation voisine. Les Indiens, qui sembloient
être étrangers aux arts de l'Europe, en
pratiquoient déjà la fausse politique, se
livroient à leurs ennemis pour se venger
de leurs rivaux, et réalisoient ainsi, sur un
continent que l'on croyoit encore vierge,
la fable du cheval qui s'abandonne à
l'homme pour se venger du cerf. Il doit paroître étonnant que les premiers faits connus

de l'histoire de deux peuples situés à quelques mille lieues de nous, aient une si honteuse conformité avec ce qui se voit dans la nôtre. La passion est donc aveugle sous toutes les zones! elle agit donc sur les États comme sur les individus, et conduit par-tout les uns et les autres à leur perte, en leur cachant leurs plus grands et leurs véritables intérêts!

Huit cents ans auparavant, les Maures avoient donné à l'Espagne la sanglante leçon que, si long-temps après, elle reporta en Amérique. Appelés de l'autre côté du détroit par la vengeance irréfléchie d'un prince mécontent, ils lui rendirent le cruel service de triompher pour lui; et le triste sort du beau royaume des Visigoths, après la bataille de Xérès, prouva (ce à quoi ce prince devoit s'attendre) que les Maures n'avoient triomphé que pour eux-mêmes.

Pareille chose se seroit vue en France après la Ligue, si les secours de cette même Espagne eussent établi la dynastie des Guises sur le trône des Bourbons. Ils seroient devenus sur-le-champ les ennemis des Espagnols; une guerre sanglante se seroit établie entre eux, parce que, d'un côté, l'Espagne auroit voulu retirer le fruit des services qu'elle se seroit vantée d'avoir rendus; de l'autre, la dynastie nouvelle se seroit crue humiliée de les acquitter par des cessions de territoire : guerre d'autant plus cruelle, qu'aucun des deux partis n'y eût été à sa place; que celle du troisième parti, du seul parti légitime, fût restée vacante; et que le dernier degré du malheur pour une nation livrée aux dissensions intérieures, c'est lorsque, de quelque côté que se décide la victoire, elle ne peut être qu'oppressive pour l'État, en lui enlevant ou son indépendance, ou ses souverains légitimes, deux pertes que rien ne peut compenser.

Depuis la longue et sanglante rivalité de Charles-Quint et de François I.er, il étoit établi en système, dans le cabinet de Madrid, d'intervenir dans toutes les dissensions intérieures de la France. Il voulut s'immiscer dans les troubles de la Fronde; la sagesse de la régente évita un danger auquel cette princesse sembloit devoir être plus exposée qu'un autre, et que le ressentiment du grand Condé rendit plus urgent. Sa fuite chez les Espagnols ne lui donna que des avantages momentanés, parce que le ministère de Richelieu avoit rendu à l'autorité royale une force dont alors elle recueillit le fruit ; et cette force s'étant encore accrue pendant les dernières années du ministère de Mazarin, l'influence de l'Espagne, lors des conférences de l'île des Faisans, ne put pas même assurer au prince fugitif ce qu'il n'obtint que des bontés de Louis XIV. Cette influence, imprudemment provoquée par l'irascibilité d'un jeune guerrier ulcéré, fut donc nulle dans le fait, quant aux troubles intérieurs qu'elle eût pu prolonger, et dont les fauteurs furent arrêtés par une démarche qu'aucun d'eux n'approuvoit. Condé, désabusé, sentit qu'une coupable vengeance ne le rendoit pas plus grand, et rougit de voir qu'elle ne rendoit même pas les Espagnols plus puissans : le sort du connétable de Bourbon devoit être toujours présent à son esprit, et il prit le seul parti qui convînt à ses intérêts et à sa dignité.

Cette réflexion devroit se présenter à toute faction qui, pour finir ou perpétuer les troubles de la patrie, a recours à une force étrangère ; elle se met évidemment dans sa dépendance, sans savoir quand et comment elle pourra s'y soustraire. Les factieux, obligés de faire à cette puissance des sacrifices qu'ils regrettent et des confidences qui les inquiètent eux-mêmes, sont réduits à l'alternative, ou de souffrir de ses refus, ou de ne jouir qu'en tremblant de ses secours. Il y a plus : forcés de dissimuler vis-à-vis d'elle leur méfiance, et encore plus leurs mécontentemens, il faut aussi qu'ils soient perpétuellement exposés à se voir accusés par leurs partisans d'être trompeurs ou trompés.

Cette double accusation pesa sans cesse sur les chefs de la révolution du Brabant, vers la fin du règne de Joseph II. Ils s'étoient adressés à la Prusse, et en avoient reçu toutes les promesses dont Hertzberg et Luchesini étoient prodigues. Les troupes promises n'arrivoient pas ; mais les moyens d'exciter et d'entretenir l'exaltation d'un

peuple crédule, furent employés avec profusion. Les meneurs savoient très-bien que
la Prusse n'en feroit pas davantage; ils ne
pouvoient sur-tout en douter, lorsque l'avé-
nement de Léopold à la couronne impériale donna lieu à des négociations qui
finirent par la convention de Reichenbach:
mais jusqu'au dernier moment, ils vouloient maintenir le peuple dans une erreur
qui pouvoit leur être utile. Ils échappèrent
à sa juste colère, en disparoissant la veille
du jour où l'armée impériale devoit entrer
dans Bruxelles; et quand même, au lieu de
cette armée, le Brabant auroit vu arriver l'armée prussienne, il n'en eût été que plus
malheureux.

La Hollande venoit de lui donner dans
ce genre un exemple terrible. Abandonnée
par la France, envahie par la Prusse, elle
avoit plus encore à gémir des secours que
celle-ci lui envoya, que des vaines illusions
dont celle-là n'avoit cessé de l'entretenir.

La première origine du malheur de la
Hollande fut que les deux partis, sthatou-
dérien et républicain, voulant faire, chacun

dans leur sens, une révolution, tous deux avoient eu le tort de la préparer sous une influence étrangère.

Dans le terrible livre où sont écrites de toute éternité les destinées des empires, il étoit dit que la révolution françoise réuniroit toutes les calamités que les révolutions peuvent produire. J'ai observé, au commencement de ce chapitre, qu'une des plus grandes étoit l'influence étrangère : cette influence agit en France sous toutes les formes, en secret et ostensiblement, comme amie et comme ennemie, comme soutien des constitutionnels et des jacobins, du trône et du Directoire ; et il est difficile de dire sous laquelle de ces formes elle fut plus funeste.

Si j'avois le courage de fouiller dans les annales diplomatiques depuis 1789, j'y trouverois une multitude effrayante de faits, qui tous viendroient à l'appui de ce que je dis : mais il y a, dans l'histoire, des vérités secrètes qui n'appartiennent qu'à la postérité ; elle seule a droit de les chercher, a le pouvoir de les juger ; heureuse quand elle les trouve dans des mémoires sagement rédigés, dont l'auteur n'a écrit que pour elle, en s'imposant la loi d'une véracité impassible et d'une justice impartiale ! Ces trésors (car des mémoires ainsi faits sont de véritables trésors au bout d'un demi-siècle), ouverts alors avec sagesse, avec discernement, avec une critique éclairée, sont livrés au public, et ne courent plus le risque de froisser de grands intérêts, d'exciter de grandes passions. Tout s'est aggloméré et confondu dans la nuit du tombeau : et le judicieux écrivain qui sait tirer de cette nuit même de grandes lumières, rend à l'humanité un vrai service, et n'est arrêté ni atteint par aucune des considérations qui, cinquante ans plutôt, eussent entravé sa marche.

Par la manière générale dont j'ai dépeint l'influence étrangère dans les révolutions, beaucoup de lecteurs pourront en ce moment se rappeler les faits que je ne cite pas, les rapprocher de ce que je dis, et les juger d'après les principes que j'ai exposés. C'est à eux, c'est au petit nombre de ceux que leur position a mis à portée d'être instruits

de ces faits, à en faire dans leur for intérieur l'analyse et la comparaison. Ils sup-
pléeront à l'omission volontaire à laquelle
j'ai dû me condamner. Ils connoîtront quels
regrets j'ai dû éprouver, lorsque, entouré de
cette multitude de faits, parmi lesquels je
n'aurois eu que l'embarras du choix, j'ai senti
l'obligation de n'en choisir aucun, et de les
couvrir tous du voile que moi-même j'aurois voulu n'avoir jamais soulevé. Le traité
de Lunéville, aussi dérisoire que celui de
Campo-Formio, et qui ne devoit pas être
plus durable, avoit consolidé la force militaire que la France venoit d'acquérir, lui
donnoit sur le continent de nouveaux alliés,
ou, si l'on veut, de nouveaux sujets, et rendoit le nouveau chef du gouvernement
assez puissant pour détruire en peu de temps
la démocratie la plus anarchique, et y
substituer le despotisme le puls arbitraire.

A cette époque, que de réflexions durent
se présenter en foule, et aux François qui
avoient commencé chez eux la révolution
pour renverser une monarchie tempérée,
et aux étrangers, qui, en faisant la guerre,

n'avoient jamais voulu dire si c'étoit à la révolution ou à la monarchie! Tous avoient formé des projets, ou absurdes ou odieux; tous furent déjoués dans leurs chimériques calculs. *Ibunt in adinventionibus suis :* c'est l'arrêt que prononce le prophète-roi; et jamais il ne fut plus littéralement exécuté. Ces constitutionnels, si puissans tant qu'il ne fut question que de détruire, qui vouloient nous rendre dignes de la constitution angloise ; ces métaphysiciens politiques, qui, de raisonnemens en raisonnemens, avoient réduit en forme d'aphorismes la déclaration des droits de l'homme; ces républicains terroristes, qui étoient décidés, disoient-ils, à sacrifier un tiers de la population de la France, pour y établir une république ; enfin toute cette incohérence, je ferois mieux de dire cette coalition d'idées inexécutables, incendiaires ou spoliatrices, vient se dissoudre aux pieds d'un homme en faveur de qui elle semble avoir tout détruit, et se perdre dans la masse des nouveaux débris sur lesquels s'élève une colossale grandeur. On peut dire, je crois, avec vérité, qu'au moins, depuis 1793, tout ce que nous avons vu ne seroit pas arrivé, sans l'influence étrangère. C'est par son action que la révolution a dévasté en Amérique deux riches et florissantes colonies ; c'est dans le frivole espoir de la combattre avec plus d'avantage, que nous aurions voulu nous dédommager en Égypte de ce que nous perdions en Amérique ; c'est toujours dans le même espoir que nous avons tenté de révolutionner le Mysore, où nos efforts n'ont abouti qu'au renversement de cet empire, qui pouvoit, dans l'Inde, balancer celui des Anglois ; enfin, c'est bien certainement cette influence qui a donné à la révolution une force qu'elle n'eût pas eue en elle-même, et au peuple françois une énergie contre ses ennemis qui faisoit un contraste frappant avec sa soumission devant ses bourreaux.

C'est par une suite de cette influence, c'est pour opposer iniquité à iniquité, qu'après avoir, par un premier décret, annoncé à toute l'Europe qu'il ne vouloit faire aucune conquête, il a déclaré, par un autre décret,

14..

que par-tout où pénétreroient ses armées
victorieuses, il révolutionneroit les gouvernemens, conformément à ses principes; et
d'après cette déclaration, ses principes
ayant changé d'un extrême à l'autre, il a
fait et défait des républiques, à Gènes, à
Milan, à Venise, à Florence, à Rome, à
Naples et en Hollande. Il est allé chercher
jusque sur les côtes orientales de la mer
Adriatique, des îles à qui il a rendu leur
ancien nom, pour les républicaniser momentanément, et ensuite les réunir à une
monarchie. Enfin, ni le petit nombre de
ses citoyens, ni le peu d'étendue de son
territoire, n'a pu mettre la république de
Lucques à l'abri des révolutions du grand
peuple; et quoique insensible sur la carte,
nulle dans l'ordre des relations politiques
de l'Europe, il a fallu qu'elle cédât au torrent, et qu'un point presque imperceptible
fût aussi emporté avec les grandes masses,
pour aller avec elles se perdre dans le chaos,
et fournir des élémens à une nouvelle création. Par une analyse détaillée de plusieurs
époques de notre révolution, je pourrois

étendre cette démonstration ; mais en la rendant plus longue, je ne la rendrois pas plus évidente. Quelles que fussent, au reste, les vues secrètes ou avouées de cette influence, il ne se présentoit, ce me semble, que trois chances qui pussent en résulter. La France, restant république victorieuse, ébranloit ou renversoit tous les trônes ; conquise et démembrée, elle armoit toutes les grandes puissances les unes contre les autres ; rendue à la monarchie, mais non à la légitimité, à force de révolutions et de triomphes, elle révolutionnoit la politique de l'Europe.

Tous les cabinets se sont, par leur conduite, soumis exclusivement à ces trois chances, et ont été au moment de voir le développement de la dernière.

En général, pour tout État où se fait une révolution, l'influence étrangère est du plus grand danger, parce qu'alors, quelque but sage et légitime qu'il se soit proposé, il ne peut être sûr ni de l'atteindre, ni de ne le pas dépasser ; et de ces deux maux le dernier est encore le plus grand, car il en coûte bien plus à l'humanité pour revenir sur ses erreurs, que pour parvenir, par un second effort, à ce qu'elle n'a pu obtenir par un premier.

Je ne dis pas cependant qu'il ne doive y avoir un très-petit nombre d'exceptions dans lesquelles l'influence ne puisse être utile ; mais elles seront aisées à déduire d'après les principes suivans :

1.° Ce sera toujours bien plutôt pour empêcher, que pour faire une révolution : quand on empêche une révolution, on connoît le point où l'on est et où l'on veut rester ; quand on en fait une, on méconnoît souvent le point d'où l'on part, mais on méconnoît sur-tout celui où l'on arrivera.

2.° Ce sera toujours d'un grand État sur un plus petit qu'il a intérêt de conserver, ou au moins qu'il n'a aucun intérêt de détruire ; alors le grand État n'agit que comme pouvoir conservateur, et je ne puis trop répéter que pour toute société politique, c'est le pouvoir par excellence.

3.° Ce sera toujours l'influence d'un grand État seul ; ou si d'autres États y mêlent la leur, il faudra qu'ils n'aient ni un autre intérêt, ni une autre volonté que lui. Ainsi, lorsque en 1782, les querelles renouvelées entre les natifs, les bourgeois et les deux conseils, menacèrent la république de Genève d'une révolution, pour changer la constitution qui avoit été garantie par la France, la Sardaigne et l'État de Berne, ces trois puissances, parfaitement unies d'intérêt et de volonté, envoyèrent toutes trois des troupes pour défendre les citoyens de Genève contre eux-mêmes, et maintenir la constitution.

4.° Enfin (et cette dernière observation, qui paroît moins importante au premier coup-d'œil, l'est cependant beaucoup dans les détails comme dans l'ensemble de l'exécution), il faudra que ce soit l'influence personnelle du souverain bien plus que celle de son cabinet; car celle-ci sera, plus que l'autre, sujette à varier, par l'opinion, par les intrigues, par la vénalité de ses ministres. Et de là résulteront deux grands inconvéniens : le premier, que le souverain qui croira toujours influencer d'après ses principes, influencera, sans le savoir, par ceux de ses ministres, et sera, par conséquent, exposé à voir arriver le contraire de ce qu'il vouloit faire : le second, que l'État supposé en révolution, recevant des influences opposées, qui cependant partiront ostensiblement du même point, n'aura pas une marche révolutionnaire assurée, en changera souvent, sans l'avoir prévu ; comme un vaisseau, sans changer ses voiles, peut changer quelquefois de route par la rencontre d'un courant qu'il n'a pas aperçu, et aura long-temps dévié avant de reprendre la ligne qu'il vouloit suivre.

Le premier de ces inconvéniens a été sensible en Angleterre pendant notre révolution. Le caractère personnel de Georges III l'éloignoit d'exercer sur elle aucune influence, sans cependant renoncer aux avantages que ses États pouvoient en retirer. Le caractère de Pitt le portoit à en exercer une qu'il cachoit à son souverain : les événemens l'obligèrent de la modifier sur celle qu'exerçoient Windham et son parti. L'une et l'autre ont été quelquefois sur le point de céder à celle que lord Moira avouoit hautement, qui étoit juste et noble, et qu'il vouloit exercer avec tant de loyauté. Je ne parle point de celle de Fox, que l'on pourroit encore opposer à elle-même, et qui changea lorsqu'il eut passé du parlement dans le ministère.

Le second de ces inconvéniens fut sensible en Pologne, sur-tout dans la révolution qui suivit la mort d'Auguste III. Toutes les factions qui déchirèrent ce malheureux pays, successivement influencé, et par Catherine, qui n'avoit pas de plan arrêté, et par Panin, qui vouloit la ramener au sien, et par Wolkonski, qui répugnoit à employer des moyens violens, et par Saldern, qui n'en connoissoit pas d'autres, après avoir épuisé les diétines, les diètes, les confédérations, finirent par faire, ou, si l'on veut, par laisser faire une révolution bien éloignée de celle que chacune d'elles s'étoit proposée d'abord.

Je ne connois, dans l'histoire ancienne, qu'un exemple d'une nation qui ait trouvé dans une puissance étrangère une protection efficace et en même temps désintéressée. Syracuse, toujours en guerre contre elle-même, contre ses tyrans, ou contre les Carthaginois, n'eut qu'à s'applaudir de s'être adressée aux Corinthiens pour la défendre contre tant d'ennemis. Ceux-ci, maîtres de Syracuse, que tant de calamités avoient dépeuplée, y rappelèrent les anciens habitans, en amenèrent de nouveaux, donnèrent aux uns et aux autres des lois justes, rétablirent dans Syracuse l'ordre et la paix, et lui laissèrent son indépendance. Il se peut que des intérêts, dont les détails nous sont inconnus, présentassent aux Corinthiens des avantages dans la conservation d'une ville qui dominoit sur la Sicile et avoit en Grèce d'anciennes et de fréquentes relations; mais l'histoire devroit toujours leur savoir gré d'avoir préféré ces avantages, qui enfin pouvoient changer comme tous les intérêts politiques, à celui de retenir sous leur domination une ville dont ils étoient maîtres.

Lorsqu'en Angleterre, sous Henri III, le parti qui vouloit réduire l'autorité royale, se réunit au roi pour s'en rapporter à la décision de S. Louis, ni l'un ni l'autre

ne se mettoient sous une influence étrangère ; tous les deux rendoient hommage
aux vertus et à la justice de S. Louis : son
pouvoir militaire et politique n'y étoit pour
rien ; il exerçoit, sans le provoquer, un
ministère de paix, qui finissoit du moment
que le jugement étoit rendu ; il étoit honorable pour lui d'être choisi pour juge et
pacificateur, mais il ne fut et ne voulut être
rien de plus. L'un des partis pouvoit ne
pas s'en tenir à sa décision, et c'est ce qui
arriva.

L'influence de la France fut bien constamment utile aux États-Unis dans leur
guerre contre l'Angleterre ; mais Louis XVI
ne joignit ses troupes aux leurs, que lorsqu'ils eurent proclamé leur indépendance.
Il la reconnut sans leur imposer aucune
condition ; il ne voulut influer en rien sur
les lois qu'ils se donnoient à eux-mêmes,
et jamais de si puissans secours ne furent
promis et donnés avec autant de noblesse
et de loyauté à un gouvernement naissant.

LIVRE VII.

EFFETS DES RÉVOLUTIONS.

CHAPITRE I.er

DE CE QUI SE FAIT DANS LES RÉVOLUTIONS.

PARMI tout ce qui se fait dans une révolution, il y a sans doute des choses qui tiennent aux personnes et aux circonstances, et qu'on ne retrouveroit pas dans une autre révolution ; mais il y en a aussi beaucoup qui, plus fortes que les circonstances et les personnes, les entraînent avec elles, ou au moins les maîtrisent assez pour les changer à leur gré. Celles-là appartiennent à toutes les révolutions, et ce sont celles dont je dois plus spécialement m'occuper dans ce Livre (1) : comme si un indi-

---

(1) Des vingt-cinq chapitres contenus dans ce Livre, il y en a vingt-deux applicables à toutes les révolutions ; les trois autres sont les XIII, XIV et XV.

vidu , comme si un peuple même qui s'est livré aux révolutions , ou qui n'a pas su s'en défendre , devoit y prendre involontairement une teinte qui le rende méconnoissable, et y conserver, tant qu'elle dure , des couleurs qui sembloient lui devoir être étrangères , mais qui s'appliquent toujours à toute société révolutionnée.

Il est pour toute société , il est même pour toute autorité, un ordre primitif qui tient à son origine, qui peut recevoir graduellement et s'approprier les variations que le temps amène avec lui , mais qui répugne essentiellement à tout changement violent et subit. Toute autorité qui s'écarte brusquement de cet ordre, interrompt tout-à-coup ses rapports , suspend ses devoirs, compromet ses droits, et met tous ses liens dans un état ou de relâchement, ou de trop grande tension , qui doit finir par les affoiblir ou les briser. Cette autorité se trouve donc subitement au milieu d'un ordre nouveau, ou plutôt d'un ordre qui n'en est pas un : elle n'a plus pour elle les

habitudes, les souvenirs, les préjugés, qui
sont la principale force de tout pouvoir
public; elle ne veut plus reconnoître de
bornes, et a perdu ou du moins n'a pas
encore acquis le droit d'en prescrire. En
un mot, elle devient une autorité de fait;
autorité presque toujours beaucoup plus
grande que celle qui est établie de droit,
mais aussi beaucoup moins solide.

Cependant comme il lui faut des soutiens,
comme elle n'en trouve pas dans ce qui
avoit une existence antérieure à la sienne,
il faut qu'elle en cherche dans ce qu'elle
déplace ou dans ce qu'elle change. Elle est
donc forcée d'être non-seulement absolue,
mais toujours arbitraire et souvent injuste.
Pour pallier ses injustices (car l'autorité
la plus puissante ne croit jamais l'être
assez pour les avouer nominativement
comme telles), il faudra qu'elle cherche
à changer l'opinion; et l'opinion tenant aux
idées, aux principes, aux sentimens, elle
sera amenée à changer tout cela. Ne pouvant changer le langage, parce que cette
mutation, qui lui conviendroit si parfaite-

ment, ne peut se faire qu'à force de temps, elle voudra au moins changer la signification des mots; et l'abus qu'on fera des mots anciens, en leur donnant un sens nouveau, sera un des plus grands signes de la violence de la révolution.

Ayant mis la société dans une crise où chacun peut se croire appelé à lui donner des lois, elle a, en voulant faire une révolution, donné à tout le monde le droit d'en faire une autre. Chacun pourra donc entrer dans cette vaste carrière avec des motifs très-opposés; et ces motifs se trouvant déjoués, produiront les factions, qui, parfaitement propres à éterniser les révolutions, n'ont rien de ce qu'il faut pour les finir.

Si l'autorité qui aura pris l'initiative dans la révolution, a eu pour système de commencer par détruire, elle sera d'abord étonnée de ses succès, et sur-tout de leur facilité; mais son embarras se manifestera aux premières tentatives de reconstruction. Alors ce qui n'avoit été encore que faction, deviendra état hostile; un état de guerre intérieure remplacera la force publique, qui n'est plus nulle part du moment qu'elle est par-tout.

Au milieu de cette confusion, il pourra s'élever quelques hommes remarquables ; mais tous ceux qui parmi eux ne seront que des personnages révolutionnaires, changeront avec les différentes phases de la révolution (1). S'ils n'y perdent pas la vie, en vain essaieront-ils de se représenter dans d'autres circonstances ; une grande révolution ne reprend jamais à deux fois l'homme à qui elle a paru se livrer, et qui n'a pas su la maîtriser. Il est de son essence d'entraîner les individus comme les choses ; elle n'a pas même toujours besoin de leur sang, il lui suffit de les user ou de les avilir, et pour cela souvent il ne lui faut qu'un instant.

Dans cette confusion de mouvemens, rapides, violens et contradictoires, toute faction, pendant le court intervalle où elle sera puissance, voudra enivrer le peuple par la flatterie, le distraire indifféremment

_____

(1) *Voyez* le chapitre XX.

ou par des crimes, ou par des fêtes, l'effrayer par des mesures inquisitoriales, le
corrompre par la délation : et c'est ainsi
qu'entièrement décomposé, ne ressemblant
plus ni à lui-même, ni à aucune société
civilisée, sans principes, sans vertus, sans
énergie, sans honneur, ce peuple, c'est-à-
dire ce vil amas d'hommes corrupteurs ou
corrompus, tombera de lassitude aux pieds
d'un pouvoir absorbant, qui le méprisera
assez pour lui faire l'injure de le gouverner, sans lui faire l'honneur de le
craindre (1).

Comme tous les pouvoirs auxquels il
aura succédé, ce pouvoir sera d'abord
révolutionnaire; mais s'il sent la nécessité
de devenir légal, et pour lui-même, et
plus encore pour la société qu'il régit; s'il
ne se méprend pas sur les moyens de le
devenir; s'il est assez sage pour choisir,
non les plus rapides, mais les plus sûrs;
s'il est assez adroit pour paroître obéir aux
circonstances, que cependant lui-même

---

(1) *Voyez* les chapitres XXIV et XXV.

3. 15

aura préparées ; s'il est assez juste pour ne pas vouloir d'iniquité publique et pour ne pas tolérer d'iniquités privées ; si, en un mot, son ame et son esprit sont à la hauteur requise pour le sacerdoce politique, à qui il est donné de réconcilier une nation, la conduite qu'il tiendra sera une des plus grandes leçons que l'humanité puisse étudier. On n'y verra point comment une société se forme, ce qui seroit une théorie de pure curiosité, dont notre vieille Europe n'a pas besoin ; mais on y verra comment une société désorganisée se recompose ; comment elle peut reprendre une existence religieuse, morale et politique, après avoir perdu ces trois conditions premières, ce principe vital de sa formation ; vérité pratique dont il étoit temps que cette vieille Europe se préparât enfin à faire une étude et un usage suivi. Elle n'avoit plus que ce moyen pour éviter la décrépitude et se soustraire à la barbarie. Je sais que l'une arrive avec le temps ; mais nos enfans auroient vu bientôt que l'autre l'auroit devancé.

Tout ce que je viens d'indiquer ici sera développé dans les chapitres suivans, autant du moins que le comporte la nature de cet ouvrage. J'ai bien eu l'intention d'offrir à mon lecteur d'utiles réflexions; mais j'ai eu sur-tout en vue de le mettre à portée d'en faire lui-même.

CHAPITRE II.

DANS LES RÉVOLUTIONS, DÉPLACEMENT DES IDÉES, DES PRINCIPES, DES SENTIMENS.

LE caractère particulier des grandes révolutions est d'opérer, soit dans ceux qui les font ou veulent les faire, soit même dans ceux qui n'en sont que les agens secondaires, un déplacement absolu des idées, des principes, même des sentimens. Il semble qu'on ait été tout-à-coup transporté dans une contrée inconnue, dont on n'entend pas le langage; où les pensées du jour sont en contradiction avec ce qu'on avoit toujours appelé l'esprit public et les habitudes nationales; où il y a un autre droit naturel; où l'humanité ne peut plus réclamer le sien. C'est en effet un bouleversement de l'humanité elle-même; car elle étoit destinée à se perpétuer dans la société où se sont formées ses mœurs, ses habitudes, ses pensées, ses affections : or tout cela ne tient plus à rien quand la société est ébranlée sur ses bases; tout cela change avec elle, ou se cache et se tait, tant que dure le chaos; tout cela laisse l'homme sans guide, sans soutien, sans principes, en proie à toutes les impressions que lui donne ou la terreur ou l'enthousiasme. Dans l'un et l'autre de ces deux cas, il n'est plus à lui, et tout son être est soumis au hasard des événemens qu'il craint ou qu'il desire, qu'il fuit ou qu'il recherche, qu'il veut prévenir ou accélérer.

Ce changement n'est jamais plus sensible, et ne prouve jamais mieux ce que je dis ici, que lorsqu'il se fait dans des ames honnêtes et vertueuses; et malheureusement les exemples n'en sont pas rares. Quand un homme de bien a été aveuglé par un tourbillon révolutionnaire, au point de se croire obligé de faire à ce qu'on lui dit être le bien public, le sacrifice des sentimens qui jusqu'alors l'avoient conduit, il ne voit plus de vertu que dans ce qui tend, n'importe comment, au but désigné; à tout prix il veut y parvenir : il faudra qu'il s'écarte du chemin qu'il a toujours suivi, qu'il se précipite dans des voies dont auparavant il auroit eu horreur; rien ne l'arrêtera, il s'enfoncera dans l'abîme avec plus de violence qu'un autre, à raison même du plus grand effort qu'il s'est fait pour y entrer. Si un moment heureux l'éclaire à temps, il rappellera son ancienne vertu, pour faire un effort plus grand encore qui l'arrache de cet abîme; mais il est bien plus vraisemblable qu'il y sera retenu par les ames perverses qui l'y ont entraîné, qui jouissent de le compter au nombre de leurs sociétaires, et qui, en se servant de son nom pour en attirer d'autres, ont encore la perfidie de rendre publiquement hommage à sa probité.

Si tel est l'effet que peut produire sur une ame honnête une révolution qui bouleverse la société, que l'on juge de ce qu'elle peut produire sur les autres; je ne dis pas seulement sur celles dont le crime semble être l'élément, mais sur celles qui ne tiennent aux principes que comme à un usage que la mode peut changer, qui sont prêtes à les abandonner par terreur, ou même par respect humain; en un mot, sur toutes celles qui, n'ayant aucune idée du *juste d'Horace,* ne resteroient pas comme lui impassibles au milieu des ruines de l'univers (1). Il faut convenir que ces ames-là sont le plus grand nombre, que ce plus grand nombre est ce qui fait ou propage les révolutions, et que, d'après cela, ce déplacement subit dans tout ce qui attache l'homme à la société, est, pendant les révolutions, presque inévitable pour la majorité des individus, et à plus forte raison pour les corporations, parce que les hommes réunis sont, plus encore que l'homme isolé, susceptibles de ces com-

(1) *Justum ac tenacem propositi virum.....*
Si fractus illabatur orbis,
Impavidum ferient ruinæ.

munications électriques, dans lesquelles la promptitude et la force des percussions excluent toutes réflexions. Je sais qu'après les premières commotions, les réflexions peuvent et doivent se présenter; mais rarement elles sont écoutées, parce que, pour revenir sur une erreur qui aura été proclamée avec emphase comme la vertu du moment, il faut un courage qui n'appartient qu'à des êtres privilégiés. C'est là-dessus qu'ont toujours compté ceux que, dans une grande assemblée, on appelle les meneurs. Le grand secret est, dans un premier moment, d'étonner, de séduire, d'entraîner la foule. Si quelques voix font ensuite entendre l'accent du repentir, on se hâte de les étouffer : on n'hésite pas sur les moyens; et en voyant le petit nombre de ceux qu'on appelle alors *des déserteurs*, on peut calculer qu'ils trouveront peu d'imitateurs.

Il n'y a assurément aucune comparaison à établir entre les troubles de la Fronde et l'état de la France pendant la révolution, notamment sous la Convention. Néanmoins, voyez pendant la Fronde ce qui se passe dans plusieurs séances du parlement. Ce corps respectable, défenseur et dépositaire des lois, paroissoit ne plus les connoître que pour les braver et les détruire. Jamais il n'avoit eu à se reprocher aucun écart, et il sembloit avoir perdu toute mesure. Destiné à maintenir l'ordre et la paix dans l'État, on eût dit qu'il ne craignoit plus rien que de voir finir les troubles : enfin, dans les arrêts contre le cardinal Mazarin, la cohue des enquêtes parloit comme un tribunal révolutionnaire.

Ce n'est pas que des esprits sages, dont j'ai parlé au Livre V, ne cherchassent à ramener les magistrats qui n'étoient pas absolument factieux. Isolément, ils réussissoient auprès d'eux; mais dans l'assemblée, tout leur échappoit : ils ne retrouvoient plus rien de ce qui leur avoit été dit et promis sans intention de les tromper.

Ce changement subit des idées, des principes, des sentimens, se manifesta avec violence dès les premiers momens de la révolution françoise. On ne parloit plus le même langage que la veille : un homme d'un grand nom appeloit les déserteurs *les soldats de la liberté*. Bailly, recevant *à Paris* le roi, que la garde nationale amenoit après la journée du 5 octobre, appeloit ce jour-là un *beau jour;* et dénaturant également le bon goût, le bon sens et le sentiment, comparoit cette entrée du roi captif à celle de Henri IV, lors de la reddition de Paris, mettoit le 22 mars bien au-dessous du 6 octobre, et disoit que, dans le premier de ces deux jours, le roi avoit conquis Paris, mais que, dans le second, Paris avoit conquis son roi. Ces sottises étoient applaudies avec transport, et se trouvoient dans tous les discours publics. Le parlement de Paris, au mépris de ses devoirs et de sa dignité, sur la perfide demande d'un de ses membres, que cependant il connoissoit bien, alloit féliciter l'assemblée, dont il auroit dû casser les premiers décrets : il reconnoissoit en elle le titre dangereux d'*Assemblée nationale*, qu'elle-même s'étoit donné, contre le titre de sa convocation. Le châtelet se chargeoit honteusement de juger les crimes de *lèse-nation*, nom qu'on ne trouvoit dans aucune de nos lois; et peu de mois après, il ne rougissoit pas de donner l'interprétation de ce nouveau mot, en condamnant Favras à mort, pour avoir voulu faciliter au roi le moyen de quitter Paris. Ce délire alla toujours en croissant, sur-tout après l'établissement des *clubs*. D'un bout de la France à l'autre, l'innovation fut sensible; elle se fit sur le théâtre, où l'on entendit pour la première fois une langue qui fit de vains efforts pour devenir dramatique, où l'on changea les vers de Corneille et de Racine. L'innovation fut même tentée, mais sans succès, dans l'éloquence de la chaire; et l'abbé Fauchet voulut trouver, dans la passion de Jésus-Christ, la condamnation de ce qu'on appeloit les *aristocrates*. Le peuple répétoit ce mot sans l'entendre; et le commandant de la garde nationale lui faisoit, en riant, jouer l'air qui dévouoit *les aristocrates à la lanterne*.

Cette maladie empira après l'établissement des *Jacobius*, lorsqu'ils eurent créé le mot de *terroristes*; lorsqu'ils se furent constitués une puissance , parce que les constitutionnels les avoient ménagés , dans l'intention de s'en servir pour effrayer *l'autorité royale*. Alors une espèce d'hommes jusque-là inconnue reprit la régénération de la France, annoncée, commencée, puis abandonnée par les constitutionnels. Ces hommes créèrent aussi pour eux le nom de *sans-culottes*. Dumouriez pensa faire un trait de politique en s'intitulant leur général; et j'ai déjà dit que, lors de la formation du nouveau calendrier, on crut immortaliser cette honteuse dénomination, en donnant aux derniers jours de l'année le nom de *sans-culotides*. Si, peu d'années auparavant, les François eussent lu ces faits dans l'histoire de quelque pays nouvellement découvert, ils auroient traité de fables ce dont ils faisoient alors une effroyable vérité; tant étoit grande la métamorphose qui ne laissoit plus aux François que leur nom général, et qui, changeant même le nom particulier de chaque province , dénatura

ce peuple aimable, et fit de son sol le
repaire de tous les crimes !

La Convention, à qui les deux premières
assemblées n'avoient légué que des ruines,
ne connut pendant long-temps qu'un mot
dans son gouvernement ; c'étoit la destruction : *deleatur* étoit son mot d'ordre pour
tous les jours. Il fatigua enfin quelques-
uns des destructeurs eux-mêmes : alors deux
partis se formèrent. L'un daignoit se con-
tenter de soixante ou quatre-vingt mille
assassinats ; l'autre en vouloit des millions.
Celui-ci étoit conséquent ; il ne prenoit
pas garde à l'individu, il ne voyoit que
l'obstacle ; rien ne devoit lui nuire, donc
tout ce qui lui auroit nui devoit disparoître.
Tous deux s'étoient réunis pour déplacer
la barrière du juste et de l'injuste, pour
imputer le crime à la victime, et honorer
la vertu dans l'assassin. Le premier sentoit
bien qu'au milieu de ce bouleversement,
il falloit cependant songer à s'arrêter ; il
s'appeloit le parti des *modérés,* parce qu'ils
ne marchoient dans le sang que jusqu'au
genou, pendant que les autres s'y plon-

geoient jusqu'au cœur. De cette dégoûtante réunion, tantôt plus, tantôt moins ennemie d'elle-même, il sortoit des décisions; et ces décisions étoient appelées des *lois*.

La providence a permis qu'un monument, aujourd'hui indélébile, conservât à la postérité le souvenir de ces années de démence. Dans le recueil du Moniteur, qui a été, depuis 1789, l'encyclopédie de la révolution, sont enregistrés, non-seulement tous les actes des trois fatales assemblées, mais encore presque toutes les motions qui y ont été faites; et c'est à ce honteux et barbare répertoire que je renvoie ceux qui ne seroient pas encore convaincus de ce que je dis sur le déplacement des idées et des principes en temps de révolution.

Cromwel, Fairfax, Ireton, les *presbytériens* d'abord, puis les *indépendans*, puis les *levellers*, avoient, un siècle et demi auparavant, dit et fait les mêmes choses en Angleterre. Les Pazzi disoient les mêmes choses en secret dans leurs conciliabules à Florence, et les auroient exécutées publiquement si leur affreuse conjuration eût réussi. Bedmar, oubliant son caractère, faisoit la même chose à Venise, où il vouloit opérer une révolution. Rienzi, dans le xii.ᵉ siècle, avoit fait la même chose à Rome, quand il prétendoit ramener le peuple et le gouvernement romain aux premiers temps de la république.

Et la preuve que cet étrange déplacement tient essentiellement aux révolutions, et non pas seulement à la fougue d'une assemblée ou d'un personnage révolutionnaire, c'est qu'il se fait remarquer dans les particuliers ou les souverains qui se sont trouvés eux - mêmes au milieu des révolutions.

Lorsque les Guises eurent formé le projet d'anéantir la branche des Bourbons, pour s'élever sur ses ruines, et qu'ils voulurent porter le premier coup sur le prince de Condé, ils n'imaginèrent rien de mieux que de faire parjurer la majesté royale : par cette double combinaison, ils avilissoient le roi, et perdoient leur ennemi. Ils forcèrent le foible François II de

donner au prince sa parole royale qu'il pouvoit venir en sûreté ; le brave Condé donna
la sienne, et rien ne put l'empêcher de la
tenir, lors même qu'il ne put douter du sort
qu'on lui réservoit. Le petit-fils de François I.er faussa sa parole, pour faire juger
illégalement un prince qui lui tenoit la
sienne au péril de sa vie. Les Guises firent
plus, parce que, comme je viens de le dire,
quand on a déplacé certaines barrières, il
n'y a plus de bornes ; ils violèrent les lois
de la religion : la fin prochaine du roi leur
faisoit craindre pour eux-mêmes ; ils forcèrent le roi agonisant de dire hautement
qu'ils n'avoient agi que d'après lui et malgré
eux ; et après la mort de François, ils
osèrent bien attester la même chose, et en
faire serment sur les évangiles. Le fameux
duc de Guise étoit cependant le héros de
l'honneur françois ; le cardinal de Lorraine
se disoit le défenseur de la foi : tous deux
étoient sans cesse rappelés aux lois de l'État
par le sage et impassible l'Hospital ; mais
honneur, lois, religion, tout devoit se taire
ou changer devant eux. Le principe de leur

gouvernement étoit de parvenir à leur but: ils n'en connoissoient pas, ils n'en souffroient pas d'autres; et cela devoit être, parce qu'ils travailloient à une révolution. Ils donnèrent l'exemple des moyens révolutionnaires qui devoient les conduire au trône ou à la mort. Si François II eût vécu, Condé étoit assassiné par une commission; les Guises le furent, sans qu'il y eût même de commission.

Ces mêmes Guises, qui, après le désastre de Saint-Quentin, avoient arraché la France aux Espagnols victorieux, leur ouvrirent ensuite les portes de cette même France, et traitèrent avec eux pour les rendre maîtres de la Navarre.

Condé, que ce traité indignoit, en fit un pareil avec les Anglois, et leur livra le Havre-de-Grâce.

Voilà l'homme en révolution!

Lorsque les troubles des Pays-Bas commencèrent à prendre un caractère inquiétant pour l'Espagne, Philippe II, qui jusque-là, n'avoit été que sévère, orgueilleux, peut-être dur, donna un édit qui renversoit tous les principes de l'honneur et du droit naturel : on n'auroit pas été étonné d'en trouver les expressions dans une proclamation des *Gueux* de Hollande ; mais elles ruinèrent sans retour la cause d'un grand monarque.

« Nous promettons en foi et parole de » *roi* , et comme *ministre de Dieu,* que s'il » se trouve quelqu'un assez généreux pour » délivrer le monde de cette peste (le » prince d'Orange), en nous le livrant vif » ou mort, ou en lui ôtant la vie, nous lui » donnerons vingt mille écus d'or ; et s'il a » commis quelque crime *que ce puisse être,* » nous le lui remettons ; s'il n'est pas noble, » nous l'anoblissons ; pardonnons aussi les » crimes que ses adhérens pourroient avoir » commis, et les anoblissons. »

Tout ce qui constitue, tout ce qui lie, tout ce qui honore la société, est violé dans cet horrible édit : la Convention ou Robespierre ne l'auroit pas rédigé autrement. Au moins leur excuse eût été de n'avoir pas de pouvoir légal ; mais Philippe, qui en avoit un, le quittoit pour prendre le pouvoir révolutionnaire ; c'étoit le moyen de les perdre tous deux.

3.   16

Deux cents ans après, on vit un nouvel exemple de cet oubli de tous les principes, et qui étoit encore plus frappant par le contraste. En 1745, le prince Édouard étant descendu en Écosse, fut, à Édimbourg, proclamé régent pour son père : il donna un manifeste, dans lequel il défendit d'attenter aux jours de Georges, roi d'Angleterre. Georges en donna un qui mettoit la tête d'Édouard au prix de trente mille livres sterling. Georges parloit comme un pouvoir révolutionnaire, et Édouard comme un pouvoir légitime.

Ce même oubli, cette même violation de principes et de sentimens, n'avoient que trop souvent souillé les fastes de l'Angleterre pendant les révolutions des maisons d'Yorck et de Lancastre. Édouard IV, deux fois vainqueur de Henri VI, le fait remettre et tuer dans la Tour, fait périr le jeune prince de Galles ; le duc de Clarence est lui-même empoisonné par son frère le duc de Glocester ; celui-ci prend la couronne, au mépris des droits de ses deux neveux, les fait étrangler, accumule les cruautés, em-

poisonne sa femme, et perd contre Riche-
mont la couronne et la vie. Dans l'histoire
de cette sanglante époque, il faut marcher
à travers les crimes : on croit voir les factions
des *Girondins* et de *la Montagne*. C'est que
ces rivaux, sur lesquels les lois n'avoient pas
d'autorité, ne pouvoient s'élever et se détruire que révolutionnairement : ils employoient les armes des factieux, parce qu'ils
n'avoient ni le temps, ni le desir, ni peut-
être même l'idée d'en employer d'autres.

Dans la révolution de Mir-veïs et de Mahmoud, qui ôta la couronne à Husseïn, tout
sembloit terminé par l'abdication de ce
prince, qui donnoit à Mahmoud son trône
et sa fille ; mais le féroce vainqueur, emporté
par la rage révolutionnaire, dont il craignoit la réaction, fit faire dans Ispahan un
massacre général. Ce qui échappa à la mort,
fut chassé avec permission de s'établir ailleurs ; et avant qu'on eût pu profiter de
cette permission, Mahmoud fit assassiner
ou enlever tous les jeunes gens. On retrouve
là le principe révolutionnaire : *détruire pour
gouverner*.

16..

Lorsque Gallien apprit la mort d'Ingénuus, qui avoit pris la pourpre en Illyrie, il consigna dans une lettre des ordres qui font frémir : « Il ne suffit pas d'exterminer ceux » qui ont porté les armes ; le hasard de la » guerre auroit pu m'être aussi utile..... » Que tous les mâles périssent sans res- » pect pour l'âge. Plongez le fer vengeur » dans le sein de celui qui a laissé échapper » une expression, qui s'est permis une *pensée* » contre moi.... Déchirez, tuez, mettez en » pièces : je vous écris de ma main ; je vou- » drois vous inspirer ces sentimens (1). »

Dans la conjuration de Catilina, quels étoient ses moyens, ses promesses? Extinction entière des dettes, pillage des propriétés, proscription, massacre de tout ce qui ne seroit pas de la faction, incendie général dans Rome : et le serment qui devoit lier ces incendiaires, se fit sur une coupe remplie de sang humain.

Les révolutions perpétuelles du trône du Bas-Empire offrent constamment le même

(1) Gibbon, tome v, page 247.

spectacle : les empereurs parvenoient au trône révolutionnairement; ils gouvernoient comme ils étoient parvenus.

Cette cruelle nécessité, que produisent les révolutions et qui les perpétue, ne paroît nulle part sous un jour plus constamment évident, que dans les violentes mutations auxquelles sont sujets les trônes de Constantinople et de l'Indostan; avec cette différence cependant, que là ce n'est pas oubli ou renversement des principes, c'est au contraire l'application rigoureuse des *seuls* principes que ces gouvernemens connoissent, et que, dans les momens de crise, ils sont obligés de suivre plus strictement que jamais.

Sans multiplier ici les citations, je dirai que dans ce terrible écart de l'humanité se jette nécessairement toute autorité qui n'est pas légale, ou qui veut agir illégalement ; et cela s'explique d'une manière bien simple. Tout pouvoir, quel qu'il soit, religieux ou politique, qui veut sortir de sa sphère, tente, commence, provoque, ou indique une révolution. Dès qu'il a dépassé son orbite, ne voyant plus, ne cherchant plus même de bornes, il faut, et quelquefois malgré lui, qu'il bouleverse toutes les idées d'honneur, d'équité, de religion. Mais par cela même qu'il ne voit plus de bornes, il ne voit de soutien nulle part; tout lui fait ombrage; ses précautions, ses moyens de sûreté, sont indéfinis comme ses craintes. N'étant pas paisiblement reconnu partie constituée de la société, le salut de cette société n'est plus sa première loi; sa *première*, sa *seule* loi, est de se conserver.

Le despotisme d'un seul fait là-dessus le même effet que le despotisme d'un corps gouvernant. Tibère et Néron, Nabis et les trente tyrans, l'Assemblée constituante et la législative, la Convention et la pentarchie, non contens d'épouvanter la société par leurs assassinats, la corrompoient en appelant, en payant, en honorant les délations; pour eux comme pour elles, c'étoient là *arcana imperii :* c'est que les uns et les autres, convaincus et inquiets de l'injustice et de l'excès de leur despotisme, croyoient le consolider, ou par des exemples effrayans, ou par des lois plus effrayantes encore que ces exemples.

Les uns et les autres reconnoissoient involontairement l'empire de l'opinion publique; ils vouloient en créer une à la place de celle qu'ils ne pouvoient conquérir. Tibère faisoit élever des statues à Séjan ; Néron, Domitien et les autres tyrans admettoient aux honneurs du sénat; nos trois assemblées admettoient aux honneurs de la séance. Dès la première année de l'Assemblée constituante, on vit une souscription ouverte en faveur des délateurs : un de ses membres y porta publiquement 50,000 fr., et tous les journaux vantèrent cet acte de générosité. Ce député étoit au fond un homme de bien; il avoit fallu qu'il fît sur lui-même un grand effort pour honorer une infamie, et corrompre l'honnêteté individuelle. Mais c'est qu'il y avoit un déplacement dans ses idées et dans ses principes : pour lui, les mots *infamie* et *honnêteté* avoient changé de sens ; il appeloit des bourreaux, il cherchoit des victimes, et le tout pour faire des citoyens.

Je viens de dire que cette interversion de toute idée raisonnable, appartient nécessairement à l'autorité qui veut sortir de ses limites. J'avois déjà remarqué qu'on en voyoit la preuve dans la conduite du parlement de Paris pendant la Fronde ; on peut encore en trouver des preuves sans nombre dans les actes de la cour de Rome, toutes les fois qu'elle a voulu usurper la puissance temporelle. Dans la querelle des investitures, l'histoire d'Allemagne offre une foule de monumens de ce genre. Pendant plus de quatre siècles, on en trouve de semblables dans l'histoire de France.

Clément IV, à la fin de l'incroyable traité qu'il fit avec Charles d'Anjou pour le royaume de Naples, ajoute : *Si quelqu'un ose attenter de quelque manière que ce soit à l'autorité de ce décret émané de notre pleine puissance, qu'il sache qu'il encourra l'indignation de Dieu tout-puissant, et des bienheureux apôtres S. Pierre et S. Paul.*

Sixte-Quint, dans sa bulle contre Henri IV, *en vertu du pouvoir pontifical, infiniment au-dessus de toute puissance de la terre, et qui fait descendre du trône les maîtres du monde pour les précipiter dans l'abîme, comme des ministres de Lucifer*, prononce anathème contre le roi de Navarre et le prince de Condé, *race impie et bâtarde :* et il les déclare privés, eux et leurs descendans, de tous droits à la couronne.

Clément VI, dans sa bulle d'excommunication contre l'empereur Louis de Bavière, profère cette horrible imprécation : *Que la colère de Dieu, celle de S. Pierre et de S. Paul tombent sur lui en ce monde et dans l'autre ! Que la terre l'engloutisse tout vivant ! Que sa mémoire périsse ! Que ses enfans tombent entre les mains de leurs ennemis aux yeux de leur père !*

Voilà ce que devient une autorité respectable, quand elle sort de ses limites, c'est-à-dire, quand elle veut agir révolutionnairement : elle se trouve bientôt à la hauteur des révolutionnaires ; et lorsque ses plus sages partisans frémissent ou rougissent de ses écarts, elle seule ne s'aperçoit pas qu'elle a dévié, et qu'elle-même conspire fortement contre son pouvoir légitime, quand elle veut en usurper un qui ne l'est pas.

Le premier exemple de cet étrange style avoit été donné à Rome par le fougueux Hildebrand, qui, sous le nom de Grégoire VII, entoura le saint-siége de prétentions dont les suites lui ont été si funestes.

Entraîné par la même passion, Innocent IV persécuta scandaleusement la malheureuse maison de Souabe, fit des réjouissances *révolutionnaires* à la mort de Frédéric, et voua à sa mémoire, ainsi qu'à sa postérité, une haine implacable, bien contraire aux devoirs d'un ministre évangélique.

Enfin, une dernière preuve du délire dont semble frappé un pouvoir même légitime, quand il veut se faire *pouvoir révolutionnaire*, ce fut la conduite du pape Étienne VI contre Formose, un de ses prédécesseurs. Il fit exhumer son corps, et on le traîna au milieu d'un tribunal, qui le condamna à avoir la tête tranchée, trois doigts coupés, et à être jeté dans le Tibre. Dans cet amas de folies et d'atrocités, on retrouve ce que la Convention, pouvoir révolutionnaire, a fait pour les cadavres de Marat et de Mirabeau. L'empereur Henri VI,

en Sicile, suivit l'exemple d'Étienne : il fit
horriblement mutiler le fils de Tancrède,
fit exhumer le corps de son père et ceux de
ses ancêtres, et clouer leurs couronnes sur
la tête des seigneurs qui leur étoient restés
fidèles.

De tous ces faits, dont je n'ai pas le courage de grossir la liste, il résulte que, sous
la tiare comme sous le diadème, sous la
tyrannie d'un individu comme sous celle
d'une assemblée populaire, tout être qui
usurpe un pouvoir anti-social, méconnoît
bientôt les idées, les principes, les sentimens dont se compose l'harmonie de la
société, et, dans sa fureur insensée, semble
même ne les avoir jamais connus.

CHAPITRE III.

CAUSES DE CE DÉPLACEMENT.

Par tout ce que j'ai dit dans le chapitre
précédent, on a pu juger de ce que j'ai à dire
dans celui-ci sur les causes de ce déplacement d'idées, de principes, de sentimens.

Puisqu'il se trouve trop souvent chez une

autorité, même légitime, qui veut sortir de sa sphère, puisqu'il est inévitable dans les révolutions, au moins dans celles qui éprouvent quelques obstacles, il faut qu'il y ait une cause générale dont les effets sont les mêmes par-tout, s'ils ne sont pas prévenus ou changés par des circonstances particulières. Où la chercherons-nous, cette cause générale? dans le cœur de l'homme, en opposition avec les lois de la société.

Par-tout où il y aura des hommes réunis, le desir de s'élever sera chez plusieurs d'entre eux le desir prédominant: aussi, dans toutes les sociétés, le but principal des lois doit-il être d'empêcher les citoyens de se froisser et de se nuire; il doit être sur-tout de maintenir chacun à sa place.

Or, quand une révolution fond sur une société, elle laisse ou fait croire qu'elle veut élever le plus grand nombre de ses membres: chacun de ceux qui ont des prétentions calcule ses avantages futurs au gré de son imagination. C'est parmi ceux-là que le pouvoir qui révolutionne prend ses dupes ou ses agens; c'est pour eux qu'il fait taire la loi qui, en leur fixant leur rang, leur avoit prescrit de n'en point sortir; c'est cette loi qu'il importe par-dessus tout de condamner comme un abus ou un préjugé: mais cependant, c'étoit sur cette loi que reposoit la paix de la société; la société se trouve donc forcément en état de guerre contre elle-même. Le droit public se réduit alors à deux mots, *Væ victis*. L'homme puissant dit de tout homme qu'il rencontre sur sa route : « Il a droit de me craindre, et je » crains cette crainte ; » et ce raisonnement est juste, parce qu'entre cette crainte et lui, il n'y a plus l'égide de la loi.

L'homme n'éprouve déjà par lui-même que trop de difficultés à être toujours membre utile de la société dont il fait partie. Je sais qu'il peut opposer avec succès à ces difficultés, les principes que cette société a consacrés, les idées dont il a toujours été frappé, les sentimens qui, par habitude ou par instinct, font une portion essentielle de son existence; que ces liens naturels ou politiques sont encore resserrés par la religion: mais quand on en est venu au point de

mépriser la religion ou d'en abuser; lorsque
l'on croit de son intérêt, et plus encore d'un
faux honneur, de renoncer à des sentimens
naturels ; lorsqu'un bouleversement politique étonne, menace, effraie ; mais sur-tout
lorsqu'il flatte en nivelant des inégalités
qu'on ne voyoit qu'avec jalousie, alors tous
les liens sociaux étant affoiblis ou rompus,
il faut s'attendre à voir l'homme, dans ce
dangereux état de liberté, ne plus reconnoître d'autre empire que celui des passions
ou des vices qu'il jugera lui être plus utiles :
et dans cette position, une expérience trop
cruelle et trop répétée ne peut pas laisser
de doutes sur le parti qu'embrassera la majorité ; c'est à la corruption humaine que
toute puissance révolutionnaire en appelle ;
et du moment qu'elle a pu faire cet appel,
elle est bien sûre qu'il sera relevé.

CHAPITRE IV.

CONSÉQUENCES DE CE DÉPLACEMENT.

LES conséquences de ce déplacement sont
infinies ; on pourra en juger par ce que je

dis, Livre VIII, sur les suites des révolutions: ici je ne veux jeter que quelques réflexions sommaires.

Ce déplacement ne pourroit être rectifié que par les lois ; et tant qu'on est en révolution, il n'y a pas de lois : il y a plus, on ne peut pas en faire (*voyez* Livre VIII, chapitre II). Il faudra donc attendre que la révolution finisse ; mais ce déplacement tend par lui-même à la perpétuer ou à la renouveler. Donc plus il aura été violent et général, plus il doit durer ; plus il y aura de ruines, plus il faudra y en ajouter. La révolution françoise, qui a commencé par détruire, et notamment les principes, n'a jamais édifié que pour détruire encore : ses chefs, ses agens, ses enfans, son ouvrage, il falloit que sa faulx moissonnât tout.

Une des moindres conséquences de ce déplacement est d'en opérer un dans les personnages éminens de la société ; et je ne prétendrois pas faire regarder cette conséquence comme un mal absolu, s'il n'y avoit d'innovations que dans les personnes.

Dans tous les temps, sous toutes les

formes de gouvernement , on a vu des hommes nouveaux s'élever tout-à-coup dans la société, et par des services éclatans ôter à qui que ce fût le droit de les interroger sur leur origine. Mais ils ne s'élevoient qu'en se conformant aux principes, aux sentimens, aux habitudes de cette société : c'étoit-là ce qui faisoit leur grandeur, et ils n'imaginoient pas de la fonder sur des destructions. Dans leurs nouvelles dignités , encore plus entourés qu'auparavant de tout ce qu'il faut respecter, ils devenoient de plus intéressés à le maintenir. Mais dans une révolution qui a tout déplacé, les hommes nouveaux se modèlent sur ce qui les a créés ; et sur eux se modèle la tourbe imitatrice, qui , n'ayant plus devant elle rien de ce qui la guidoit , singe les nouveautés, parce qu'elles sont nouveautés et qu'elles ont du succès.

Il en résulte que, dans des temps ordinaires , ces hommes nouveaux peuvent, avec de grands talens , retremper une société affoiblie, mais en conservant tout ce qui la compose; et qu'au contraire, dans des temps de révolution, en s'élevant sur ses ruines, ils achèvent de la dissoudre; ils y portent, ils y perpétuent les idées de destruction, sans lesquelles ils n'auroient jamais eu celle de leur grandeur.

C'est l'esprit de leur nouvel état ; c'est leur esprit public ; c'est celui qu'ils inspireront, et qu'on voudra avoir, parce qu'il leur aura réussi, et qu'il n'y en aura pas d'autre (*voyez* Liv. ix, chap. ii). Ils parviendront d'autant plus à l'inspirer, qu'ils seront nécessairement en grand nombre. Ils auroient pu auparavant entrer dans les premiers rangs de la société, qui s'ouvroient toujours pour quelques hommes plus heureux ou plus capables: ici ils sont entrés par la brêche. Dans le premier cas, l'État étoit leur soutien; dans le second, il est leur conquête.

Toujours par une conséquence de ce déplacement, la physionomie d'une nation peut donc être entièrement changée : on cherchera cette nation sur le sol qu'elle occupoit, et on ne la reconnoîtra pas. Il me paroît impossible qu'elle gagne à ce changement : car ou elle prendra tout de

3. 17

suite une nouvelle physionomie, qui ne pourra être qu'un assemblage fortuit, incohérent, et des attitudes nouvelles, dont aucune n'aura pu être rectifiée ni par le temps, ni par la réflexion; ou, ce qui est plus vraisemblable, elle aura perdu sa physionomie première, sans pouvoir en prendre une autre. Disposée à recevoir momentanément toutes les formes qu'on voudroit lui donner, elle sera long-temps avant d'en avoir une qui lui soit propre. Chargée de chaînes, mais n'ayant plus de liens, sans énergie, quoique avec du courage, sans affection, quoique avec des souvenirs, sans principes et sans habitudes, elle présentera l'image de ces antiques chefs-d'œuvre de sculpture respectés par les ans, mutilés par un ouragan, dont les plus belles parties, éparses ou défigurées, attestent, au milieu des ronces, ce que peut la fureur d'un moment contre un ouvrage qui avoit défié les siècles.

Telle étoit l'Angleterre, lorsqu'elle laissoit assassiner Charles I.er; telle elle étoit encore sous le long parlement, qui finit par être le jouet de Cromwel; telle elle fut sous ce tyran sombre et inflexible, qui, ayant ôté à la nation son roi et son parlement (pour lesquels elle avoit versé tant de sang), ne la regardoit plus que comme une réunion fortuite d'individus étrangers à tout autre intérêt qu'au sien, et parmi lesquels il prenoit indifféremment ou des instrumens ou des victimes; et ce qui prouve jusqu'à quel point cette nation si fière étoit abâtardie, combien dans sa licence elle avoit été façonnée au despotisme, c'est que la mort du despote ne la tira point de son abaissement. Elle obéissoit déjà à Richard, quoiqu'il ne se sentît pas même la force de commander à de pareils hommes. A sa retraite, elle laissa revenir les débris de ce long parlement, qui l'avoit avilie; elle souffrit que l'armée reprît un pouvoir signalé par le plus grand crime. Elle n'imagina pas qu'elle pût être destinée à autre chose qu'à obéir à l'un ou à l'autre, et elle paroissoit indifférente sur le choix, lorsqu'un homme sage, en les écartant tous deux, lui ouvrit une route de gloire et de bonheur, et l'y

17..

fit entrer avec une facilité qui l'étonna lui-même.

Telle a été la France pendant que la Convention assassinoit Louis XVI; telle elle a été sous l'empire de ces commissaires que la Convention envoyoit dans les départemens, avec pouvoir de tout faire, excepté le bien. Cette Convention lui a donné deux constitutions, auxquelles la nation a également obéi. Elle a obéi à la pentarchie, en méprisant, en ridiculisant les pentarques; elle a obéi à celui qui avoit renversé la pentarchie, quoiqu'elle déplorât les guerres qui la dévastoient en révolutionnant l'Europe, quoiqu'elle ne se dissimulât pas qu'elle sacrifioit sa population à un homme qui vouloit donner des couronnes à toute sa race. Elle s'est rendue servilement l'instrument de son ambition et de celle de sa famille, et n'a pas rougi d'aller prendre un maître dans une île où Rome défendoit de prendre des esclaves; et lorsque cet homme a fini, destiné à finir deux fois, on pourroit dire que toutes les deux fois il a abandonné la nation, avant de savoir s'il seroit abandonné par elle.

Les conséquences de ce déplacement sont nécessairement beaucoup plus sensibles dans une nation qui essuie une grande révolution ; mais elles ne sont pas moins à craindre pour toute autorité qui a voulu sortir de ses bornes, c'est-à-dire, faire une révolution ; et pour ne pas aller chercher d'autres exemples que ceux qui sont cités au second chapitre de ce Livre, j'observerai que les Guises sont tombés victimes des formes illégales qu'ils avoient employées ; que les successeurs de Philippe II ont traité avec les successeurs de celui sur lequel il dirigeoit le fer d'un assassin ; que les factions des deux roses, en Angleterre, n'ont cessé de mourir et de renaître dans le sang que lors de leur réunion dans la personne de Henri VII ; que Mahmoud, en périssant par les mêmes moyens qui l'avoient élevé, a plongé la Perse dans un océan de calamités ; que les complices de Catilina, qui vouloient faire une révolution, furent exécutés révolutionnairement aux yeux d'un peuple jaloux de sa liberté ; que la plupart des souverains du Bas-Empire, élevés par des moyens violens, finissoient comme ils avoient commencé; et qu'on en peut dire autant de ceux du Mogol et de la Turquie : enfin (et certes, en rapportant cet exemple, je ne crois pas qu'aucun homme sensé puisse douter que ce ne soit avec la plus forte improbation), lorsque la cour de Rome n'étoit plus que ce qu'elle doit être dans les principes de la politique et dans ceux de la religion, ses anciens écarts, ses abus, ses usurpations lui ont été reprochés par un pouvoir essentiellement abusif et usur-pateur; et lorsqu'elle n'étoit plus que puis-sance bienfaisante et conservatrice, il l'a violemment compromise dans la loi de proscription qui devoit frapper tout ce qui existoit avant lui.

CHAPITRE V.

DANGER PERSONNEL DES RÉVOLUTIONS.

ABSTRACTION faite de tout intérêt pu-blic, c'est un terrible mot à prononcer que celui de révolution : l'homme qui le premier prononce ce mot, sait-il par qui il sera répété et commenté? contre qui il sera interprété? pense-t-il qu'il le sera peut-être contre lui-même? a-t-il réfléchi sur la latitude que ce mot présente à l'ambition, à l'audace, à la haine, à la vengeance, à la cupidité? et quand il a l'imprudence d'ouvrir à toutes les passions un champ immense, peut-il raisonnablement se flatter de les comprimer à son gré?

Le plus adroit, le plus grand, le plus hardi politique, le plus sage, le plus prévoyant dans la conception et dans l'ordonnance de ses plans, ne peut se dire à l'abri des suites d'une révolution; et ces suites peuvent être dangereuses pour lui, dans les revers comme dans les succès.

Il est bien aisé, dit Montaigne, *d'accuser d'imperfection une police : toutes choses mortelles en sont pleines. . . . . mais de rétablir un meilleur État à la place de celui qu'on a ruiné, à ceci plusieurs se sont morfondus, de ceux qui l'avoient entrepris.*

Le dernier Gustave avoit fait une révolution nécessaire au bonheur de la Suède, et desirée par la grande majorité de la nation; il l'avoit faite à lui seul, en vingt-quatre heures, après une longue méditation, sans effusion de sang, sans violence, avec une force savamment conduite et prudemment ménagée. Il avoit de rares qualités; dans son cabinet, comme au milieu des camps, il déployoit un grand caractère; et il a péri victime d'une révolution qui cependant avoit réussi.

César avoit préparé sa révolution pendant plus de dix ans : son rival se défendit comme s'il eût redouté de vaincre. Pendant plusieurs années, les succès de César furent complets; et il n'avoit plus d'ennemis puissans, lorsqu'il périt au milieu de ce même sénat qui avoit proposé de lui offrir toutes les femmes de la république.

Dans la révolution que vouloient faire les deux Gracques, ils étoient bien sûrs d'avoir pour eux la multitude, et ils furent assassinés sous les yeux de cette même multitude, qui ne sut ni les sauver ni les venger. Il y avoit cependant entre les deux frères une différence très-remarquable. Tibérius avoit commencé par concerter les modifications de la loi Licinia, avec Appius son beau-père, prince du sénat, Crassus, souverain pontife, et Scévola, habile jurisconsulte. Ce n'étoient point là des voies révolutionnaires ; il ne les prit que d'après l'opposition de son collègue Octavius ; mais une fois sorti des bornes, il n'en connut plus. Au mépris des plus anciennes lois sur les tribuns, il destitua Octavius, scella les portes du trésor, suspendit les magistrats de leurs fonctions, et mit ainsi la république en interdit. Il périt en vertu du droit du plus fort, qu'il avoit lui-même substitué aux lois. Caïus, plus violent encore par caractère, exaspéré par le desir de la vengeance, se jouoit de toutes les lois, dans le moment même où il vouloit leur rendre leur ancienne vigueur ; on n'en connut plus envers lui ; sa tête fut mise à prix.

Agis, muni du pouvoir royal, tel au moins qu'il étoit à Sparte, tenta la même révolution : il la tenta par des moyens plus doux ; et néanmoins il scella de son sang le gouvernement qu'il avoit voulu changer.

Louis, fils de Philippe-Auguste, appelé

et placé sur le trône d'Angleterre par une révolution, en fut renversé par une autre, et n'échappa qu'avec une extrême difficulté à la vengeance d'un vainqueur irrité.

L'électeur palatin Frédéric, placé de même sur le trône de Bohême, eut à peine le temps de s'y asseoir.

De nos jours, nous avons vu le célèbre Hertzberg vouloir effrayer Joseph II, en révolutionnant le Brabant. Liége devoit être un dépôt d'armes; le prince-évêque en fut chassé. Les révolutionnaires voulurent avoir l'air de lui donner un successeur; le prince Ferdinand de Rohan ne rougit pas d'accepter cette humiliante nomination: au mépris des lois de l'empire et de celles de l'Église, il occupa un moment le siége épiscopal de Liége; et il en fut précipité par une révolution inverse, qui ne lui laissa que la honte d'avoir, sans autre motif que la cupidité, commis une grande faute et compromis un grand nom.

Ce même Joseph II voulut faire en Brabant, en Hongrie, et dans tous ses États, des changemens dont j'ai parlé (Liv. II, chap. xix), et qui n'étoient réellement pas une révolution; mais ils en amenèrent une en Brabant. Ils en auroient également amené une en Hongrie, si ce prince eût vécu; et un grand souverain, qui avoit de véritables talens et des intentions pures, fut au moment de perdre la monarchie autrichienne, pour n'avoir pas voulu s'avouer à lui-même le danger auquel il s'exposoit par des changemens faits à contre-temps.

En obligeant Henri III de se mettre à la tête de la ligue qui devoit le détrôner, les Guises tout-puissans s'applaudissoient de leur force et de sa foiblesse; et dans ce moment même ils dressoient, sans le savoir, leur arrêt de mort.

Le dernier roi de Pologne, le foible Stanislas Poniatowski, après avoir eu le malheur de servir d'instrument à Catherine II pour révolutionner et démembrer la Pologne, parut, vingt ans après, se prêter franchement à une révolution sage, qui devoit rendre aux Polonois leur indépendance politique. Cette révolution, concertée avec la plus saine partie de la nation, établie sur des bases

raisonnables, revêtue de formes non-seulement modérées , mais légales , touchoit à
sa fin; nous avons vu comment elle fut détruite. Sa destruction amena non-seulement
le second partage de la Pologne , mais pré-
para, ou même, suivant le langage d'une
politique spoliatrice , nécessita le dernier ;
et Poniatowski, captif et détrôné, alla mourir à Saint-Pétersbourg, ayant passé sa
vie dans les révolutions , et déplorable
victime de celle dans laquelle il avoit ,
trop tard sans doute, commencé à penser,
à sentir, à agir en digne roi d'une nation
libre et malheureuse (1).

Les Écossois, récemment réunis à l'Angleterre , pouvoient rester spectateurs de
la lutte qui se déclara entre Charles I.er et
le parlement : ils pouvoient s'honorer de
donner un asile à l'héritier infortuné de
leurs Stuarts ; ils aimèrent mieux être ses
geoliers, pour le livrer à ses bourreaux. Sourds

---

(1) Il se tint dans cette position honorable depuis
l'ouverture de la diète jusqu'à la confédération de Targowitz ; en se mettant à la tête de cette confédération,
il éteignit l'intérêt momentané qu'il avoit inspiré.

à la voix de la raison comme à celle du sentiment, ils se précipitèrent dans une servitude révolutionnaire. Opprimés par le long parlement, comme ils le furent par Cromwel; devenus esclaves, parce qu'ils n'avoient pas su être sujets; destructeurs de la représentation nationale, pour avoir voulu lui donner exclusivement les droits de la souveraineté, ils n'eussent jamais confié à Monck leur seconde armée, s'ils l'avoient cru capable de finir la révolution; et ce ne fut qu'en les trompant, qu'on les rendit les instrumens de celle qui devoit réparer leurs nombreuses fautes.

C'est toujours à la révolution françoise qu'il faut revenir, quand on veut prendre ou donner de grands exemples sur les projets, les moyens, les succès ou la chute des révolutionnaires.

Necker s'applaudissoit d'avoir préparé la révolution de manière à la conduire. Sa place lui avoit fourni pour cela de grands moyens; sa disgrace momentanée leur donnoit encore une nouvelle force. Son retour fut un triomphe : il paroissoit tout-puissant;

et vingt-quatre heures après il ne pouvoit plus rien. Ce qu'il avoit demandé au peuple souverain, ce qu'on lui avoit accordé avec transport, lui fut le lendemain refusé par une section de Paris. Ce jour-là finit son règne : à compter de ce jour il ne fut plus que le jouet de l'Assemblée, et ne put même obtenir qu'elle prît garde à lui, quand il eut la satisfaction de se faire arrêter en s'en allant. Dans la révolution dont il avoit été le grand moteur, il ne devoit pas être plus épargné que tant d'autres qui y périrent : on dédaigna de lui ôter la vie ; l'Assemblée, qui déjà avoit toléré, suggéré, payé tant d'assassinats, ne le crut pas digne d'être sa victime ; elle ne le condamna qu'à l'oubli, ce qui étoit pour lui une mort quotidienne.

Philippe d'Orléans avoit été choisi par son parti pour être le chef de la révolution : il avoit prodigué ses trésors ; il ne s'étoit refusé à aucune bassesse, à aucune infamie, à aucun crime. A ce prix, il s'étoit acquis ce qu'on appeloit alors la popularité ; et elle ne put pas même lui servir pour échapper à ses bourreaux.

Sur l'échafaud qu'il avoit dressé à si grands frais, où il avoit envoyé Louis XVI, où lui-même porta sa tête, étoient déjà tombées celles de ses plus célèbres complices : *Constitutionnels* ou *Jacobins*, *Orléanistes* ou *Feuillans*, *Indulgens* ou *Terroristes*, *la Montagne* ou *le Marais* (pour me servir de leurs ridicules expressions), chaque horde révolutionnaire avoit fourni son contingent à la mort. La fureur révolutionnaire, qui se glorifioit d'avoir détruit la monarchie, sembloit chargée, par un pouvoir invisible, du soin de la venger. Elle immoloit Bailly avec les recherches de la cruauté; elle faisoit jaillir le sang de la Rochefoucauld sur sa mère et sur sa femme; elle assassinoit Clermont - Tonnerre, qui se déclaroit le soutien de la royauté; elle poursuivoit la Fayette et Dumouriez, qui n'échappoient qu'en fuyant chez l'étranger; elle dévouoit à la mort Condorcet et Rabaud, à qui elle devoit la ruine de la monarchie; elle y destinoit Adrien Duport, qui avoit accéléré cette ruine par sa cruelle et sombre métaphysique.

Danton, Manuel, Pétion, Gorsas,

Brissot, et tant d'autres dont les noms seuls rappellent les premiers triomphes des ennemis du trône, furent engloutis dans le gouffre que ce trône forma en tombant sous leurs coups. Ils avoient cru fonder leur puissance, en s'entendant tous pour établir la loi du plus fort ; et quand ils se divisèrent, chacun d'eux se saisit de cette loi, et l'exécuta dans son sens le plus naturel. Jamais on n'avoit vu une si terrible application du mot de Machiavel, que ceux qui excitent un soulèvement se flattent en vain de pouvoir l'arrêter ou le diriger à leur gré. Jamais on n'avoit vu autant de grands coupables aussi acharnés à faire justice les uns des autres. Devenus malgré eux usurpateurs de l'échafaud, ils se condamnèrent mutuellement à profaner cette guillotine, honorée par le sang du fidèle Laporte et du brave Durosoy.

J'ai déjà parlé de Thamas-kouli-khan, qui sembloit avoir consolidé sa révolution par de grandes conquêtes.

Séjan croyoit bien avoir assuré la sienne, lorsqu'il n'avoit plus qu'un mot à dire pour se substituer dans Rome au vieux Tibère, qui, cependant du fond de son île, le perdit par une simple lettre.

Le mépris qu'inspiroit Gallien fut bien évidemment la cause de la nomination de dix-neuf empereurs, qui furent proclamés dans les provinces. Tous avoient de grandes qualités guerrières; plusieurs même avoient des vertus. La plupart avoient été nommés malgré eux : tous périrent de mort violente, après avoir commis des actes d'injustice ou d'inhumanité, auxquels ils répugnoient, mais qui leur étoient commandés par les hommes dont leur élévation étoit l'ouvrage.

On a vu ce que fut la révolution à Siam en 1688. Le roi ne vouloit que donner à son peuple de grands avantages politiques, et l'enrichir des connoissances et de l'industrie européennes. Revêtu d'une autorité sans bornes, il étoit toujours soutenu par un détachement et deux braves officiers françois. Un de ses ministres le terrassa en un instant, détruisit la longue révolution que ce monarque avoit préparée, et en fit une qui le mit lui-même sur le trône. Ce n'étoit pas assurément faute de grandeur d'ame ni de courage de la part des deux officiers françois ; ils le prouvèrent bien, car ils ne durent la vie et celle de leurs compagnons qu'à leur noble intrépidité : mais le monarque qui pouvoit, par un caprice fréquent dans ces climats, faire périr des milliers de sujets, n'avoit eu ni le pouvoir de changer brusquement les mœurs et la croyance, ni même celui de résister à un ministre entreprenant qui s'appuyoit sur l'opinion publique.

J'ai déjà dit, dans l'*Esprit de l'Histoire*, que je ne connoissois que Mahomet qui eût, à lui seul, commencé, fait et terminé une révolution. Il eut assez de tact ou de bonheur pour n'employer que des agens qui se tinrent exactement dans le cercle qu'il leur avoit tracé, qui ne parurent jamais avoir l'idée de le supplanter ; et il laissa un empire qui s'accrut encore après lui, malgré la mort tragique de la plupart des premiers califes. A cet exemple, que je crois unique (1), j'opposerai celui de

_____

(1) On ne peut alléguer l'exemple d'Odin ; il avoit

l'empire de Charlemagne. Il avoit fait, sur le continent européen, une grande révolution : il avoit passé sa vie entière à la consolider par des conquêtes et des victoires. Il sembloit ne plus apercevoir d'ennemis qu'au-delà du cercle immense dont il parcouroit et maîtrisoit successivement tous les rayons. Son fils en trouva dans le centre même de ce cercle. Louis fut alternativement déposé et rétabli par ceux qui avoient coopéré à la grandeur de Charles ; et cet empire, composé de tant de peuples différens, devint, sous Louis, et plus encore sous ses enfans, un foyer de révolutions qui perdirent la dynastie des Carlovingiens.

C'est qu'en général tous les changemens violens, de quelque nature qu'ils soient, qui se font dans une société, contrarient plus ou moins la marche de la

---

traversé en conquérant une immense étendue de pays, lorsqu'il vint s'établir dans la Scandinavie avec les compagnons de ses victoires : fixé à l'autre extrémité de l'hémisphère d'où il étoit parti, il se crut et il fut en effet assez fort pour révolutionner les vainqueurs et les vaincus, en leur donnant à tous les mêmes lois. Cette révolution ne ressemble à aucune autre.

nature, qui ne répare, qui ne perfectionne, qui ne change, qui même ne détruit qu'avec le temps, par une élaboration insensible, ménagée avec tant de soin, que tout se trouve ployé à ce changement avant qu'on l'ait aperçu.

Or il n'est point de pouvoir humain qui contredise impunément la nature : tôt ou tard elle reprend ses droits ; et quand elle a, pendant quelque temps, paru ne pas s'apercevoir de leur transgression, c'est pour les venger, en les exerçant ensuite avec plus de force, et faisant sévèrement payer les intérêts d'un retard que l'orgueil prenoit pour impuissance.

Notre malheureuse France eût été, sans la restauration, condamnée à fournir un grand exemple de cette terrible vérité. Tôt ou tard elle eût expié, par de longues et de cruelles angoisses, l'incroyable démence de son anarchie, et plus encore celle de sa servitude.

Je sais que l'homme le plus sage, le plus ennemi des révolutions, peut, sans ambition, et seulement par amour du bien public, jouer malgré lui un rôle dans les révolutions de sa patrie : je sais qu'il peut s'y trouver dans des circonstances qu'il lui a été impossible de prévoir, et qui l'entraînent quelquefois dans un parti que son opinion désavoue. Au milieu des hasards des révolutions, on n'est souvent pas plus maître de sa marche, que le pilote le plus habile au milieu d'une tempête : on ne peut choisir la plage sur laquelle on voudroit se porter ; et même, en la choisissant, on est jeté au lieu d'aborder. La prudence, l'adresse de ceux que les événemens ont mis dans cette position forcée et difficile, consistent alors à bien juger ces événemens et leurs conséquences, à bien établir la violence ou la nécessité à laquelle ils cèdent, mais sur-tout à ne jamais pousser les choses à l'extrême.

Ce fut ce principe qui, heureusement, arrêta toujours le parlement, au milieu du délire dont plusieurs de ses membres furent atteints par la Fronde. On voit évidemment, dans les Mémoires du cardinal de Retz, que la grande majorité du parlement se méfioit de ceux qui vouloient déterminer

une révolution ; qu'ils craignoient de leur
servir d'instrumens , et de ne pouvoir
ensuite arrêter le mal qu'ils auroient laissé
faire. Sans doute il y avoit, dans la tourbe
des enquêtes, des meneurs qui auroient
hâté les malheurs publics , pour se donner
plus de célébrité; il y avoit de ces hommes
si dangereux dans les compagnies , pour
qui le bien opéré sans bruit est une fasti-
dieuse et insipide jouissance , qui n'aiment
qu'une grande agitation, qui ont besoin de
se trouver au milieu des troubles, comme
on a besoin de respirer un bon air. Ils
furent heureusement contenus par la juste
crainte qu'eurent les frondeurs eux-mêmes
de n'être plus maîtres de la révolution. Elle
s'annonçoit aussi par la demande des États
généraux : la noblesse , réunie dans plusieurs provinces, avoit fait et répété cette
demande; on disoit alors, comme en 1787,
que les États généraux étoient le seul remède
aux maux de l'État : *unicum remedium im-
pendenti desolationi* , dit un historien du
XVII.ᵉ siècle. Mais le parlement, plus sage
alors qu'il ne le fut à la fin du siècle suivant,

se prononça contre une demande dont il prévit tous les dangers. Après de grands débats, les États généraux furent abandonnés, quoique déjà on eût indiqué la ville de Tours pour le lieu de leur séance. On ne peut pas positivement affirmer ce qu'ils auroient produit sous une minorité aussi orageuse; mais il est plus que probable qu'ils eussent détruit l'ouvrage du ministère de Richelieu, qu'ils eussent empêché la France de donner à l'Allemagne la glorieuse paix de Westphalie, et qu'ils ne lui eussent pas procuré plus de grandeur et de force que le règne de Louis XIV.

Alors on parloit aussi de réforme, parce que c'est toujours le mot de ralliement; mais quand on veut étudier les révolutions, on apprend à juger les difficultés et les dangers d'une entreprise telle que la réforme d'une nation.

Ceux qui ne prononcent ce mot que pour séduire, n'ont que ce qui leur est dû, quand ils sont eux-mêmes écrasés sous les débris de ce qu'ils ont détruit. Nous avons vu la royauté constitutionnelle, anéantie dans le temple même de la constitution, entraîner dans sa chute la plupart de ceux qui l'avoient créée. Nous avons vu l'Assemblée constituante discuter la formation éventuelle d'une Convention nationale, dont le premier acte a été de détruire ce que cette Assemblée avoit fait. Nous avons vu Condorcet proposer l'établissement de cette Convention, et grossir ensuite la liste des victimes qu'elle immoloit. Nous avons vu les Girondins donner l'idée d'un tribunal révolutionnaire pour juger les ennemis de la révolution, et prendre ainsi l'initiative d'une mesure qui devint leur arrêt de mort. Enfin un des premiers révolutionnaires, un des plus grands ingrats de l'ancienne cour, voulant avilir l'autorité royale, lui disoit, en 1790, avec une ironie aussi cruelle que basse : *Vous avez de l'or, et nous avons du fer ;* et il a vu ce *fer* tourné contre tous les siens ; et si lui-même a échappé à ses coups, il ne l'a dû qu'à cet *or,* dont il a su faire usage à propos.

Veut-on parler de ceux qui appellent une révolution avec de bonnes intentions?

c'est chez eux que l'esprit est la dupe du cœur. Ils n'ont pas calculé les agens qu'ils seroient obligés d'employer, les crimes que ces agens les forceroient de partager ou de tolérer, le moment où ils voudroient s'en séparer, et où cette volonté leur coûteroit la vie.

Les lois, les coutumes, sous lesquelles un peuple jouit tranquillement de son existence politique, sont sa plus belle propriété. Plus cette propriété est ancienne, plus elle est sacrée, plus il est dangereux d'y toucher; moins on peut calculer les suites d'un changement même partiel, plus on est surpris d'abord, puis écrasé par la chute de ce qu'on vouloit conserver. Dans ces anciens édifices politiques, tout se tient; mais c'est le temps qui a cimenté cette union; et lorsque l'homme veut détruire ou refaire ce qui ne peut être fait que par le temps, il court le risque de se voir tout-à-coup entouré de ruines, et de périr sous celles mêmes qu'il auroit voulu relever.

CHAPITRE VI.

DANS LES RÉVOLUTIONS, RAPPORTS ENTRE LES CHOSES, LES HOMMES, LES CAUSES, LES MOYENS.

ENTRE tous ces objets, il existe nécessairement des *rapports ;* car, par ce mot, je n'entends ici que les comparaisons que l'on peut établir entre eux. Ces comparaisons peuvent produire ou des identités ou des dissemblances, ou des rapprochemens ou des oppositions : c'est-là ce qu'il importe par-dessus tout d'apercevoir à temps et de bien juger; car c'est-là ce qui fait, empêche, termine ou prolonge les révolutions.

Toutes les révolutions qui attaquent un gouvernement légitime, sur-tout si elles n'ont pas été provoquées par une longue série d'abus, par un système suivi d'administration injuste et tyrannique, on peut facilement les arrêter, lorsque, dès le premier moment, ces rapports ont été bien saisis par l'autorité légale qui se défend contre la force révolutionnaire qui attaque: la première même a déjà sur l'autre un grand avantage; elle ne veut que conserver, pendant que l'autre est obligée de commencer par détruire: *mole suâ stat;* et cet avantage est d'autant plus grand, qu'elle ne peut le perdre que par sa faute.

Ces rapports existent long-temps avant l'explosion; car pour allumer l'incendie, il a fallu réunir des matières inflammables: mais une expérience cruelle, et malheureusement inutile, nous apprend qu'il n'est donné qu'à un petit nombre d'hommes de découvrir à temps ces rapports, d'en saisir d'avance les résultats, d'en proclamer les conséquences. La même expérience nous apprend encore que celui qui, avec assez de justesse d'esprit pour les juger, se sent assez de force d'ame pour les prédire, n'est presque jamais cru. Cet aveuglement se trouve par-tout, et ne peut s'expliquer, comme je l'ai dit au commencement, que par les terribles prophéties qui annoncent la dissolution des empires. Monarques et ministres, tous semblent alors circonvenus, entraînés par

Cet esprit d'imprudence et d'erreur,
De la chute des rois funeste avant-coureur.

C'est lorsqu'on se trouve au milieu des ruines que les yeux commencent à se dessiller; on est étonné de n'avoir pas vu plutôt ce qui, cependant, étoit si visible: mais cette leçon est encore perdue, et les regrets fixés sur le passé absorbent la prévoyance qui devoit se porter sur l'avenir.

On tomberoit dans une grande erreur, si l'on croyoit que ces rapports sont toujours bien saisis d'avance par les plus fougueux révolutionnaires: il est rare qu'ils se livrent à cette étude; elle exige une réflexion calme, une suite d'observations, une habitude de voir et de juger la nature et l'action de chaque ressort du gouvernement; toutes choses qui supposent bien plus le travail silencieux du cabinet, que les vaines déclamations d'un club ou les vociférations populacières. Je penserois volontiers que parmi les révolutionnaires françois, il n'y en a eu que deux qui se soient lancés dans la carrière avec ces données préalables, l'abbé Sieyes et Adrien Duport; encore ne l'affirmerois-je pas pour le premier, que j'ai eu le bonheur de ne jamais connoître: mais pour l'autre, mes relations avec lui dans le parlement ne me laissent sur ce point aucun doute. Il avoit calculé d'avance toutes les chances de l'attaque et de la résistance. Penseur sombre, métaphysicien profond, l'abstraite et impraticable théorie à laquelle il vouloit tout sacrifier, ne l'égaroit que sur les moyens de la mettre pour l'avenir en pratique: sur le calcul du présent, il avoit une précision effrayante, et supputoit froidement combien il faudroit de meurtres pour faire passer tel ou tel décret. Aussi est-ce sur son travail, sur ses propositions publiques ou secrètes, que les grandes opérations de l'Assemblée constituante ont toujours commencé.

Au reste, le premier qui reconnoît ces *rapports* peut en tirer un grand avantage, même dans une révolution qu'il auroit commencée avant de les avoir connus ou calculés; et il se donne alors une supériorité marquée sur ceux qui ne reçoivent d'impulsion que d'une circonstance imprévue, ou du desir vague de bouleverser tout. Au milieu du chaos dans lequel ceux-ci s'enfoncent sans plan, sans guide, sans réserve, il s'avance avec mesure, il marque les points d'arrêt sur lesquels il faudra nécessairement s'appuyer, lorsqu'on sera (ce qui arrive dans toutes les révolutions) obligé de rétrograder; et tout entouré de ruines amoncelées par une horde dévastatrice, il jette sur plusieurs d'entre elles un coup-d'œil réparateur, et sait épier en secret le moment de les relever.

Je conviens qu'en général ces *rapports* ne sont pas faciles à saisir dans les convulsions qui signalent souvent le commencement d'une révolution, au milieu d'un enthousiasme qui se communique avec une rapidité électrique, d'une effervescence incendiaire qui déjà ne reconnoissant plus ni relations politiques ni relations sociales, voit un ennemi dans tout homme qui veut réfléchir, et un traître dans celui qui doute.

Plus difficilement encore seront-ils saisis par quiconque n'aura pas d'abord médité sur les rapports généraux de la société, sur les rapports particuliers de celle dans laquelle il se trouve, et qui ne les ayant jamais cherchés dans les écarts, dans les malheurs, dans les crimes des générations passées, se verra tout-à-coup entraîné comme victime ou comme complice, par les écarts, par les malheurs, par les crimes de la génération présente.

Pour tout être pensant, c'est donc un avantage d'avoir fait d'avance ces observations. Destiné à les recueillir pour en faire l'application quand le moment sera venu, il aura sans cesse devant les yeux l'importance dont elles seront pour l'humanité. Des astronomes, des navigateurs, ont parcouru différens points du globe pour déterminer le mouvement de la terre et des astres; pour lui, il lui sera donné de déterminer les révolutions des empires, d'annoncer ou de prévenir le retour de ces comètes ignées, dont le terrible passage change, supprime ou déplace les nations.

Parmi les *rapports* dont je dois parler dans ce chapitre, il en est qui peuvent quelquefois être fortuits, et naître tout-à-coup du concours inattendu de circonstances nouvelles: dans ce cas, leur résultat peut étonner au premier moment, parce qu'on le sent avant de les avoir reconnus; mais par lui-même ce résultat ne peut être durable : s'il le devient, c'est que ceux qui doivent le combattre, se sont mépris, ou sur sa véritable origine, ou sur les moyens de l'annuller. *Les vrais rapports*, ceux dont les effets sont bientôt inévitables, si on ne les combat pas à temps, se trouvent dans l'opposition ou la concordance des lois et des mœurs, de la constitution de l'État et de son administration, de sa croyance religieuse et des opinions philosophiques, de ses principes religieux et de la vie publique des gouvernans, des principaux citoyens, de la masse générale de la société.

Ainsi, dans une révolution née de l'excès de la liberté, cet excès établit naturellement trois rapports réciproques entre *l'homme, la cause* et *les moyens*. L'homme, déjà trop libre, ne veut plus même supporter l'apparence d'une contrainte : pour lui, tout devoir est une vexation; le moindre lien est réputé chaîne. Voilà une *cause* d'autant plus forte, que, par sa nature, tenant à tout, elle agit presque continuement ; et que, tenant sur-tout à l'enthousiasme et à l'imagination, elle s'alimente de tout ce que l'effervescence de l'un fournit à l'insatiabilité de l'autre. Ce même excès de liberté affoiblit, effraie, divise l'autorité, et donne par conséquent de grandes facilités pour l'attaquer : voilà les *moyens*.

La révolution françoise présente, dans ses différentes époques, de terribles rapprochemens entre tous ces *rapports*. En France, avant même que la révolution fût probable, dès que ce mot eut été prononcé, l'homme en vouloit une ; *l'homme*, c'est-à-dire la partie de la nation la plus légère ou la plus ardente, mais la moins réfléchie et la plus dangereuse. Les intrigans, les philosophes, les protestans, en vouloient une: les intrigans, parce qu'au milieu des préparatifs qui précèdent un grand choc politique, ou de l'agitation qui le suit, un vaste champ s'ou-. vroit pour eux ; ils se retrouvoient dans leur élément : les philosophes, parce que, du chaos où devoient s'abîmer les antiques bases de la monarchie, ils espéroient faire sortir leur impraticable théorie sociale, faire aussi l'application de leurs principes abstraits, et sur-tout ensevelir à jamais, ou toute espèce de principes religieux, ou au moins toute vérité révélée : les protestans, parce que, depuis près de trois siècles, la licence, le désordre de leurs opinions religieuses, les avoient conduits à des idées révolutionnaires ; parce que la justice exacte que Louis XVI leur avoit rendue, avoit excité leur ambition, au lieu de provoquer leur reconnoissance (1); parce que leur haine

---

(1) Ayant eu alors plusieurs conférences avec Rabaud (en présence de M. de Malesherbes), j'avois connu combien il étoit mécontent des sages dispositions de l'édit de 1787, auquel, dans le même temps, des personnes d'une religion peu éclairée faisoient des reproches absolument opposés. Mais Rabaud ne tarda pas à publier dans l'Assemblée constituante son mécontentement sur l'édit; et c'étoit en faire l'éloge. « Les non-catholiques, » disoit-il au mois d'août 1789, n'ont reçu de l'édit de » novembre 1787, que ce qu'on n'a pu leur refuser... » Cette loi, plus célèbre que juste, fixe les formes d'en- » registrer leurs naissances, leurs mariages, leurs morts: » elle leur permet, en conséquence, de jouir des effets » civils et d'exercer leurs professions; et c'est tout. C'est » ainsi qu'en France, au XVIII.e siècle, on a gardé la » maxime des temps barbares, de diviser la nation en une » caste favorisée et une caste disgraciée; qu'on a regardé

contre la religion romaine les empêchoit
de voir que dès qu'ils emprunteroient pour
la détruire le secours des philosophes, ceux-
ci pourroient bien avoir l'air de ne frapper
d'abord que sur elle, mais bientôt, dans le
délire de leur athéisme, ne manqueroient
pas de frapper également sur la religion réformée. Une foule de gens foibles par leur
peu de bon sens, mais forts par leur masse,
indifférens à tout, excepté aux nouveautés,
vouloient voir une révolution, comme on
veut voir un pays sur lequel on a lu autrefois des relations séduisantes : c'étoit un
riche rassasié de jouissances, blasé sur le
bonheur, s'ennuyant d'être bien, soupirant

» comme un des progrès de la législation, qu'il fût per-
» mis à des François proscrits depuis cent ans, d'exercer
» leurs professions, c'est-à-dire de vivre, et que leurs
» enfans ne fussent plus illégitimes. »

C'étoit en effet ce que faisoit la loi de novembre 1787;
mais c'étoit tout ce qu'elle devoit faire. M. de Malesherbes refusa constamment à Rabaud d'y rien ajouter;
et pendant ce temps, on l'accusoit de favoriser les protestans, pour attaquer la religion. Pareille inculpation
me fut faite aussi dans le parlement.

Voyez ce que j'ai dit, dans l'*Esprit de l'Histoire*, sur
nos conférences avec Rabaud.

après le mieux, et qui, dans tout ce qu'il a connu, ne trouvant plus rien qui soit digne de lui, se figure une félicité parfaite, c'est-à-dire nouvelle, dans ce qu'il ne connoît pas. Necker vouloit une révolution, parce que son orgueil jouissoit de penser qu'après en avoir fait une, il la maîtriseroit à sa volonté, lorsqu'elle auroit détruit les corps de l'État auxquels il avoit voué une haine implacable ; parce qu'il se flattoit qu'alors la nation, désorganisée, ne verroit que lui qui fût digne de la gouverner, et se précipiteroit aux pieds de son libérateur. Le roi, qui avoit beaucoup de droiture, mais peu de confiance en ses propres lumières; que l'intrigue importunoit ; fatigué de chercher toujours et de trouver rarement des ames aussi pures, aussi loyales que la sienne, n'é-toit pas éloigné de croire qu'elles pourroient se retremper dans une révolution: il ne la craignoit pas, parce que, essentiellement bon, vertueux et vrai, il ne pouvoit se per-suader qu'il rencontreroit des obstacles en ne voulant faire que du bien. Montmorin, mi-nistre foible, mais pur et honnête, aimoit le

roi et en étoit aimé comme un véritable ami ;
cette amitié fut même un malheur. Trompé
par Necker, qui avoit pris un grand ascendant
sur lui, il étoit son soutien auprès du roi :
par-là il fut, sans le savoir, un des grands
véhicules de la révolution, et perdit le monarque et la monarchie, pour qui il auroit
mille fois donné sa vie.

Dans tous les ordres de l'État, un esprit
de vertige s'étoit répandu. L'assemblée de
Romans avoit élevé et vu applaudir des
prétentions dangereuses ; elles avoient été,
avec une légèreté inconcevable, adoptées,
étendues par une partie de la magistrature.
La désobéissance militaire avoit été provoquée par l'exaltation publique ; et le parlement de Paris, entraîné par les factieux
qu'il comptoit parmi ses membres, avoit,
comme au temps de la Fronde, consacré
cette désobéissance par un arrêté (1).

Dans les finances, une gêne momentanée
devint un prétexte d'insurrection. Il étoit
de mode et du bon ton de voir un abîme

_____

(1) En septembre 1788.

dans un *déficit* que Necker lui-même, quelques mois après, appela un jeu d'enfans, et qui, depuis, fut porté au centuple par les trois assemblées et la pentarchie.

Enfin, dans l'effrayante nomenclature des députés qui alloient représenter une grande nation, un *déficit* bien plus réel, bien plus irréparable, celui des principes; un besoin de tout renverser; un accord funeste pour toute opération destructive; une mésintelligence, une jalousie et bientôt une haine sanglante entre tous ceux qui vouloient réédifier; que dirai-je encore? parmi ceux mêmes qui auroient pu opposer une digue au torrent, aucun accord sur le point où on devoit la placer, sur ce qu'il falloit conserver ou abandonner, tandis que tous les abus introduits par le temps étoient formellement condamnés par les lois, dont il suffisoit par conséquent d'assurer l'exécution; et au lieu d'un accord si désirable, une mésintelligence, une jalousie, une rivalité désastreuse : voilà quels étoient les sinistres *rapports* entre tous les *hommes* qui alloient préparer, hâter, servir ou combattre la révo-

lution; voilà ce qui fit à-la-fois le succès et la
perte de l'Assemblée constituante : le succès,
parce qu'elle y trouva plus de *causes* de
révolution qu'il ne lui en falloit : la perte,
parce que toutes ces *causes* lui donnant un
grand pouvoir révolutionnaire, elle prit ce
pouvoir pour un moyen de gouverner, lorsque ce n'étoit dans le fait qu'un moyen de
détruire ; parce qu'au lieu de resserrer des
causes déjà trop nombreuses et trop actives,
elle sembla craindre de gêner leur développement, fut entravée elle-même par la multitude et la réaction de leurs effets, et ne
fut plus maîtresse de diriger ce qui en
résultoit.

Des rapports encore plus sinistres se manifestèrent au moment de son imprudente
dissolution, rapports qui d'avance avoient été
aperçus par les esprits sages, non-seulement
dans ce qu'elle avoit détruit, mais encore dans
ce qu'elle avoit créé. Les constitutionnels
ne purent long-temps se déguiser à eux-
mêmes que leurs élèves seroient bientôt
leurs maîtres : voilà le rapport des *hommes*.
Ceux-ci, plus audacieux et plus conséquens,

s'approprièrent les résultats de tout ce que les autres avoient fait : voilà le rapport des *causes*. Plus heureux, parce qu'ils trouvoient toutes les barrières renversées, ils attaquèrent et terrassèrent leurs prédécesseurs avec les armes que ceux-ci avoient forgées : voilà le rapport des *moyens*.

Ces rapports continuèrent et se maintinrent de plus en plus, toujours à l'avantage du parti le plus forcené, toujours à force de répandre le sang du parti qui, le premier, avoit triomphé en disant : *Le sang qui coule est-il donc si pur !* Au 9 thermidor, ces rapports furent tout-à-coup anéantis, parce que l'autorité qui succomba ce jour-là, sembloit, depuis quelque temps, affecter de ne plus connoître aucun rapport, comme elle ne connoissoit aucune mesure ; parce qu'elle usa si violemment ses ressorts, qu'ils cassèrent subitement dans sa main, sans qu'elle pût ni les rétablir ni en saisir d'autres. Au contraire, tous les rapports qui pouvoient lui être opposés se trouvèrent réunis, moins par un effet du hasard que par celui de la nécessité. La nécessité leur donna une force irrésistible, mais momentanée, qui porta un grand coup sans avoir eu le temps de le calculer, fit disparoître avec un décret une masse effroyable de pouvoir, forma autour d'elle un grand vide, et ne parvint jamais à le remplir.

Car il est à remarquer qu'à compter du 9 thermidor, aucun rapport n'a pu se rétablir entre toutes ces hordes révolutionnaires qui s'étoient mutuellement trompées, proscrites, assassinées.

Aussi, depuis ce moment, la révolution n'a fait que décroître, parce que tous les rapports qui l'avoient élevée à son apogée étoient détruits sans retour. La création de la pentarchie ne fut entre eux qu'un jeu pour se tromper encore; mais dans le moment même où ils plaçoient pompeusement cette pierre d'attente, que chacun se promettoit de supprimer au plutôt, ils ne pouvoient encore s'avouer qu'ils suivoient involontairement la marche de tout gouvernement, et ses rapports à l'unité. Profitant, au 18 fructidor, des nombreuses fautes du parti royaliste, ils voulurent intervertir cette marche, et faire remonter la révolution: elle s'y refusa, et il leur fallut faire avec des déportations ce qu'ils n'osoient plus faire avec des assassinats. La révolution ne put même se maintenir dans cet état prétendu de modérantisme, parce que les passions des *hommes* qui la conduisoient, voulant toujours diviser les pouvoirs, pendant que la nature des *choses* vouloit les concentrer, aucun rapport durable ne put se former entre les *choses* et les *hommes*. En fructidor, la pentarchie avoit été attaquée par elle-même; pendant deux ans, elle subit encore des changemens toujours faits par elle; enfin, au 18 brumaire, deux de ses membres travailloient ostensiblement à sa perte, et firent à-la-fois la sienne et la leur.

Alors la révolution qui se fit fut inverse de celles qu'on avoit vues jusqu'à ce jour. Le pouvoir tendit à être unique; il y parvint sans effort: il tendit à être absolu, il y parvint encore, parce que la nature des *choses* l'appeloit sur ces deux points. Il tendit à être arbitraire, il y parvint aussi sans éprouver la moindre opposition, parce qu'il se trouva un rapport parfait entre l'*homme* principal, audacieux, violent, qui avoit le despotisme dans le cœur autant que dans la tête, et un peuple fatigué de révolutions, ennuyé de sa souveraineté, prêt à dire de celui qui l'en délivroit, même aux dépens de sa liberté, *Deus nobis hæc otia fecit;* devenu indifférent à tout hormis au repos, avili à ses propres yeux par la multitude et l'énormité des crimes qu'il avoit commis ou laissé commettre; et après avoir nagé dans le sang, ne connoissant plus d'autre bonheur que de s'enfoncer et de croupir dans la boue.

Il y avoit eu malheureusement des rapports entre un roi trop bon et une nation en délire, pour faire perdre à cet excellent prince une autorité légitime, dont il usoit avec modération et bienfaisance; il y en eut entre cette même nation, devenue apathique, et un Corse ambitieux, pour faire usurper par ce soldat parvenu une autorité illégale, qui, dans ses mains, fut bientôt oppressive et sanguinaire.

Aux deux époques où ces rapports se manifestèrent, examinés relativement à eux-mêmes, ils sont absolument contradictoires; mais comparés relativement aux *causes*, aux *hommes*, aux *moyens* dont ils se composoient, ils sont parfaitement identiques. Aux deux époques, ils produisirent les plus grands effets connus dans l'histoire, et cela devoit être. Lors de la première, le corps politique, travaillé par une fièvre ardente, prit à tâche d'abuser de la bonté d'un roi juste, vertueux, et résigné à tout souffrir; lors de la seconde, une masse engourdie d'individus, qui, en traversant la révolution, y avoient perdu principes, morale, énergie et honneur, laissa tout faire à un usurpateur décidé à tout entreprendre, à ne jamais se refuser le plaisir ou le profit d'un crime, parce que pour lui justice ou iniquité, crime ou vertu, étoient des mots synonymes ou plutôt insignifians. Enfin, ce qu'un amour héréditaire, ce qu'une habitude de huit siècles, auroient dû s'honorer de donner ou plutôt de conserver à l'un, la terreur et la lassitude de dix ans s'empressèrent stupidement de le prodiguer à l'autre.

De ce que je dis sur ces différens *rapports*, on peut conclure qu'en général, dans les révolutions, il y a un moment où elles sont nécessitées par les *rapports*, c'est-à-dire par la nature des *choses*, et où les *rapports* des *hommes* déterminent par qui et comment elles seront faites.

Ainsi, pour prendre encore mon exemple dans la France révolutionnée, avant le 18 brumaire le sort de la pentarchie étoit décidé par les *choses* mêmes. Son avilissement, sa nullité, son impudente rapacité, la désorganisation absolue de toutes ses agences, avoient proclamé sa chute : la création d'un autre gouvernement étoit à l'ordre du jour; la question préalable étoit résolue sans discussion, et il ne s'agissoit plus de savoir par qui et pour qui se feroit un changement indispensable. Le *rapport* des *choses* aux *hommes* exigeoit que ce changement, qui devoit rendre le gouvernement militaire, fût fait par un général vainqueur. Joubert avoit été choisi pour cela ; il a fallu la bataille de Novi et le siège de Saint-Jean d'Acre, pour que ce fût Buonaparte. Si

Joubert eût vaincu à Novi, il revenoit à Paris faire la révolution tant attendue. Si Buonaparte eût pris Saint-Jean d'Acre, il ne revenoit pas au moins d'un an; et pendant ce temps, la révolution *nécessaire* étoit faite par un autre. On vouloit tellement un général vainqueur, qu'on supposa que Buonaparte l'avoit toujours été : on oublia tous ses désastres et sa retraite devant Saint-Jean d'Acre; on feignit d'ignorer qu'il avoit quitté l'Égypte parce que son armée ne pouvoit plus s'y maintenir; et on lui offrit une victoire facile, mais qu'il ne remporta pas lui-même, il fallut qu'un autre la remportât pour lui.

A Rome, lors de la fameuse rivalité de César et de Pompée, la révolution de la république étoit *nécessitée.* La nature des choses exigeoit un changement dans le gouvernement. Les *rapports* des *hommes* étoient tels, que ce changement ne pouvoit être fait que par l'un des deux rivaux. Ce fut cette question seule qui se décida à Pharsale; nous avons vu que celle de la république étoit tranchée depuis long-temps. Les grands talens de deux hommes qui tant de fois avoient mené les Romains à la victoire, devoient rendre entre eux la question douteuse. L'opposition de leur conduite en facilita la solution. Pompée étoit vaincu du moment qu'il quitta Rome, et sur-tout l'Italie ; sa mort ne changea rien aux *rapports* des *choses*. Le gouvernement resta sans partage entre les mains de César, parce qu'il se trouva alors le seul *homme* qui pût prétendre à gouverner. La mort de César ne changea que la personne qui gouvernoit. Avant sa mort, un premier triumvirat avoit prouvé que le gouvernement tendoit à l'unité; après sa mort, un second et dernier triumvirat le prouva encore mieux, et conduisit irrévocablement à cette unité, commandée par les *rapports des choses*. Les mers d'Actium ne décidèrent, comme les champs de Pharsale, que la question personnelle, parce qu'il n'y en avoit plus d'autre.

Lors de la Ligue, les Guises, en acquérant des droits incontestables à la reconnoissance publique, avoient déjà préparé

la révolution qui devoit enlever la couronne à la maison régnante et la faire
passer dans la leur. Cette révolution étoit
aussi préparée, mais non nécessitée par les
rapports des choses. Elle étoit préparée par
l'antipathie et l'effervescence religieuses,
par l'or et les intrigues de l'Espagne. Elle
n'étoit pas nécessitée, parce que cet or et
ces intrigues, qui séduisoient un petit
nombre de sujets, en tenoient un bien plus
grand en garde contre tout changement
provoqué par l'Espagne, parce que ce plus
grand nombre ne voyoit pas que *l'état des
choses* imposât absolument l'obligation
de changer ou de religion ou de souverain.
Pour déterminer une révolution que cet
état de choses préparoit, mais n'ordonnoit
pas encore impérieusement, il auroit donc
fallu que les *rapports des hommes* fussent
tels, que l'usurpateur provoquât de vive
force un événement qui n'étoit pas mûr,
ou que le souverain, sans faire attention à cet
événement, le hâtât par son imprévoyance.
C'est ce double rapport qui ne se rencontra
pas ; et ce fut ce qui sauva la dynastie.

Heureusement Guise eut l'imprudence de laisser voir son projet sans l'exécuter. Il n'y avoit plus qu'un échelon entre le trône et lui ; mais ce *dernier*, comme dit Brantôme, *ne se peut facilement franchir par sa hauteur*. Henri frémit à la vue de l'abîme où on l'entraînoit, et il y précipita son ennemi. Le duc auroit pu juger de l'*état des choses* d'après la noble fermeté avec laquelle lui parla le premier président de Harlay ; son ambition l'aveugla. Après lui sa famille suivit cet *état des choses,* mais ne put le rendre plus décisif. Elle se souilla par un régicide ; elle fit une guerre civile, et ne put faire la révolution. Au contraire, par ce régicide, le *rapport des hommes* fut plus désavantageux pour les Guises. Le dernier des Valois étoit moins redoutable pour eux que le premier des Bourbons ; et la France trouva dans les rochers du Béarn ce que n'avoit pu lui procurer le vainqueur de Jarnac et de Moncontour.

Enfin la nécessité de ce quadruple rapport pour faire avec succès une révolution, me semble bien démontrée par les tentatives de la Pologne en 1791. La révolution qu'elle méditoit alors devoit réparer les révolutions dont elle avoit été la victime, et prévenir celles dont elle étoit encore menacée. Dans la sage constitution qu'elle se donnoit, elle suivoit avec précaution les rapports des choses et des causes. Ceux des hommes n'étoient peut-être pas aussi bien suivis, quoiqu'il y eût une très-grande majorité en faveur de la nouvelle constitution. Cependant cette majorité pouvoit compter sur un succès complet, si, aux trois premiers rapports, elle eût pu joindre le quatrième : mais il n'y en eut pas pour les *moyens*. La position des Polonois étoit telle, qu'ils devoient porter leur attention, non-seulement sur les moyens intérieurs dont ils pouvoient disposer, mais aussi sur les moyens extérieurs qu'on pouvoit employer contre eux. Ce furent ceux-ci qui firent leur perte. On les dissimula avec une perfide adresse, jusqu'au moment où l'on jugea qu'il étoit temps de les faire agir.

Les quatre rapports se trouvèrent malheureusement dans une corrélation parfaite

sur les bords de la Seine, où l'Assemblée
constituante abattoit, dans son délire furieux, tout ce qui l'entouroit; mais il n'y
eut point entre eux la même concordance
sur les bords de la Vistule; où une diète
sans passion et sans préjugés faisoit tout
le bien que le moment permettoit, ajournoit celui qu'elle croyoit prématuré, se
défendoit sagement contre l'enthousiasme
impolitique qui veut tout détruire et tout
recréer, mais ne put se défendre contre la
trahison et l'iniquité qui avoient juré sa
ruine.

CHAPITRE VII.

CONTRASTES DANS LES RÉVOLUTIONS.

C'est dans les révolutions que l'on voit
les plus grands contrastes de l'espèce humaine; c'est-là que, plus on étudie l'homme,
plus on est frappé de tout ce qu'il offre de
contradictoire. De grandes vertus se trouvent
placées à côté de grands crimes, et les
bravent même dans leurs triomphes. Les
caractères, les sentimens les plus opposés

marchent souvent de front, et quelquefois pour arriver au même but : un instant les divise ou les réunit. Ce que cet instant suggère, n'est pas ce qui eût été fait quelques minutes plutôt ou plus tard. On est étonné de ce qu'on voit ; on a peine à le concilier avec ce qu'on entend : on n'est pas encore remis d'un mouvement d'horreur, qu'on en éprouve un d'admiration. On croiroit voir deux peuples différens ; et tout cela se trouve dans un seul, souvent dans la même classe ; bien plus, quelquefois dans le même individu.

Dans le xve siècle, la Hollande fut souvent déchirée par deux factions, les *Hoekins* et les *Cabéliaux* : elles se poursuivoient avec une rage, une frénésie incroyables ; chaque ennemi surpris par une d'elles, étoit immolé avec une barbarie révoltante : on eût cru voir les sauvages massacrant leurs prisonniers. Arnould Beiling, l'un des Cabéliaux, fut pris par les Hoekins, et condamné à être enterré vif. Il demanda un mois pour aller dans sa famille mettre ordre à ses affaires, et promit de revenir. La promesse ne parut pas

douteuse ; la demande ne parut pas extraordinaire, et fut accordée. Beiling partit,
revint, et subit son affreux supplice. Ces
factions, qui n'avoient plus aucune idée
d'humanité, croyoient encore avoir l'idée
de l'honneur.

Aux époques les plus affreuses de la révolution françoise, on a vu des hommes couverts de sang, horriblement parés du cœur
et des intestins de leurs victimes, sauver
quelquefois l'infortuné dévoué à leurs coups :
ce n'est pas qu'ils fussent las d'égorger ; car,
en épargnant celui-là, ils se hâtoient d'en
immoler un autre ; c'étoit comme un instinct
de la nature, un intervalle lucide, un rayon
de soleil au milieu d'une tempête.

Dans cette révolution, où le crime fut
perpétuellement à l'ordre du jour, où il y
avoit toujours *urgence* pour lui, il n'y a
peut-être pas eu de crime qui n'ait été com-
pensé par la vertu contraire. Aux perfidies,
aux horreurs de la révolution, on opposera
le dévouement des Gardes-du-corps, du
duc de Brissac, d'Acloque, et de tant
d'autres ; au triomphe impudent de l'ingra-

titude, les élans de la reconnoissance ; à un ami laissant ou même faisant périr son ami, à un frère faisant périr son frère, des pères et des enfans se sacrifiant les uns pour les autres ; aux trahisons de perfides domestiques, l'inviolable fidélité du serviteur qui donne ou expose sa vie pour sauver la fortune ou la vie de son maître ; aux plus infames impiétés, les constantes et industrieuses recherches de tant de chrétiens (sur-tout dans la classe du peuple) qui, bravant les échafauds, ont caché et nourri les ministres d'une religion persécutée ; enfin, à ce monstrueux amas de profanations, de blasphèmes, de sacriléges, les miracles que cette religion a produits dans plusieurs provinces, l'héroïsme qu'elle a inspiré à des ames simples.

S'il étoit possible de faire un recueil complet de tous les faits de ce genre enfantés dans la révolution, ce recueil seroit l'histoire la plus intéressante de l'homme.

Ceux qui s'abandonnent à une révolution qui détruit tout, ne voient plus rien devant eux, ni principes, ni sentimens, ni devoirs ;

ils n'ont plus d'autre guide que leur imagination, dont l'exaltation se porte ou sur le bien ou sur le mal, ou indifféremment et tout-à-la-fois sur tous les deux, parce qu'il n'y a plus pour eux ni bien ni mal dans le sens absolu et généralement reçu ; et alors l'esprit peut commander des cruautés à un cœur qui n'avoit jamais été cruel, qui ne l'est pas même dans ce moment, ou au moins qui ne croit pas l'être.

Ceux au contraire qui se roidissent contre cette révolution, s'attachent d'autant plus à leurs principes et à leurs devoirs, que les uns et les autres sont plus fortement attaqués. A cet attachement, déjà plus fort qu'auparavant, se joint aussi la force de l'imagination, qui se fait une jouissance de tous les sacrifices que lui imposent les circonstances, ou qu'elle s'impose à elle-même. Dans le calme de la retraite, ce double motif produira de grandes vertus privées, et multipliera l'industrie d'un dévouement bienfaisant et religieux. Dans l'effervescence d'une réunion nombreuse, où l'abnégation entière de soi-même sera proclamée comme première loi civile et religieuse, ce double motif produira les plus grandes vertus publiques.

Dans le cours ordinaire de la vie, l'homme en société n'est jamais absolument livré à lui-même ; il est toujours plus ou moins conduit, inspiré, si l'on veut même sans le savoir, par les lois, les mœurs, les habitudes, les préjugés sur-tout, qui sont la raison du plus grand nombre : il est retenu par tous les liens de l'état social. Mais le propre d'une grande révolution étant de détruire tout, ou de mettre tout dans un état de souffrance et de doute, on voit alors l'homme isolé de tout ce qui le soutenoit : c'est un enfant marchant sans lisières pour la première fois ; sa direction n'est pas plus assurée que sa marche ; ses mouvemens changent et se contrarient, parce qu'il n'a pas le don de prévoir ce qu'il veut faire.

Si donc la force du caractère fait naître des contrastes dans les révolutions , la foiblesse en fera naître aussi; mais ceux-ci n'offriront jamais le même intérêt. Ce qui frappe dans les premiers , sur-tout quand ils se trouvent dans la même personne, c'est leur opposition avec une opinion aveuglément embrassée peut-être, mais fortement soutenue. La foiblesse n'a point d'opinion, ou si elle en prend une au hasard, ce n'est ni par enthousiasme, ni par réflexion ; aussi n'y tient-elle pas. Or, tout homme qui, dans ces temps orageux, ne sait quelle route prendre, s'abandonne au vent, passe d'un parti dans un autre, est méprisé par tous les deux. Il n'y auroit qu'un succès décisif et inespéré qui pût, non pas le justifier, mais l'absoudre ; et il est rare que les grands succès s'obtiennent sans de grands moyens, dont un tel homme n'est pas susceptible.

Antoine de Bourbon, roi de Navarre, s'étoit prononcé contre les Guises, qui vouloient sa perte et celle du prince de Condé son frère. Malgré son peu de caractère, son nom lui donnoit de la considération dans le parti dont il étoit le chef; il étoit de plus renommé par sa bonté. Dès qu'il eut passé dans le parti de ses ennemis, non-seulement il y fut sans considération,

mais il sembla même y perdre les sentimens de bonté qui étoient au fond de son
cœur. Il vouloit combattre à outrance le
frère qui, tant de fois, s'étoit dévoué pour
lui ; il traitoit avec barbarie les protestans,
dont il avoit été le père et l'idole. *Il ne
respiroit*, dit Désormeaux, *que les passions
violentes de la haine et de la vengeance.....
Triste effet de ces affreuses querelles, qui
changeoient en si peu de temps les mœurs et le
caractère des hommes dont on vantoit le plus la
douceur et l'humanité*. Brantôme avoit déjà
dit, dans son énergique simplicité : *Il étoit
en sévérité plus grande contre les Huguenots,
que le triumvirat même ; il ne parloit que de
faire pendre.*

Jusqu'au dernier moment de sa vie, ce
prince, né avec d'excellentes qualités, mais
qui n'étoit pas fait pour vivre en révolution,
présenta les contrastes les plus frappans,
même dans sa croyance religieuse : également
entouré de protestans et de catholiques, on ne put savoir dans quelle religion
il étoit mort.

Cette foiblesse, qui est un défaut capital

dans un chef de parti, fut sur-tout remarquable de nos jours dans la conduite des révolutionnaires constitutionnels. Tant qu'ils n'eurent affaire qu'à l'autorité royale, qui ne se défendoit pas, ils frappoient avec une audace puérile et emphatique, que le vulgaire appeloit énergie et courage : mais du moment qu'après avoir tout abattu, ils trouvèrent les Jacobins derrière l'autorité royale qu'ils avoient anéantie, leurs coups s'amortirent ; ce prétendu courage devint pusillanimité, et cette énergie ne produisit plus que des efforts ridicules ou impuissans. Si l'on excepte le triomphe momentané du Champ-de-Mars, chaque fois qu'ils se prirent corps à corps avec les Jacobins, ce fut pour être terrassés ; mais le plus souvent ils évitèrent la lutte. C'est ce que fit le parti constitutionnel après l'affreuse scène du 20 juin 1792, et c'est ce qui le perdit sans retour : à compter de ce moment, toutes les fois que les Jacobins se présentoient sur l'arène, ils n'y trouvoient plus d'autres ennemis qu'eux-mêmes.

Aussi n'y a-t-il aucun exemple que des

hommes qui venoient d'étonner le monde en renversant la plus belle monarchie, soient tombés dans un si profond oubli. Aucun d'eux n'a su immortaliser son repentir par quelque grand trait d'audace et de dévouement ; aucun d'eux n'est parvenu à se faire un nom qui soit même digne de pitié : ils n'ont mérité que celui d'*Érostrates ;* ils ont brûlé le temple d'Éphèse, et n'ont rien pu mettre à sa place.

CHAPITRE VIII.

DU FANATISME EN RÉVOLUTION.

LE fanatisme religieux sera toujours un des grands fléaux de l'humanité. Issu de la vraie source de tous les biens, il produit de grands maux, que l'esprit anti-religieux ne manque pas d'imputer à la religion, quoiqu'elle les désavoue et les condamne. Mais d'abord il n'y a point eu de religion, vraie ou fausse, qui n'ait eu ses fanatiques : en second lieu, tout ce qui tient à l'opinion a ou peut avoir les siens, parce que l'esprit de l'homme étant,

par son essence, disposé à tendre vers
l'infini , son imagination lui montrera
toujours en perspective un point au-delà
duquel il doit trouver ce qu'il croit être la
perfection.

Tout ce qui occupe, tout ce qui affecte
fortement l'ame, est donc susceptible d'y produire un fanatisme ; et comme, dans l'ordre
social , l'homme n'a rien qui l'affecte plus
que les changemens qu'il peut espérer ou
craindre dans la société dont il est membre,
toute révolution doit, ainsi que toute religion, avoir son fanatisme. Il sera aussi
terrible dans l'une que dans l'autre, parce
que, dans toutes deux, il peut naître de
l'abus, de l'extension forcée, de la fausse
application d'un bon principe.

Il appartient essentiellement au fanatisme de corrompre tout ce dont il veut se
servir, d'abuser de la force dès qu'il en a
une, de ne voir que le point auquel il
veut parvenir, point dont il s'exagère les
avantages, et dont il veut méconnoître les
inconvéniens ; de ne jamais juger les moyens
que relativement aux succès qu'il s'en pro-

met, et non sous le rapport de ce qu'ils peuvent avoir de contraire aux lois, aux mœurs, aux maximes reçues. Quelque dangereux, quelque coupables que puissent être ces moyens, ils sont toujours pour lui légitimés par le but où ils doivent conduire.

De là il suit qu'il ne reconnoît aucune idée réelle du juste ou de l'injuste. Toutes les conventions, toutes les obligations sociales sont nulles à ses yeux. La sauvegarde de la société, la barrière mise par la nature entre l'humanité et l'abîme des erreurs, ou même des crimes, est franchie ou renversée par lui. Il n'est plus question de lui faire sentir les écarts dans lesquels il se jette, parce qu'il n'y a pas d'écarts aux yeux de celui qui n'admet aucune route, et qui, dans l'ardeur de son imagination, anéantit tout intermédiaire entre lui et le but qu'il veut atteindre.

Il arrive alors aux fanatiques politiques ce qui arrive aux fanatiques religieux. Parmi les uns et les autres il y en a de mauvaise foi, qui réduisent en système l'hypocrisie du fanatisme, et qui calculent froidement jusqu'à quel point il est de leur intérêt de paroître entraînés par un enthousiasme qu'ils veulent bien avoir l'air de partager, mais sous la condition secrète qu'ils ne le partageront jamais. Ces fanatiques factices sont toujours les meneurs ; ils se servent des vrais, pour en faire, suivant les circonstances, les instrumens, les dupes, les victimes de leur ambition.

A la vérité, il arrive un moment où il faut que leur charlatanisme se découvre ; mais ce n'est jamais que dans deux circonstances, ou quand ils sont parvenus à leurs fins, ou quand, ne pouvant se dissimuler la chute de leur parti, ils s'attachent au parti triomphant. Dans le premier cas, satisfaits de leurs succès, ils ne prennent pas même la peine de déguiser leur fausseté envers ceux qui ont été leurs jouets. Dans le second, ils mettent sur le compte de la nécessité le changement apparent de leur opinion, mais qui n'en est pas un pour eux ; et en profitant du nouvel ordre de choses, ils persuadent encore à quelques dupes, qu'ils font avec regret, à la tranquillité publique, le sacrifice des grands principes auxquels ils tiennent toujours.

Cromwel, investi d'un pouvoir bien plus redoutable que celui qu'il avoit combattu comme tyrannique, chassa avec mépris les insensés dont il avoit toujours exalté les principes. Il leur laissa la vie, non pas qu'il fût avare de sang, mais parce que le ridicule dont il les couvrit lui étoit plus utile que leur mort. Il trouva de la grandeur à montrer qu'il ne craignoit pas ces partisans forcenés d'une égalité chimérique. Ils ne se relevèrent jamais du coup que ce ridicule leur porta; et même, après la mort du protecteur, quand ils reprirent leur séance, ils durent bien voir qu'ils ne reprendroient jamais leur autorité,

Buonaparte, entouré de fanatiques factices qui ont proclamé avec emphase la liberté, l'égalité, la république, qui ont dispersé les cendres royales recueillies depuis douze siècles, qui ont effacé avec fureur jusqu'au moindre emblème de la royauté, qui en ont proscrit le nom, qui ont mis hors de la loi quiconque parleroit de la rétablir, qui ont fait contre elle des sermens de haine, et qui ont même exigé que ce fût un serment national ; Buonaparte ne leur a même pas fait l'honneur de les obliger à se rétracter : il a paisiblement élevé un trône au milieu d'eux ; il s'y est assis ; il les a couverts de dignités, d'or et de mépris. Il n'a . pas même fait rapporter les lois de proscription contre la royauté ; tous ont consenti à passer pour des foux ou pour des lâches, pourvu qu'ils eussent des places et de l'argent.

Les fanatiques de bonne foi se sont seuls tenus à l'écart ; ils ont manqué la révolution que leur démence avoit imaginée : il n'y a point pour eux de dédommagement, et il ne peut y en avoir, parce que, s'ils vouloient réellement ce qu'ils croyoient être le bien de l'humanité, rien ne peut les consoler de l'avoir accablée de malheurs et de crimes, et, en prodiguant tant d'outrages à la royauté, de n'être parvenus qu'à justifier, s'il étoit possible, la tyrannie.

Cette distinction entre les fanatiques de

bonne ou de mauvaise foi, fut très-sensible lors de la révolution que la Ligue voulut faire. Il y avoit bien alors deux fanatismes, le religieux et le politique: mais le premier étoit le dominant; c'étoit même le seul que les chefs affectassent. L'abjuration de Henri ramena tous ceux qui n'avoient combattu contre lui que dans la crainte de voir le catholicisme proscrit en France par un roi protestant: il ne compta plus que deux sortes d'ennemis, ceux pour qui la religion n'avoit été qu'un prétexte, et l'intérêt politique un véritable motif; et ceux dont le fanatisme ne vouloit pas admettre que Henri pût se faire catholique. Les premiers, une fois démasqués, cessoient d'être dangereux, parce que leur politique n'ayant plus de prétexte, ne pouvoit se soutenir qu'en se déclarant publiquement ennemie du monarque, ce qui les constituoit en état de rebellion ouverte: les autres, aveugles de bonne foi, mais livrés par cela même à toutes les fureurs d'un fanatisme qui ne pardonne jamais, parce que lui-même n'accepte jamais de pardon, restoient enne-

mis irréconciliables, ennemis secrets, et
par conséquent bien plus dangereux. Le
malheureux Henri ne l'éprouva que trop:
ce fut parmi eux que se trouvèrent tous ces
assassins qui attentèrent à ses jours. Leur
fanatisme religieux servoit des intérêts politiques, et les servoit par des crimes, dont
il se faisoit des devoirs. Cette double combinaison révolutionnaire est une des plus
grandes calamités qui puissent tomber sur
un grand empire; car il n'est pas de passion
qu'elle ne mette en jeu, et souvent même
en laissant moins voir celle qui agit avec
le plus de force.

C'est que le fanatisme, sur quelque point
qu'on l'applique, est lui-même une passion,
et peut-être celle qui tyrannise le plus l'ame
dont elle s'est emparée: aussi a-t-il toujours
eu et aura-t-il toujours la marche de toutes
les passions, qui sont les mêmes dans tous
les siècles; qui changent au besoin de langage et de moyens, mais qu'on reconnoît
toujours à leur exagération, à leur violence,
au besoin impérieux et exclusif qui les porte
sur un seul objet, comme si, dans la société

politique et religieuse, rien ne devoit plus se rencontrer entre elles et lui.

Religieux ou politique, le fanatisme, sous ces deux acceptions, est toujours une épidémie qui a les mêmes symptômes, et qui est susceptible des mêmes excès.

Dans cette Assemblée constituante qui, pendant deux ans de travaux, ne put parvenir qu'à désorganiser la France, c'étoit lui qui parloit toujours d'organiser le *genre humain*; c'étoit lui qui, lorsque Roland rendoit compte des massacres des 2 et 3 septembre 1792, lui inspiroit ces mots effroyables, *Il faut regarder ces massacres comme ces grands orages qui balaient l'atmosphère;* c'est lui qui, lorsque Saint-Just montoit à la tribune, lui souffloit ce terrible mot: *Osez.* Avec ces quatre lettres, le fanatisme alloit à tout, en écartant tout : c'étoit lui qui faisoit dire à Barrère, *L'arbre de la liberté ne peut fleurir s'il n'est arrosé du sang des rois;* et qui, après le 9 thermidor, le tenoit toujours attaché aux principes de la terreur, lorsqu'il ne pouvoit plus l'être à la personne de Robespierre.

Le cardinal de Retz, qui aujourd'hui seroit à peine un écolier en révolution, nous
apprend que *les hommes ne se sentent pas
dans ces sortes de fièvres d'État qui tiennent
de la frénésie.* Dans ces fièvres, on exagère
les idées vraies; et alors il y a des vérités
qui, par leurs effets, sont pires que des
mensonges. On saisit avec vivacité les
idées fausses; et il a été dit avec raison
qu'une seule idée fausse pouvoit rendre
barbare. Que l'on ajoute à cela toutes les
maximes abstraites, vagues, indéterminées,
quelquefois plus insidieuses qu'injustes,
moins dangereuses en elles-mêmes que par
la fausse interprétation dont elles sont susceptibles, mais que savent toujours leur
donner l'ambition, la vengeance ou la cupidité; et l'on ne sera plus étonné de trouver, dans le code délirant de nos démagogues,
la théorie et la pratique composant un système subversif de l'ordre social.

CHAPITRE IX.

DES FACTIONS.

AUCUN État ne peut exister sans un gouvernement établi régulièrement : le gouvernement est donc bien réellement la propriété de l'État ; propriété que l'État doit maintenir et défendre. Le gouvernement ne doit avoir autre chose à faire que de veiller sur l'État ; il faut qu'il soit sûr de sa propre existence, pour exercer ses fonctions avec autorité et tranquillité : rien de cela ne peut s'appliquer à une faction qui gouverne.

L'esprit des factions est de survivre même aux circonstances qui les ont fait naître, aux motifs qui les animoient pendant leurs plus grands débats : c'est alors un sédiment dangereux qui reste dans l'État, et à qui le moindre événement peut rendre l'activité. Les Guelfes et les Gibelins ont long-temps troublé et divisé l'Italie, même après la fin des discussions entre le pontificat et l'empire. Les vengeances personnelles, les intérêts particuliers, prennent alors le nom, les motifs, les moyens des factions; et la jalousie de deux individus devient un trouble public; ce qui est un mal d'autant plus grand, qu'alors les factions qui se combattent tiennent aux personnes et aux choses. Celles qui se formoient chez les Romains pour élever un général à l'empire, n'étoient que personnelles; le sort du général qu'elles vouloient couronner déterminoit leur durée: s'il périssoit, la faction étoit éteinte, parce que les soldats les plus attachés à sa personne étoient indifférens sur la chose. Ce fut tout le contraire dans les révolutions de l'Italie moderne, parce que les partisans des Néri ou des Bianchi à Florence, des Frégoses ou des Adornes à Gènes, des Colonnes et des Ursins à Rome, tenoient moins aux individus qu'à l'influence qu'ils vouloient exercer sur le gouvernement. Il en fut de même pour les factions qui, en Irlande, armèrent souvent les grandes maisons les unes contre les autres, notamment dans le xiv.e siècle.

De quelque nature que soit une faction, dès qu'elle se forme dans l'État, l'ordre pu-

blic est troublé, ou au moins menacé : si
elle n'est pas découverte et dissoute de
bonne heure, il faudra ensuite déployer
contre elle une plus grande force, et cela
même lui donnera une plus grande opinion
de la sienne ; ce qui, joint à la nécessité de
se défendre pour éviter une juste punition,
amène les séditions, les révoltes, les guerres
civiles.

C'est bien pis lorsque plusieurs factions
se sont formées ; lorsque après s'être mutuellement secourues pour détruire le gouvernement, elles sont parvenues au point où
il faut qu'elles cherchent à se détruire l'une
l'autre ; lorsqu'une d'elles, plus heureuse,
plus adroite, plus audacieuse, s'est emparée
de l'autorité, et domine seule : alors il y a
oppression, mais il n'y a pas de gouvernement ; l'obéissance est de fait, mais la résistance est de droit.

Il est clair que, pour cette faction, la
première, je dirois même la seule pensée,
sera de se maintenir, de se mettre en garde
contre les entreprises de ses ennemis, de
ses rivaux, qu'elle a momentanément écar-

tés. Pour elle, l'État, si elle s'en occupe, ne sera jamais qu'en seconde ligne; et ce qu'elle fera pour lui, portera toujours l'empreinte et de la terreur qu'elle veut inspirer, et de celle qu'elle éprouve involontairement elle-même.

Cette terreur est inévitable pour elle, parce qu'il est sans exemple qu'une faction ait long-temps et paisiblement possédé l'autorité qu'elle a usurpée. En prenant possession du pouvoir suprême, elle fait le premier acte qui doit le lui ôter un jour : sa chute est une suite nécessaire de son élévation; et du moment que celle-ci est connue, celle-là est nécessairement ajournée.

Tout révolutionnaire qui emprunte le secours d'une faction, lui suppose une force que peut-être elle ne se connoissoit pas, mais dont à coup sûr elle voudra user, même contre lui, à la première occasion. Il tombe dans une grande erreur, s'il regarde comme ses agens, des factieux qui ne le regardent que comme un rival : en recourant à eux, il leur a non-seulement indiqué le secret de leur force, mais il leur a encore révélé celui de sa foiblesse. Il a fallu en venir, soit sur le passé, soit sur le futur, à des confidences toujours dangereuses, même quand elles paroissent indispensables. Rarement, en pareil cas, on les fait toutes entières ; et le factieux qui les reçoit, déjà blessé de cette réserve, se méfiant également de ce qu'on lui a dit et de ce qu'on lui cache, songe avant tout à tourner l'un et l'autre à son profit.

Dans tous les pays, dans toutes les révolutions, la marche des factions a toujours été et sera toujours la même : il pourra y avoir quelque différence sur le nombre des crimes ; mais il y aura identité parfaite dans leurs combinaisons. Les factions qui changèrent si souvent le gouvernement des villes de la Grèce, celles qui agitèrent si long-temps et qui finirent par perdre la république romaine, présentent, dans la plus grande partie de leurs détails, les mêmes intrigues, les mêmes moyens, les mêmes fautes, les mêmes vengeances. Le tout se retrouve en masse dans la révolution françoise, mais renfermé dans un plus

petit nombre d'années, et par cela même
plus aisé à saisir, plus frappant ; parce
que, dans un cadre plus resserré, tout
est rapproché, tout est groupé avec une
force d'attitude qui étonne l'œil de l'observateur, avec une vérité de couleurs qui le
fait frémir ; et la plus grande partie de la
révolution françoise elle-même se retrouve
littéralement dans la révolution d'Angleterre au milieu du XVII.e siècle. Changez
les noms de presbytériens, d'indépendans,
d'aplanisseurs, en ceux de constitutionnels, de jacobins, de terroristes, vous ver-
rez une identité parfaite dans la marche,
dans les impostures, dans les proclamations,
dans les crimes préparatoires, et dans celui
qui devoit affermir à jamais ces républiques
d'un jour.

A Londres comme à Paris, à Rome
comme à Athènes, par-tout où les révolutionnaires attaquent l'ordre social, on reconnoît les prétextes, les motifs et les effets.
Les *prétextes,* parce que l'iniquité, même
toute-puissante, croit cependant nécessaire
de se cacher toujours sous un masque, dont

elle varie souvent la forme ou les couleurs, suivant les temps ou les personnes. Les *motifs*, parce que l'ambition et la cupidité, ou plutôt l'orgueil du pouvoir et le desir des richesses, sont les deux grands mobiles de tous les malheurs des sociétés politiques. Les *effets*, parce que ces malheurs, préliminaires ou accessoires de toute grande révolution, n'ont jamais régénéré un État, et y laissent au contraire le germe, l'exemple, la récompense de tout ce qui peut le vicier, le corrompre et l'anéantir.

Si un État a réellement besoin d'être régénéré, cette entreprise, qui présente tant de dangers et qui doit éprouver tant de difficultés, ne sera jamais l'ouvrage d'une faction. Ce sera Solon qui entreprendra de réformer les lois d'Athènes : ce sera Lycurgue qui voudra faire de Sparte une république invincible : mais pour ce grand ouvrage, l'un et l'autre n'auront que la confiance qu'ils inspirent, et ne voudront employer d'autres forces que celles que cette confiance leur donne. Ce n'est point ainsi qu'agissent les factions ; ce n'est point la confiance qu'elles prétendent inspirer, c'est la terreur. *Lois, mœurs, habitudes, préjugés,* elles n'é-pargnent rien de tout ce qu'elles peuvent prendre pour un obstacle ; elles ne voient que leur but: tout ce qui se trouve sur la route est écarté, n'importe comment.

J'ai tort de dire qu'elles ne voient que le but; car souvent les factieux n'en ont pas de décidé: *animum ex eventu sumpturi.* La faction qui, en commençant, annonce un but, est à-peu-près sûre de n'y pas arriver; l'orgueil et la jalousie s'y opposent d'abord, puis l'intérêt, la haine, la vengeance : vainement elles semblent se réunir ; elles ne se pardonnent jamais, parce qu'elles ont mutuellement le secret de leur perfidie et de leurs crimes. Voyez Antoine, Auguste, Lépide : la république n'avoit pas de plus grands ennemis que ces triumvirs ; mais du moment qu'ils ont commencé à se désunir, ils deviennent les uns pour les autres des ennemis irré-conciliables.

Une faction n'a d'autres principes de gou-vernement que de faire révolutionnaire-ment même ce que les lois et l'autorité publique pourroient faire par des moyens légitimes. La faction de Clodius poursuivant Cicéron, le bannissoit, confisquoit ses biens; toutes choses que les lois faisoient légitimement contre les criminels : le tribunal révolutionnaire condamnoit et confisquoit, ce qui, de tout temps, avoit été fait par les tribunaux réguliers.

Les factions ne manquent jamais de donner à leurs plus grandes iniquités les couleurs du bien public. La formule des proscriptions romaines, qui nous a été transmise par Appien, a une ressemblance parfaite avec tout ce que nous avons vu de nos jours. On proscrit, mais c'est au nom de la liberté; on confisque, mais c'est pour assurer les propriétés; on condamne, mais c'est pour ne pas mettre en danger la vie d'un citoyen.

En France, les États généraux avoient souvent été l'espoir des factions : les circonstances dans lesquelles furent demandés et ouverts ceux de 1789, devoient rendre pour eux ce danger plus imminent; mais pour le rendre plus imminent encore, le gouvernement lui-même se fit factieux : par un aveuglement qui fut l'ouvrage de Necker, il seconda les factions contre lesquelles il auroit dû sévir. Ce ministre désorganisateur fit attaquer par elles les deux premiers ordres de l'État. Impatient de renverser la monarchie, il lui fit prendre d'avance la forme de la démagogie. Sans doute il se formoit déjà des partis en France ; mais ces partis avoient un grand pas à faire pour devenir factions. La sienne fut réellement la première qui agit ostensiblement ; il apprit à celles qui devoient lui succéder qu'elles n'auroient qu'à *oser*. Contre les insurrections que lui-même suscitoit, il affectoit de déployer la force publique, mais en lui défendant d'agir ; il ne la montroit que pour l'avilir, en l'exposant au mépris, et même aux insultes d'une populace soudoyée. Cette populace sentit bientôt qu'elle trouvoit dans les insurrections profit et impunité ; les chefs des factieux purent donc être sûrs de la mettre en mouvement quand ils voudroient. Ils ne tardèrent pas en effet à la mettre en mou-

vement contre Necker lui-même , qui ,
ainsi que tous les factieux, n'eut pas de
plus grands ennemis que les factions qu'il
avoit créées ou maintenues.

Depuis ce moment , il faudroit suivre
pas à pas l'histoire de notre révolution ,
pour voir la naissance, l'accroissement, la
rivalité , les combats , la chute , les vengeances de toutes les factions. Elles s'étoient
déjà annoncées dans l'Assemblée constituante ; mais ce fut dans la législative
qu'elles se prononcèrent avec fureur. La
faction républicaine de cette assemblée
auroit bien voulu fixer la révolution ; mais
la commune de Paris , fière de ce qu'elle
avoit déjà fait, impatiente de ce qu'elle
prétendoit faire encore , alloit toujours en
avant. Dans l'échange de crimes qui s'établit
entre elle et cette assemblée , elle céda
à celle-ci l'initiative, mais en se réservant la
prérogative d'en commettre un plus grand
nombre. Elle laissa assassiner Laporte et Durosoy, pour avoir à son tour, dans les prisons,
le massacre en masse du mois de septembre.

A compter de ce moment, les factions

se formèrent, s'élevèrent, s'abattirent dans un cercle de lois, d'assassinats, de confiscations. Sans entrer dans ces détails repoussans, on peut, je crois, s'en former une idée, en observant soigneusement la Convention à trois époques : depuis la mort de Louis XVI jusqu'au 31 mai 1793 ; depuis le 31 mai jusqu'au 9 thermidor [27 juillet 1794]; depuis le 9 thermidor jusqu'au 1.er prairial [22 mars 1795]. La Convention, en commençant son règne, triomphoit de tous les partis, acharnés jusque-là les uns contre les autres. Les misérables qui votèrent la mort du roi, s'étoient coalisés pour assassiner ce vertueux monarque : ce crime, trop lent au gré de leurs vœux régicides, fut le terme de leur coalition ; dès le lendemain ils cherchèrent réciproquement à se détruire. Bientôt ils s'attaquèrent ouvertement, et les plus audacieux proscrivirent les plus timides. Alors parut au grand jour tout ce que les factions pouvoient renfermer de plus vil et de plus horrible ; et leurs mutuelles accusations effrayèrent l'humanité, en révélant des

3.   22

forfaits inouis, toujours commis, disoit-on, pour le bien de l'humanité même.

Dans les écrits de Brissot et de Camille-Desmoulins sur la république , on est épouvanté de ce qu'on apprend. Soit qu'ils se vantent, soit qu'ils s'accusent, il semble qu'ils craignent de laisser quelque doute sur ce qu'ils ont fait ou voulu faire : mais c'est sur-tout dans le Moniteur qu'il faut voir ce que disoient alors les chefs ou les agens. Plusieurs d'entre eux , encore vivans, ont tenu depuis un autre langage ; c'étoit toujours celui des factions. Il changeoit suivant qu'elles étoient victorieuses ou vaincues, parce qu'une faction n'a et ne peut avoir d'autres principes que de maîtriser les événemens , quand elle est toute-puissante , ou d'agir d'après eux , quand elle est foible.

CHAPITRE X.

DES GUERRES CIVILES.

C'EST une triste vérité, depuis long-temps avouée en politique, que la guerre est un mal, mais un mal nécessaire pour un grand

État; et qu'aucun grand État n'a subsisté sans avoir, à des époques plus ou moins rapprochées, satisfait à cette dure nécessité. Je ne prétends pas assurément étendre cette vérité jusqu'aux guerres civiles : cependant il n'est que trop constant qu'il n'y a pas même de petits États qui en aient été exempts, et qu'elles ont plus ou moins influé sur les progrès, la durée, la grandeur ou la chute des empires. On pourroit donc aussi les regarder comme faisant partie nécessaire de l'existence de tous les États, au moins comme des accidens qui s'y rencontrent fréquemment. D'ailleurs, il est rare de ne les pas trouver dans les révolutions; ainsi, elles tiennent essentiellement à mon sujet, et sont un des points les plus importans à examiner.

Il y a peu de principes absolus à poser dans cette matière; mais les faits répandus dans l'histoire conduisent à des réflexions lumineuses qui aident à juger cette maladie ou ce remède des sociétés politiques.

Je dis cette *maladie* ou ce *remède;* car les guerres civiles peuvent être envisagées sous ces deux points de vue ; et, dans cette manière de les considérer, l'erreur est surtout à éviter ; elle peut être capitale.

Les guerres civiles se font communément pour prévenir, pour opérer, pour arrêter une révolution. Il y a donc des circonstances où elles sont *remède nécessaire* pour guérir une *maladie dangereuse*. Il y a alors un temps déterminé pour les *faire* ; il y a alors un mode indiqué pour les *conduire* ; il y a un moment décisif pour les *finir*. Si on laisse passer le temps de les *faire*, on perd de grands avantages, et l'on se prépare de grandes difficultés. Si l'on se méprend sur la façon de les *conduire*, il faut alors remettre au hasard des combats le succès qu'on eût trouvé dans l'accord sagement combiné des moyens politiques et des moyens militaires. Si on laisse échapper le moment de les *finir*, on prolonge inutilement une calamité publique ; on risque de perpétuer indéfiniment l'application d'un remède qui, alors, ne fait qu'aggraver la maladie : on en perd le fruit, pour n'en plus recueillir que les inconvéniens.

C'est d'après cette distinction qu'il faut juger les guerres civiles. Celle qui, dans un État légitimement gouverné, se fait pour *opérer* une révolution, est injuste dans son but, et dès-lors sera nécessairement coupable dans ses moyens. Celle qui se fait pour *arrêter* ou pour *prévenir* une révolution, est toujours juste, et peut souvent être nécessaire ; les malheurs qu'elle entraîne ne doivent être imputés qu'aux ennemis, à qui l'État n'a pu opposer d'autres armes.

Un coup-d'œil jeté sur des faits qui ont eu lieu dans des temps et des pays bien différens, va répandre sur tout ceci le jour de l'évidence.

César, partant des Gaules à la tête de ses légions, commençoit une guerre civile, pour *opérer* une révolution en se mettant à la tête de la république. Le sénat, en lui opposant des forces dont Pompée fit un si mauvais usage, entreprenoit une guerre civile pour *prévenir* une révolution. Il est bien probable que Pompée avoit foncièrement une autre intention que le sénat ; mais il ne l'avouoit pas, et défendoit ostensiblement la république, dont il prévoyoit la fin, et à qui il espéroit succéder.

Si Louis XVI fût parti au mois de juillet ou d'octobre 1789, il auroit vraisemblablement commencé une guerre civile ; mais il eût *prévenu* la *révolution*. L'Assemblée nationale, en armant les villes et les campagnes, en incendiant les châteaux, commençoit la guerre civile, mais pour opérer la révolution. Les royalistes vouloient faire une guerre civile pour arrêter cette révolution.

En Bohême, le comte de Thurn faisoit une guerre civile pour *opérer* une révolution. En France, Henri III en fit une qui *prévint* une révolution.

Les Provinces-Unies, vexées ou attaquées par les troupes espagnoles, commencèrent une guerre civile, mais sans projet de faire une révolution ; elles y résistèrent long-temps ; et l'Espagne pouvoit la *prévenir*, en faisant cesser les motifs de la guerre civile.

En Angleterre, sur-tout depuis le règne de Jean Sans-terre, toutes les guerres civiles eurent pour but et pour effet de *prévenir* ou d'*opérer* des révolutions. Les succès des armées anglbises en France, pendant le règne de Charles VI, calmèrent, dans la Grande-Bretagne, les idées révolutionnaires et les guerres civiles. Nous avons vu que tout fut comprimé sous Henri VII, Henri VIII, Édouard, Marie, Élisabeth ; et quand les guerres civiles recommencèrent sous Charles I.er, c'étoit, de la part du roi, pour *prévenir,* et de la part du parlement, pour *opérer* une révolution.

Les guerres civiles, à moins qu'elles n'aient lieu entre deux prétendans à la couronne, ne peuvent devenir nécessaires que par de premières fautes du gouvernement. Il faudroit que sa constitution fût bien vicieuse, pour qu'il ne pût pas prévenir à temps cette calamité. Telle étoit la constitution de la Pologne, depuis qu'elle avoit consacré les confédérations, à qui elle donnoit en même temps un pouvoir révolutionnaire. C'est le plus grand écart de l'esprit, entraîné par l'amour de l'indépendance, aveuglé par l'orgueil. Dans des guerres civiles de ce genre, qu'une loi insensée rendoit en quelque façon périodiques, on ne trouve ni plan, ni calcul raisonnable pour les *commencer*, pour les *conduire*, pour les *finir :* la loi a vainement voulu en faire un *remède;* l'intérêt et la passion n'en ont jamais fait qu'une *maladie*. Mais pour toute autre société politique, quand elle se trouve réduite à la nécessité d'une guerre civile, c'est moins l'abus de l'autorité que sa foiblesse qu'il faut en accuser; et, dans l'un comme dans l'autre cas, cette autorité ne peut réparer ses premières erreurs qu'en évitant sur-tout d'en commettre dans l'application du terrible remède qu'elle est forcée d'employer.

Les factieux de la France ont répété, dans leurs proclamations révolutionnaires, qu'il falloit une révolution pour arrêter le despotisme royal; les gens sages ont dit que si l'autorité royale, bien loin d'être despotique, n'eût pas été foible, il n'y auroit point eu de révolution.

Les premières fautes de l'autorité firent la force des trois assemblées : cette force fit, pendant quatre ans, les crimes et les malheurs de la France; et au bout de ce terme, ces malheurs amenèrent la guerre de la Vendée.

A ce nom se renouvelle un des plus grands souvenirs que l'histoire puisse transmettre à la postérité. Lorsqu'on a à parler d'un peuple qui, au milieu d'une corruption générale, a paru tout-à-coup pur et incorruptible; au milieu d'une apathie qui paralysoit des masses entières, s'est montré en même temps aussi énergique en masse, qu'admirable dans les ressources de détail; d'un peuple qui avoit toujours passé pour la portion la moins guerrière de la France, et qui tout-à-coup a étonné la France et l'Europe, en faisant ce que le reste de la France, ce que l'Europe même n'osoit pas faire, et le faisant avec des succès aussi surprenans que ses efforts; d'un peuple sans armes, que l'indignation seule soulevoit contre une puissance formidable; à qui on a dit, *Nous ne pouvons avoir d'autres armes que celles que cette puissance même dirige contre nous, il faut les prendre*, et qui les a prises; d'un peuple enfin chez qui le nom seul de son Dieu ou de son roi faisoit de chaque individu un martyr ou un héros ; qui, sous l'un ou sous l'autre titre, recevoit ou attendoit la mort avec la résignation ou le sang-froid d'un courage tout-à-la-fois humble et sublime; lorsqu'on a, dis-je, à parler d'un tel peuple, et à en parler en historien, on n'éprouve ce me semble qu'un embarras, c'est de savoir se tenir en garde contre l'admiration trop exclusive, quand tout est à admirer; c'est de savoir se défier de l'enthousiasme dont on peut être atteint, quand on trouve par-tout un enthousiasme qui élève l'humanité au-dessus d'elle-même. Pour étudier et bien connoître la guerre de la Vendée, je me suis mis contre moi-même dans un état de défense : ainsi entouré de précautions aussi pénibles pour moi, qu'honorables pour ce peuple immortel, j'ai cherché et j'ai trouvé dans sa guerre des traits lumineux pour juger les guerres civiles.

Les flots de sang répandus dans la guerre de la Vendée prouvent que, lorsqu'une guerre civile est nécessaire, plus on attend, plus on la rend sanglante et douteuse. Il est bien constant que si, en 1791, si même au 10 août 1792, Louis XVI se fût réfugié dans la Vendée pour y commencer la guerre à la tête de ses braves et fidèles habitans, cette guerre eût été courte, décisive, et donnoit une forte impulsion à plusieurs provinces, disposées à imiter ce grand exemple : de plus, la présence du souverain éloignoit toute autre prétention pour commander en chef, et concentroit toutes les opérations sous les ordres d'une autorité unique. La Vendée ressaisit une partie de ces avantages, qui avoient été perdus sans qu'il y eût de sa faute.

Elle profita de l'horreur qu'avoit inspirée la mort du roi pour commencer la guerre deux mois après. La première insurrection eut lieu le 16 mars 1793. Trois chefs célèbres par leurs talens, leur dévouement (1), leur parfaite intelligence, obtinrent de grands succès, et montrèrent

(1) L'un d'eux, la Rochejacquelein, cédant à la noble impatience de ses paysans, se mit à leur tête en leur disant ces paroles immortelles : « *Quand j'irai en* » *avant, suivez-moi ; si on me tue, vengez-moi ; si je recule,* » *tuez-moi.* » L'histoire ancienne n'a rien à mettre au-dessus de cette sublime simplicité.

quels seroient les heureux effets d'une union
si redoutable, quand l'arrivée d'un prince
en auroit assuré la durée. Les chefs avoient
aperçu dans la guerre que la Convention
se faisoit à elle-même, la possibilité de s'entendre avec plusieurs de ses membres, de
se servir d'eux pour transporter au milieu
de la Vendée le jeune roi Louis XVII, intéressant par l'innocence de son âge, autant que par celle de son malheureux père,
à qui la moitié de ses assassins auroit alors
voulu rendre la vie. Une longue minorité,
et la nécessité de composer un conseil de
régence, offroient une perspective séduisante
à l'ambition des révolutionnaires les moins
insensés : épouvantés de l'anarchie qu'ils
avoient créée, ils pouvoient ouvrir une né-
gociation à laquelle ne se seroient pas refusées
la sagesse et l'humanité de Bonchamp, Les-
cure, la Rochejacquelein, qui remplissoient
leur but en sauvant la monarchie, et terminant avec autant de gloire que d'utilité
une guerre illustrée en peu de mois par
tant de triomphes. La mort de ces trois
héros fit disparoître de si justes, de si

grandes espérances : aucun prince ne put recueillir l'honorable substitution qui s'ouvroit pour lui ! Un funeste esprit d'indépendance mutuelle s'empara de tous les chefs : la conduite de la guerre changea entièrement ; il n'y eut plus de concert dans les plans, d'ensemble dans les opérations. La Vendée, écrasée de revers, leur opposa continuellement un courage, une persévérance, une abnégation totale d'elle-même, qui étonnoient ses ennemis, mais ne lui rendoient pas des avantages politiques perdus sans retour.

Des circonstances inattendues ramenèrent cependant, en 1794, la possibilité de reprendre plusieurs de ces avantages, et de finir la guerre.

La mort de Robespierre et de tous ses suppôts devoit être le terme de ce qu'on appeloit le règne de la terreur : la terreur, en s'abîmant sur elle-même, n'avoit laissé en France qu'un chaos, devenu l'effroi ou le tombeau des terroristes eux-mêmes. Un sentiment de repentir chez quelques-uns, d'horreur chez presque tous, demandoit que ce gouffre de cadavres se fermât pour jamais, que cette lave de sang s'arrêtât enfin; et dans la Vendée renaissant de ses ruines, on espéroit, on pouvoit encore trouver le peuple réparateur à qui on devroit la fin de tant de malheurs. Beaucoup de conventionnels, frémissant encore du danger auquel ils avoient miraculeusement échappé, ne voyoient que dans la Vendée le salut de l'État; il y étoit en effet. Toute la fin de 1794, tout le commencement de 1795, se passèrent en négociations, dont les chefs vendéens ne surent pas tirer parti : aussi intrépides, aussi dévoués que leurs prédécesseurs, ils ne savoient que combattre, et non traiter avec les hommes. Ils pouvoient finir la guerre, et ils ne firent que la suspendre par une paix simulée, qui les livroit à la discrétion d'un ennemi perfide, et les décréditoit aux yeux de leurs braves camarades.

Ainsi fut encore perdu le retour inespéré d'un moment qui pouvoit être décisif. La formation des Chouans présentoit à-peu-près les mêmes chances, plus susceptibles peut-être de se multiplier par l'étendue du territoire qu'ils pouvoient occuper. Le même défaut d'ensemble et d'unité affoiblit et dispersa successivement des forces imposantes ; et après avoir fait des efforts plus que suffisans pour triompher et de la Convention et du Directoire, ces rassemblemens si formidables disparurent victimes ou dupes du Consulat.

La ville de Lyon, qui, en 1793, soutint avec gloire un siége meurtrier; qui, après sa reddition, éprouva pendant six mois tout ce que la férocité peut imaginer de plus affreux; qui avoit eu le courage d'immoler à la vengeance nationale un monstre, la honte de la nation, Lyon auroit bravé la vengeance de la Convention, si elle n'eût pas voulu d'abord garder avec elle quelques ménagemens. Elle pouvoit s'entourer des forces que lui offroient les départemens voisins : elle perdit l'occasion de les rassembler ; et la Convention, qui brusquoit le crime, fit attaquer et dévaster cette royale ville par les départemens mêmes qui s'étoient ligués pour la défendre.

Lyon succomba donc pour avoir commencé la guerre trop tard. La Vendée, sous ses premiers chefs, eut de brillans succès pour l'avoir commencée à temps. La Vendée s'intitula sur-le-champ *armée royale et catholique*, et manifesta ouvertement l'intention de vaincre ou de mourir pour le trône et pour l'autel ; ce qui étoit le moyen de disposer absolument de toutes les ressources des campagnes, où l'autel et le trône étoient révérés. Lyon, aussi attaché sans doute à l'un et à l'autre, ne parla ni de l'un ni de l'autre. Dans une cité populeuse et marchande, où tous les intérêts viennent se réunir, on n'osa pas imiter la noble franchise de la Vendée. On parla du salut de la république, en combattant contre les fondateurs de cette même république. Cette dissimulation ne trompa point la Convention, et la servit peut-être, en condamnant à l'inaction de fidèles François, qui vouloient bien risquer, même donner leur vie, mais qui répugnoient à l'idée de mourir en laissant après eux quelques doutes sur la scrupuleuse intégrité de leur honneur.

Ce n'est pas que, dans les guerres civiles, l'honneur ne puisse, ne doive même quelquefois se prêter à des tempéramens que la politique exige et que le bien public avoue. Monck n'auroit jamais accompli, et sur-tout accompli sans effusion de sang, sa glorieuse entreprise, s'il eût laissé voir tout-à-coup le but auquel il tendoit. Ce sont de ces momens difficiles où il faut louvoyer pour ne pas se briser, où il faut craindre de heurter contre un écueil qu'on peut tourner, où la prudence et le temps font plus que les plus violens efforts, où le plus grand et le dernier sacrifice qu'on puisse faire à sa patrie, mais qu'on ne feroit pas pour soi-même, est celui de sa propre réputation.

En prenant le parti d'attendre sous ses murs l'armée de la Convention, Lyon s'offroit à une destruction entière avec plus d'héroïsme que d'espoir de succès. On admira son dévouement; mais on prévit l'époque où finiroit une défense qui, ainsi réduite dans l'intérieur de ses murailles, ne pouvoit se soutenir long-temps; et cette conjecture, trop bien justifiée par l'événement, retint encore plusieurs communes disposées à la défendre. Lyon se flatta trop aisément de voir arriver un secours étranger, que la foible cour de Turin n'avoit ni le pouvoir, ni sur-tout la volonté d'envoyer.

Les premiers chefs vendéens, en faisant insurger autour d'eux des départemens entiers, se créoient eux-mêmes des ressources qui pouvoient leur donner le temps d'en attendre d'autres, qui déjà leur procuroient la force la plus importante dans les guerres civiles, celle de l'opinion, et qui, en outre, leur assuroient la facilité de varier leurs attaques et de concentrer toujours leur défense dans des lieux inexpugnables. Leur première faute fut de s'éloigner imprudemment d'un pays où ils étoient invincibles, d'aller à une grande distance attendre des secours légèrement promis, et, en renonçant à l'espoir de les voir arriver, de perdre une armée, une population entière, qui, en combattant près de ses foyers, se suffisoit à elle-même; mais qui, toujours harcelée par des troupes régulières, ne pouvoit résister à une longue retraite, et dont cependant les restes épuisés rentrèrent encore dans leur patrie, accablés de malheurs, mais plus dévoués que jamais à la noble cause dont ils avoient embrassé la défense.

Car il est à remarquer que ce dévouement absolu du cœur et de l'esprit, qui, lors des guerres civiles, ne peut se trouver constamment dans des rassemblemens militaires, se trouve presque toujours dans des masses armées, sur-tout lorsque, pour les réunir et les mettre en mouvement, on n'a employé d'autre pouvoir que celui de la conviction intime de la justice de leur cause. C'est ce qui fit si long-temps la force de la Vendée; c'est ce qui se voit toujours dans les guerres de religion : et celle-ci en étoit une, mais d'un genre absolument nouveau; car c'étoit la guerre de la piété la plus simple contre l'athéisme le plus barbare. Le brave et religieux Vendéen se voyoit appelé, par l'ordre de la providence, à défendre les deux autorités spirituelle et politique; à les défendre sous la direction de ses pasteurs légitimes, sous le commandement de ses anciens seigneurs. Les principes de la chevalerie, autrefois si célèbres dans les châteaux de ces provinces, paroissoient, à la fin du XVIII.ᵉ siècle, être aussi répandus dans les chaumières, et faisoient un grand contraste avec ceux que, pendant ce temps, les *clubs*, les *comités*, la *Convention*, proclamoient dans le reste de la France. Des hommes ainsi rassemblés, ainsi conduits, ainsi inspirés, devoient être invincibles, et l'étoient en effet; on pouvoit les exterminer, mais on ne pouvoit pas les vaincre : ce fut le parti que prit cette Convention homicide; elle fit un traité avec la mort, pour que la mort anéantît tout ce qui existoit sur un territoire immortalisé par tant de vertus. *Hommes, femmes, enfans, animaux, bâtimens*, tout fut proscrit par un décret dont l'atrocité étoit inconnue jusqu'alors dans les annales de la perversité humaine; tout disparut : car cet effroyable décret trouva des exécuteurs ; et nous voyons encore au milieu de nous ces agens stupides et féroces, altérés de sang et de larmes, dont la rage s'alimentoit d'incendies, de décombres et de cadavres.

Tel étoit cependant, dans ces illustres et malheureuses contrées, l'empire d'une opinion profonde et vraïe, que tout ce qui échappa à la mort étoit encore prêt à la braver, par les mêmes motifs, avec la même énergie. Le paysan qui venoit de perdre sa cabane, ses bestiaux, ses enfans, baraqué sous la terre, d'où il sortoit pour cultiver son champ, appeloit du fond de son cœur un des princes dont il avoit si bien défendu la cause, s'armoit encore sur le premier espoir de le voir paroître, et ne demandoit d'autre récompense que de le voir, de combattre et de mourir pour lui. Sans doute la perte de tant et de si grands moyens de restauration est un sujet éternel de regrets pour la monarchie françoise; mais l'histoire et la contemplation de tant d'efforts, de tant de dévouement, qui se perpétuent au milieu de calamités inouies, sont un sujet éternel d'admiration pour tout citoyen attaché à son souverain et à sa patrie: je dirai plus, elles sont un sujet éternel de gloire, sinon pour toute la nation françoise, au moins pour ces provinces, parce qu'il n'y avoit peut-être que des François qui fussent susceptibles d'un si grand héroïsme, et capables de sentir que c'étoit à eux qu'il appartenoit de le nationaliser, pendant que la Convention et le Directoire cherchoient à nationaliser en France la dévastation, l'assassinat et le régicide.

Grâces soient donc rendues à ces provinces, où s'est conservé le dépôt de l'honneur françois; où ce feu sacré vit encore sous les cendres dont il a été couvert par un feu dévastateur ; d'où nous l'avons vu sortir pour expier des jours sinistres, pour purifier une grande nation, pour la consoler de ses funestes triomphes, pour donner à l'Europe et au monde entier des leçons qu'on ne trouve point ailleurs! Grâces soient rendues à ce Bonchamp, le modèle des vrais héros, à qui son cœur avoit révélé comment un bon citoyen conduit une guerre civile devenue nécessaire ; qui voyoit toujours des compatriotes dans ses ennemis ; qui leur ouvroit toujours des voies de rapprochement ; qui, en qualité de chef, se croyoit encore plus obligé de donner l'exemple d'une grande abnégation de lui-même; dont la dernière parole, qui a été obéie, a commandé le pardon, et qui expira en sauvant la vie de quatre mille forcenés conjurés contre la sienne !

Un des grands malheurs des guerres civiles, c'est l'exaspération dans laquelle elles mettent ou maintiennent chaque parti. Bonchamp sut arrêter celle du sien, quoiqu'elle parût bien justifiée par les événemens. Il ne vouloit point fermer la porte au repentir; il appeloit à lui cette seconde vertu des hommes, précisément parce qu'il n'avoit jamais eu besoin d'y avoir recours. Il redoutoit peut-être encore plus les scissions ou les rivalités de son propre parti; et la grande confiance qu'il inspiroit eût prévenu les malheurs qui enlevèrent à la Vendée l'avantage inestimable d'un accord unanime. Jamais, s'il eût vécu, le brave Marigny n'eût été victime de la haine de Stofflet, ou plutôt de la jalousie du prêtre perfide dont Stofflet n'étoit alors que l'instrument, et qui trahit Stofflet lui-même, dès qu'il se fut assuré du prix de sa trahison.

Le premier Bourbon qui régna en France, et dont le règne fut un bienfait acheté par une guerre civile, avoit senti la triple nécessité d'adoucir les haines civiles, même au milieu des combats, de maintenir l'union dans son parti, de profiter des dissensions de ses ennemis. Pendant que la famine dépeuploit la capitale, les soldats du Béarnois avoient ordre de porter des vivres aux assiégés. Au milieu du déchirement de toutes les parties de l'État, le bon Henri en préparoit le rapprochement par un acte d'humanité qui indiquoit autant la bonté de son cœur que la sagesse de sa politique; et ses ennemis les plus acharnés, jugeant bien quel seroit l'effet de cette bienfaisance, vouloient encore persuader à un peuple expirant de faim, de mourir plutôt que d'être nourri par son roi. Ce contraste frappant, qui met dans un si grand jour, d'un côté l'honorable modération du vainqueur, de l'autre l'aveugle frénésie des vaincus, amena l'heureux dénouement qui réunit enfin des enfans sous l'égide de l'autorité paternelle.

C'est en faisant toujours sentir dans son

propre parti et la douce influence et la force
de cette autorité, que Henri parvint à y
maintenir l'union qui lui étoit si nécessaire.
La guerre paroissoit être une guerre de religion, soutenue sous ce nom par l'or de
l'Espagne et les foudres de Rome. Le parti
du roi comptoit autant de catholiques que
de protestans : Henri confondoit ces deux
noms dans celui de royalistes ; et ce mot,
toujours destiné à être le salut de la France,
ne désigna plus que des François fidèles,
des ennemis généreux, des guerriers invincibles par leur union autant que par leur
courage.

Le défaut de cette union affoiblissoit
tous les jours le parti de la Ligue. La fureur
des *Seize* (les terroristes de ce temps-là)
effrayoit les Guises et leurs agens : plusieurs
catholiques ne voyoient dans les Guises
que des sujets coupables, dont l'ambition
se servoit de la religion pour détrôner la
dynastie régnante. La partie du parlement
restée à Paris ne vouloit qu'un roi catholique, mais ne vouloit pas exclure Henri,
qu'une abjuration pouvoit placer sur le

trône ; et ce fut ce parlement qui rendit le célèbre arrêt de 1593, au moment où les Guises assembloient, pour se faire proclamer, un simulacre d'États généraux. Cet arrêt fut le point de ralliement de ceux qui, en restant dans le parti de la Ligue, ne vouloient qu'obliger Henri à quitter la religion réformée. Ce monarque trouva parmi eux des sujets zélés et d'habiles ministres. Brissac, secondé par les principaux magistrats, termina la guerre civile, en ouvrant les portes de Paris ; Villeroi entra dans les conseils, où il rendit de grands services ; Jeannin y porta toutes les lumières, toutes les ressources d'un esprit juste, d'une grande instruction, d'une ame noble et pure, uniquement occupée du bien public.

Ainsi la sage politique de Henri servit autant que son courage à lui faire tirer parti de la diversité des motifs qui animoient ses ennemis : il trouva des ressources dans la guerre civile, et fit tourner au profit de l'État les moyens qu'elle ayoit développés dans la nation. Il est à observer qu'il n'employa ces moyens qu'avec une extrême sagesse; qu'il n'en força aucun ; que dans l'espace de dix années il rétablit entièrement les finances ; et que la guerre qu'il alloit entreprendre au moment de sa mort, n'avoit pas pour but de dévaster et de bouleverser l'Europe, mais d'en assurer l'équilibre politique. Pourquoi ? c'est qu'il n'avoit pas *opéré*, mais *prévenu* une révolution : la révolution *prévenue* le mettoit ou plutôt le laissoit à sa place, où il étoit de son intérêt de réparer tous les maux et de consolider la tranquillité publique ; la révolution *opérée* eût mis à sa place un usurpateur, qui, toujours inquiet ou effrayé pour lui-même, auroit subordonné tous les soins de sa nouvelle grandeur à celui de s'en assurer la conservation.

Ainsi la guerre civile, *nécessaire* à ses ennemis autant qu'à lui, mais à eux pour *opérer* une révolution, à lui pour l'*empêcher*, fut de leur part une *maladie* qu'ils donnèrent à l'État pour élever leur grandeur sur sa foiblesse, et, de la part de Henri, un *remède* qui rendit à l'État de nouvelles forces.

Il est donc incontestable que les sociétés politiques peuvent se trouver dans des circonstances dangereuses, et même mortelles, auxquelles elles n'échappent que par la guerre civile : c'est une crise violente, il est vrai, mais qui les arrache à une mort iné-vitable; et quiconque a réfléchi sur la dé-composition d'un grand État, sur les déchi-remens qui la précèdent et l'accompagnent, sur les secousses qui la suivent, pour arri-ver ensuite à une situation supportable peut-être, mais encore précaire, conviendra qu'un homme d'État qui a une fois jugé la guerre civile *nécessaire,* commettroit, en la différant, une faute plus grande encore qu'en la conduisant mal quand elle est commencée. Un coup-d'œil prompt et juste, une heureuse audace, un grand dévoue-ment, peuvent réparer des fautes militaires : les fautes politiques ne se réparent guère, du moins quand elles tiennent au temps que l'on a perdu, ou aux circonstances dont on n'a pas su profiter.

Je n'ai point attendu, pour parler ainsi, les événemens qui ont signalé en France les guerres civiles depuis 1793 : ils ont donné une nouvelle force à mon opinion; mais

bien antérieurement mon opinion étoit formée : je n'avois pas craint de l'exprimer
avec toute l'énergie d'une conviction profonde qui veut faire adopter une grande
vérité. Au mois de janvier 1790, je fis imprimer une brochure (1) intitulée *État actuel
de la France :* j'y prouvois que la monarchie
étoit dans un état de dissolution totale. Au
dernier chapitre, j'examinois s'il falloit re-
courir à une guerre civile : je décidois pour
l'affirmative. Quelques ames foibles furent
effrayées de ma décision, et me firent part de
leur improbation : pour les ramener à mon
opinion, il a fallu que les plus affreuses calamités vinssent en tracer la démonstration
sur des monceaux de ruines et de cadavres.

Depuis quatre-vingts ans il n'y avoit
point eu de guerre civile dans la Suisse ;
et elle sembloit s'applaudir de cet état pa-
cifique, qui, en effet, eût été un bonheur
pour elle, si, pendant ce temps, rien n'avoit
changé en elle et autour d'elle : mais durant
ce long intervalle, ce double changement

---

(1) Celle que j'ai citée page 60 de ce volume.

s'opéroit, et s'opéroit sans que la Suisse parût s'en inquiéter, ce qui étoit un malheur beaucoup plus grand qu'une guerre civile, parce que, dès qu'on l'aperçut, on n'étoit plus à temps de le prévenir, pas même peut-être de le réparer. Autour d'elle, la monarchie françoise, sa plus fidèle, sa plus antique alliée, avoit été engloutie par un tourbillon révolutionnaire, et remplacée par un volcan dont les fréquentes éruptions devoient incendier sur-tout ce qui l'avoisinoit : en elle, deux peuples très-différens s'étoient formés, et conservoient entre eux l'apparence des mêmes relations, quoique n'ayant plus aucune ressemblance. Tous les petits cantons, les montagnards de la Suisse, étoient restés peuple pasteur et guerrier; les autres cantons se souvenoient à peine d'avoir été peuple pasteur ; ils n'étoient même plus guerriers que par spéculation ; et par spéculation aussi, ils étoient devenus négocians. Dans les différentes corporations d'un peuple pasteur et guerrier, il peut y avoir quelque rivalité ; mais il n'y a jamais de corruption : celle-ci arrive avec la richesse, et la richesse avec le commerce. La richesse et la corruption se trouvèrent donc établies dans la partie prépondérante de l'Helvétie, et ne virent dans l'autre partie que des esclaves ou des ennemis. Malgré cela, la société helvétique se disoit, se croyoit même en paix, pendant qu'elle étoit réellement dans un état de guerre. Le torrent de la révolution surprit la Suisse dans cette situation d'autant plus dangereuse, qu'elle étoit directement contraire à ses institutions et aux principes de ses gouvernemens. Les révolutionnaires françois, qui se proposoient de la dépouiller un jour, vouloient auparavant l'avilir en l'enrichissant. L'avidité helvétique, sans croire à la spoliation que tous les gens sages lui annonçoient, se prostitua sans hésiter à un avilissement qui devoit l'enrichir. Pendant que toute communication commerciale étoit, sur le continent, interdite avec la France, la Suisse devint publiquement l'entrepôt d'une contrebande anti-sociale. Le peuple qui avoit juré haine à tous les gouvernemens, c'est-à-dire à tous les peuples, trouva chez elle

chevaux, armes, vivres, tout ce dont il avoit
besoin pour révolutionner l'Europe; et en
échange ce peuple lui prodigua l'or et le mépris : alors il n'y eut plus de société helvétique; tout lien fut rompu chez elle. Le Suisse
n'eut plus d'autre patrie que le pays où il
pouvoit espérer de mettre ses richesses en
sûreté. La guerre civile la plus acharnée
eût été préférable à cet état, qui livroit
l'Helvétie à la discrétion de ses ennemis,
en lui ôtant le pouvoir et sur-tout la volonté de résister : aussi, lorsqu'ils crurent
qu'il étoit temps de l'attaquer, ils traitèrent
cette guerre comme une prise de possession;
ce n'étoit plus et ce ne pouvoit plus être
que cela. On ne trouva ni résistance ni
honneur : la Suisse tomba sans gloire, et
ne parut regretter que les millions qu'on
lui prenoit. Dans les petits cantons, et sur
le sommet de quelques montagnes, se retira
la bravoure helvétique : là elle se retrouva
toute entière ; là elle se défendit long-temps,
même contre la trahison ; et dans une lutte
aussi inégale, les habitans de Stantz et de
Schwitz prouvèrent ce que les treize can-

tons réunis auroient pu faire, si l'énergie eût été chez quelques-uns d'entre eux retrempée par une guerre civile, au lieu de s'éteindre dans des spéculations avides et dans la turpitude d'un repos aussi funeste que précaire.

Lorsque je parle des guerres civiles comme pouvant être un remède utile et même nécessaire dans les maladies politiques, il est évident que je n'entends pas y comprendre celles qui se font entre des prétendans à une souveraineté : celles-là sont toujours une calamité pour l'État dont deux ambitieux se disputent la possession ; il est alors le prix de la victoire, qui, de quelque côté qu'elle se déclare, peut rarement tourner à l'avantage du bien public. Je dis *rarement*, parce qu'il n'est pas impossible qu'il en résulte pour l'État quelques changemens utiles. Chacune des factions (car alors il n'y a plus que des factions) cherche à grossir le nombre de ses partisans par des concessions, ou au moins par des promesses ; et, dans les unes ou les autres, l'État peut quelquefois trouver ou la réforme d'un abus

3.   24

dangereux, ou même le germe d'un bon
établissement. Ainsi, dans le temps des plus
grandes rivalités entre les maisons d'Yorck
et de Lancastre, les communes d'Angleterre
firent reconnoître leur première existence
légale, et obtinrent la plupart des lois sur
lesquelles repose aujourd'hui ce que la
Grande-Bretagne appelle sa constitution.
Mais ces avantages sont trop rares pour
qu'on puisse les calculer dans les résultats
de cette espèce de guerres civiles. Le plus
ordinairement ils sont nuls, parce que ces
concessions, ces promesses, sont toujours des
nouveautés arrachées par la violence, accor-
dées par la crainte, interprétées par la licence
ou la mauvaise foi; et, dans tout cela, je ne
vois rien de ce qui doit produire de bonnes
lois. Dans la guerre civile dérisoirement appelée la guerre du bien public, quelques
princes, jaloux des accroissemens que
Louis XI donnoit à son autorité, vouloient
le ramener dans des bornes constitution-
nelles, disoient-ils, mais qui, au fait, devoient garantir leur indépendance. Pour
arriver à ce but, qui tenoit à leur avantage

personnel, ils ne parloient que des avantages publics dont la guerre alloit faire
jouir l'État ; et, dans le traité qui termina
cette guerre, et qui parut concilier tant
d'intérêts, le bien public fut le seul intérêt
dont on oublia de s'occuper.

La république romaine s'étoit toujours
accrue au milieu des dissensions intestines ;
elle périt quand ces dissensions prirent un
caractère de guerres civiles, et il est aisé
de s'en expliquer la raison. Aucune de ses
premières dissensions n'avoit attaqué la république ; au contraire, elles avoient toujours pour motif de conserver la république
sous tels modes plutôt que sous tels autres.
On peut donc dire qu'elles avoient plutôt
élaboré la constitution, en lui faisant suivre
les divers changemens des mœurs, des fortunes, et sur-tout des conquêtes. L'opposition que ces changemens éprouvoient
souvent de la part du sénat, empêchoit
qu'ils ne fussent absolus, qu'ils ne se fissent
trop brusquement, qu'ils ne devinssent des
bouleversemens subits, au lieu d'être des
mutations graduées. Les anciennes auto-

rités, entravées, menacées même un moment, dans quelques insurrections popu-
laires, reprenoient toujours leur antique
considération ; et ce respect héréditaire,
voué aux premières institutions, soutenoit
la république dans les plus grands ébranlemens. Une des principales crises qu'elle
éprouva fut provoquée par les Gracques ;
deux fois le sang de ces fougueux démagogues, versé à propos, suffit pour dissiper
leurs partisans et ramener le calme ; la
crise finit avec eux, et ne put produire une
guerre civile : mais quand Marius et
Sylla se furent lancés sur l'arène , le
sang répandu par l'un provoqua l'autre
à en répandre davantage ; ce n'étoit plus
un chef du peuple qui troubloit la ville
avec quelques factieux, c'étoit un général
d'armée, qui, avec des légions aguerries,
attaquoit Rome, l'Italie, l'État tout entier,
pour s'en déclarer le chef. Les avantages
que la république avoit pu successivement
retirer de ses dissensions, ne purent jamais
résulter des guerres civiles, parce que les
guerres civiles n'eurent lieu que pour

savoir ce qui succéderoit à la république. Quelques noms que prissent les chefs, quelques hommages qu'ils affectassent de rendre à la souveraineté du peuple-roi, c'étoit toujours un combat entre eux pour exercer eux-mêmes cette souveraineté.

Cela est si vrai, qu'à compter de cette époque, on ne voit plus à Rome le moindre vestige de ces dissensions intestines, si fréquentes dans les beaux jours de la république : elles ne pouvoient exister qu'avec elle et pour elle, et la république n'existoit plus. Aussi, sous les empereurs, depuis le soulèvement de Vindex, toutes les insurrections n'eurent lieu que pour la nomination d'un empereur, et toutes les insurrections furent des guerres civiles, mais guerres civiles qui étoient toujours une *maladie* et non un *remède* pour l'État. Cela fut sur-tout sensible dans le siècle qui suivit les heureux règnes de Trajan, d'Adrien, et des deux Antonins. Cela le fut encore plus lorsque le siége de l'empire eut été transféré à Constantinople. Dans les guerres civiles sans cesse renaissantes, il n'est jamais question que de compétiteurs qui se disputent l'empire. Or, un pareil genre de guerre use, corrode, épuise l'État, envenime ou multiplie les plaies sans jamais les fermer.

Il en est de même de toutes les guerres civiles que nous voyons dans les États asiatiques. L'histoire ancienne de ces contrées offre là-dessus une conformité parfaite avec leur histoire moderne ; et sous les noms de Uzun-Hassan, de Roustam, de Schah-Husseïn, de Mir-veïs, de Mahmoud, de Kouli-khan, on r trouve en Perse, depuis le quinzième siècle, les mêmes événemens que lors de l'élévation ou de la chute de ses quatre plus anciennes dynasties, que lors des invasions des Califes ou des Tartares. Jamais à aucune époque il ne s'éleva, ni en Perse, ni dans l'Inde, aucune question sur la forme du gouvernement : elle est immuable, au milieu de toutes les mutations des gouvernans. C'est toujours une discussion personnelle entre eux, qui se termine par une bataille et plus souvent par un assassinat, ou même par des massacres. Quand Mahmoud eut détrôné Schah-Husseïn, il fit égorger les familles entières des principaux habitans d'Ispahan.

Les guerres civiles de religion sont encore au nombre de celles dont l'État ne peut retirer aucun fruit ; et les révolutions de Perse dont je viens de parler nous en fournissent aussi des preuves. Quoique Omar en eût achevé la conquête, commencée par Mahomet, la doctrine d'Ali y eut de nombreux partisans : les deux sectes y occasionnèrent souvent de grands troubles ; et lorsque Uzun - Hassan , en faisant triompher celle d'Ali , voulut donner une forme politique à ce schisme religieux , il éprouva une forte opposition ; il finit même par en être la victime. Mais le gouvernement ne fut pour rien dans cette querelle religieuse , qui cependant pouvoit, et même avec raison , s'envisager sous un rapport d'utilité politique. Il pouvoit importer aux Persans , voisins et jaloux des Turcs, de maintenir entre les deux empires une barrière religieuse , et de prévoir ce que produiroit à la longue, sur une population ignorante et superstitieuse , le pélerinage de la Mecque , où les Turcs étoient maîtres absolus. Mais cette prévoyance, qui paroit bien avoir été celle d'Uzun, agit foiblement sur ses partisans : ils ne furent que des sectaires ; ils n'eurent d'autre politique que l'opposition de leurs croyances, opposition qui même encore aujourd'hui produit en Perse des troubles fréquens, toujours inutiles, et souvent nuisibles à l'État.

C'est que l'antipathie religieuse est encore plus forte que l'antipathie politique : et comme le propre des guerres civiles est de mettre toutes les passions, toutes les animosités dans la plus grande incandescence possible, la guerre civile de religion les y met bien plus fortement que toute autre, les y maintient bien plus long-temps, parce que tout ce qui tient aux sentimens religieux, à la conviction du cœur, à l'abandon mystique, est aussi incalculable dans ses effets, qu'incommensurable dans son objet. L'homme sage qui, au milieu de cet enthousiasme spirituel, oseroit parler de quelques sacrifices à faire à l'utilité politique, ne seroit pas écouté ; sa raison passeroit pour impiété, et ses raisonnemens pour des blasphèmes.

Dans les guerres de religion qui suivirent la mort de Henri II, des deux côtés il y avoit sans doute parmi les chefs des vues politiques ou ambitieuses : ce ne fut jamais celles-là qu'ils montrèrent; ils ne parloient jamais que des intérêts religieux. Les Guises en laissèrent trop tôt entrevoir d'autres : ce fut ce qui les perdit et affoiblit leur parti. Henri III, catholique, en joignant son armée à celle de Henri, protestant, ôta à la guerre civile sa qualité de guerre de religion; ce ne fut plus qu'une guerre politique, qu'une guerre civile ordinaire, entre un souverain légitime et un sujet révolté, qui vouloit devenir usurpateur.

Il est incontestable que la guerre de trente ans commença plutôt par des motifs religieux que par des motifs politiques, ou du moins que les premiers furent ceux qui se manifestèrent le plus, qui même se manifestèrent seuls pendant les premières années. Les princes qui étoient entrés dans cette guerre par politique, n'osoient pas avouer leur véritable intérêt : peut-être même, pour accoutumer les peuples à combattre contre

les successeurs de Charles-Quint, à faire
les sacrifices et les efforts nécessaires dans
une telle entreprise, falloit-il un motif
surnaturel, et qui les élevât au-dessus d'eux-
mêmes, en leur déguisant leur foiblesse.
Mais l'élan une fois donné, le vrai motif
devenoit de plus en plus visible, et j'ai observé que Richelieu le rendit évident en mê-
lant en Allemagne les armes des catholiques
aux armes de la religion réformée qu'il combattoit en France. Il fut alors bien démontré
que c'étoit une guerre politique de l'empire
germanique contre son chef, qui vouloit
en être le souverain absolu. Richelieu la
soutint ainsi, même après la mort de Gustave : son ombre ou son génie la soutint
de même après sa mort. Sur ce même principe, Oxenstiern et d'Avaux suivirent pendant cinq ou six ans les conférences de
Munster et d'Osnabruck ; et les effets de
cette guerre civile et du traité qui la termina, furent conformes aux maximes que j'ai
établies ci-dessus. La paix de Passaw et celle
d'Ausbourg avoient transigé sur les intérêts religieux, sans assurer solidement ceux

du corps germanique. Par la paix de Westphalie ces intérêts furent spécifiés, reconnus, garantis; et l'indépendance de ses
membres, constatée par le plus grand monument qu'ait jamais offert le droit public, fut
le fruit d'une guerre de trente ans.

La guerre civile fut bien alors un remède
violent, mais utile; sans elle les deux
branches de la maison d'Autriche exécu-
toient le plan de Charles-Quint. Elle fut
de plus nécessaire, parce que, pour arrêter
un torrent qui avoit été plusieurs fois sur le
point de tout engloutir, il falloit une digue
assez solidement construite, assez fortement liée dans toutes ses parties, pour
recevoir les plus forts ébranlemens sans se
rompre, et contre laquelle ce torrent vînt
user avec le temps une force qu'on avoit
crue inépuisable. C'est ce que l'on vit pendant tout le cours de la guerre, pendant
le cours des négociations, et c'est ce que
prouvèrent les événemens subséquens. Jamais l'Autriche n'a réparé les pertes qu'elle
fit à Munster; et j'ai dit ailleurs que depuis

ce temps, tous les traités qu'elle avoit signés avoient été à son désavantage (1).

Mais en jugeant, d'après tous ces faits, de l'utilité, de la nécessité dont peuvent être quelquefois les guerres civiles, il ne faut pas perdre de vue que l'application de ces remèdes violens ne convient qu'à de grands États, et ne devroit être faite que par de grands hommes.

Dans les petits États, les guerres civiles deviennent des procès de famille, des querelles de ménage; on y voit de grandes haines et de petits moyens : ce sont des coteries armées ; on y retrouve tous les inconvéniens des animosités héréditaires, des vengeances substituées indéfiniment. On est épouvanté de l'énormité des crimes et de leurs obscures combinaisons ; et après des époques désastreuses, on cherche vainement quelque partie de l'État qui sorte de ces crises avec une constitution plus solide, un régime plus sage, des vues plus éten-

_____

(1) Cela a été exactement vrai jusqu'en 1814.

dues. Le traité qui paroît terminer ces guerres n'est jamais que le triomphe de l'orgueil sur la foiblesse ou la lassitude. L'histoire des guerres civiles de Pise, de Lucques, de Sienne, de Florence, de Gènes, de Bologne et d'autres villes d'Italie, est là-dessus d'une monotonie fatigante : ce sont toujours les mêmes faits sous d'autres noms, et surtout les mêmes perfidies; parce que la perfidie est l'arme la plus familière à la perversité foible et timide, qui voudroit s'élever jusqu'aux grands crimes : elle porte même dans les forfaits un tâtonnement pusillanime, et ne leur donne jamais ce caractère d'audace qui cherche, qui affronte les dangers, qui croiroit s'avilir en les évitant, et qui aime mieux les braver avec témérité, que de les éluder avec adresse. Ce que je dis ici sur la perfidie, sur la mesquinerie des petits moyens employés par de grandes haines, me paroît sur-tout démontré à chaque page dans Machiavel. Ce penseur sombre et profond avoit bien étudié l'homme, mais ne l'avoit jamais vu que sur un petit théâtre : rien ne lui échappe; il dé-

couvre et nous montre les plus petits fils;
il saisit les plus imperceptibles; nous les
apercevons dans une action perpétuelle.
Mais voyez les individus que ces fils font
mouvoir; comme ils paroissent petits! ce ne
sont pas des hommes. Jamais la lecture
seule de Machiavel ne donnera un chef
habile à une guerre civile, parce que
l'homme qui n'aura jamais étudié les principes de la politique que dans Machiavel,
ne sera jamais un homme d'État (1).

Ceci me ramène à la seconde proposition que je viens d'énoncer : c'est qu'une
guerre civile ne peut être faite utilement
que par un grand homme; et je ne donne
ce nom qu'à celui qui est véritablement
homme d'État.

Si, dans le gouvernement habituel et paisible d'un grand empire, il est difficile d'en

---

(1) On y trouve sans doute des principes dont
l'homme d'État peut tirer un grand avantage; mais l'application qu'en fait constamment Machiavel, semble
rétrécie dans les foibles proportions de la souveraineté
sous laquelle il vivoit; et on ne peut douter que la force
et l'application des principes doivent toujours être
en proportion de l'étendue de l'empire.

connoître à fond les avantages et les inconvéniens, de bien calculer le développement
qu'on peut donner aux uns, et le parti
même qu'on peut tirer des autres ; si le
génie le plus vaste peut quelquefois être
gêné dans ses conceptions ; si l'esprit le plus
sage peut se trouver entraîné hors des mesures de la prudence, que sera-ce au milieu
de la confusion d'une guerre civile, du mélange et de la réaction de tous les intérêts,
du silence des lois ou de l'impossibilité
de les appliquer, de la nécessité de con-
traindre, et cependant de ménager, de montrer un grand caractère sans rudesse, une
ténacité qui ne soit point de l'entêtement,
une facilité qui ne soit jamais de la foiblesse ? que sera-ce, lorsqu'on n'aura en
main qu'un pouvoir révolutionnaire, et
qu'on n'en dispose pas seul ; lorsqu'à l'extrême difficulté d'en user, se joint celle d'empêcher qu'on n'en abuse ? Car il ne faut pas
se le dissimuler ; quelque légitime, quelque
nécessaire même que soit une guerre civile,
c'est un pouvoir révolutionnaire : il faut
donc lui appliquer ce que je dirai bientôt

sur ce pouvoir (1), sur-tout lorsqu'il veut devenir légal (2) : le saisir, l'employer, le déposer à propos, voilà le grand art, voilà le comble de la science et de la gloire, pour celui qui ose entreprendre de sauver sa patrie, en paroissant aggraver ses maux, et qui, également sûr et fort de la pureté de ses intentions, de l'activité de son génie, de l'infaillibilité de son coup-d'œil, ne craint pas d'appliquer à toutes les plaies de l'État un feu qu'il dirige, qu'il modère, qu'il éteint à volonté. On pourroit dire que le ministère, ou, si l'on veut, le règne du cardinal de Richelieu, fut presque toujours un état de guerre civile ; et c'est sous ce point de vue que je vais l'envisager ici : mais il faut convenir aussi que les circonstances où il se trouva ne lui présentoient pas d'autres moyens de parvenir à son but. Il avoit pressenti que le bien de la France exigeoit que l'autorité royale fût une et forte ; que la politique extérieure ne l'exigeoit pas moins, pour que la France pût

---

(1) *Voyez* chapitre XXIV.
(2) *Voyez* chapitre XXV.

arrêter la marche effrayante de la maison d'Autriche. Ce but une fois bien fixé, cette volonté bien déterminée de sa part, il examina quels obstacles il pouvoit trouver en France : il vit qu'il y en avoit deux, le pouvoir des protestans, et celui des grands vassaux. Il se promit d'abattre l'un et l'autre, et il y parvint.

Il ne regarda pas les protestans simplement comme une secte religieuse ; il les jugea tels qu'ils étoient et vouloient être, comme faisant un État dans l'État, comme puissance ennemie ou au moins rivale : il les attaqua donc comme une puissance. La guerre qu'il leur fit fut vive et constamment soutenue ; elle devint célèbre par un siége qui ne paroissoit pas praticable, qu'il poussa avec vigueur, qu'il termina avec gloire, et, ce qui est plus étonnant de sa part, avec clémence.

Dès que les protestans furent soumis, il ne vit en eux que des sujets égarés. L'entrée de Louis XIII dans la Rochelle ne fut marquée par aucune vengeance ; un esprit moins élevé n'eût pas manqué de prétextes pour en exercer à la suite d'une défense opiniâtre et sanglante. Les protestans, armés et puissans au milieu du royaume, paralysoient ses forces et le tenoient dans une position anti-monarchique ; s'ils eussent été vainqueurs, ils y faisoient une révolution. Richelieu fit une *guerre civile* pour *prévenir* cette révolution ; et il la *prévint* encore en *finissant* la guerre, quand et comme il falloit la *finir*. Cette guerre fut donc non-seulement *utile*, mais *nécessaire :* elle guérit une *maladie* qui minoit l'État ; elle la guérit radicalement, car cette maladie ne reparut pas, malgré les troubles de la minorité de Louis XIV, malgré le mécontentement qu'excita la révocation de l'édit de Nantes, malgré les insurrections des Camisards, soutenus par l'or de l'Angleterre et de la Hollande. Il eut donc le talent et la gloire d'appliquer à temps un caustique violent, mais indispensable, de le retirer à propos dès que l'effet fut produit, et de fermer une plaie ouverte depuis long-temps. Ce fut un coup d'État, qui ne pouvoit être conçu et exécuté que par un grand homme, et qui seul eût suffi pour lui mériter ce titre.

Mais ce titre lui fut encore acquis par la force et la constance avec lesquelles il combattit et renversa le second obstacle qui s'opposoit à ses vues. Je me suis expliqué ailleurs sur l'illégalité des commissions qu'il nomma : la vindicte publique ne doit jamais avoir l'appareil d'une vengeance particulière ; et la punition prononcée par la loi, ne peut être infligée qu'avec les formes que la loi avoue. Mon opinion sur celles qu'il employa trop souvent ne peut donc être douteuse ; et ce n'est pas sur ces formes que porte ici mon observation.

Ce ministre ferme, audacieux même, d'un roi juste, mais foible, eut pendant quinze ans à soutenir une guerre, tantôt ouverte, tantôt secrète, contre les plus grands seigneurs de la France, qui ne se regardoient point comme des sujets ; contre le mécontentement des princes, et sur-tout de Gaston, qui conspiroient pour le perdre, et contre les intrigues de la reine-mère, qui ne lui pardonnoit pas d'avoir voulu éloigner des affaires celle à qui il devoit son élévation. Dans une guerre de ce genre, il falloit être vainqueur et sévère; il le fut. Il falloit que les efforts qu'au dedans il étoit fréquemment obligé de faire, ne nuisissent pas à ceux qu'exigeoit en Allemagne la guerre de trente ans. Il combina les uns et les autres de manière à être toujours et par-tout prêt à attaquer ou à se défendre, suivant ce qui seroit le plus avantageux. Enfin tant et de si grandes entreprises, si elles ne mettoient pas la monarchie dans un état de puissance et de gloire, la laissoient dans un état d'affoiblissement et d'humiliation: le monarque et la monarchie sortirent de cette longue lutte tellement triomphans et redoutables, que six ans après la mort de Richelieu la paix fut faite au dehors sur les mêmes bases qu'il avoit fixées, et qu'au dedans, ni les princes, ni les grands, ni les protestans, ne purent espérer de reprendre leur indépendance, même au milieu des troubles d'une minorité orageuse.

En examinant bien ce ministère, qui, ainsi que je viens de le dire, fut presque toujours rempli par des guerres civiles, on peut, ce me semble, prendre pour constans les résultats suivans :

1.º En arrivant à la tête des affaires, Richelieu trouva en Allemagne une guerre civile établie : il eut l'adresse d'en faire une guerre nationale et politique, et de lui ôter les couleurs d'une guerre de religion.

2.º La paix faite sur les bases qu'il avoit établies, eut le double avantage d'affoiblir en Allemagne le pouvoir impérial, en fixant les droits de toutes les souverainetés qui composoient l'empire, et d'augmenter en France le pouvoir royal, en démontrant par les faits que c'étoit son unité qui faisoit sa force.

3.º Il trouva en France les élémens de deux guerres civiles, toutes deux d'autant plus dangereuses, qu'elles n'étoient pas déclarées, et qu'elles minoient l'État sans l'attaquer ouvertement : il força les protestans de se mettre ostensiblement dans une attitude hostile ; il poursuivit les princes et les grands, qui, sans prendre publiquement cette attitude, vouloient toujours en conserver l'intention, et s'en réserver les moyens ; il força les uns et les autres d'être ou des ennemis publics, ou des sujets mécontens peut-être, mais soumis.

Enfin, quand on veut bien apprécier le parti que ce grand homme tira des guerres civiles, il ne faut pas oublier que toutes celles qu'il termina d'une manière si avantageuse pour la France, avoient, avant son ministère, leur germe plus ou moins développé tant au dehors qu'au dedans. Lorsqu'un souverain ou un ministre tout-puissant se trouve à portée de prévoir, de préparer, de faire naître une guerre civile qu'il a jugée nécessaire, il lui est beaucoup plus facile d'en presser l'explosion ou d'en calculer la fin ; mais quand il en trouve tous les élémens déjà dans une activité relative ou absolue, il lui est beaucoup plus difficile d'en déterminer les moyens, et d'en assurer les résultats. Sur ces deux points j'oserai dire que Richelieu n'a dans l'histoire aucun rival ; il n'eut même pas de modèle, et seul il peut en servir.

L'état dans lequel, à la fin du XVIII.e siècle, la France s'est trouvée, après avoir usé, en

s'épuisant elle-même, tous les pouvoirs révolutionnaires, ouvroit un vaste champ à
l'homme qui se fût senti assez grand pour
égaler, disons mieux, pour surpasser Richelieu. Il est bien vrai que Richelieu succé-
doit à la minorité et à la foiblesse de
Louis XIII ; mais aussi il recueilloit la pré-
cieuse succession de Henri IV. En quinze
ans de temps, Henri avoit remis la monarchie françoise dans un état de force et de
prospérité qui avoit diminué, mais ne s'é-
toit pas anéanti, sous Louis XIII. Il ne
s'agissoit donc que de remettre en activité,
pour le bien public, tous les élémens d'une
grande monarchie, tous existant encore,
mais presque tous écartés ou comprimés par
des troubles perpétuels, sans force et sans
action, au milieu de tant d'intérêts conjurés
contre eux. Un travail bien plus compliqué,
bien autrement difficile, attendoit l'homme
que je me représente ici. Il venoit prendre
la souveraineté d'un peuple las et ennuyé
de celle qu'il avoit usurpée ; mais aussi il
venoit commander à une société dissoute,
qui, après avoir usé tous les crimes, ache-

voit de se perdre dans l'égoïsme, qu'elle regardoit comme une vertu. Deux partis s'offroient à celui qui vouloit régner sur ce peuple : il pouvoit calculer la corruption et l'apathie publiques, pour en faire la base fragile de sa facile puissance, ou s'armer de toute sa puissance contre l'égoïsme, le forcer de reconnoître et de servir un intérêt public, et pour cela ne pas craindre de déterminer noblement cet intérêt, et d'en faire le point de mire de l'honneur national. L'homme qui, au contraire, ne pouvant se dissimuler les vices de son élévation précaire, n'a vu de moyen de la consolider que dans le maintien de l'immoralité nationale; qui, redoutant d'éclairer et de diriger l'intérêt public sur ses antiques habitudes, a voulu donner ce nom à son intérêt particulier ou à celui de tous les siens; qui, dans ses orgueilleuses et fausses conceptions, a voulu placer à fonds perdu sur sa seule tête les destins de la France, et, s'il l'avoit pu, ceux de toute la terre, et qui a feint de croire que cet usufruit despotique deviendroit, par quelques actes de sa volonté, une propriété héréditaire, cet homme n'a vu que lui dans l'État; c'est à lui seul qu'il a tout rapporté. Jaloux, ou même ennemi de tout ce qui existoit avant lui, il ne pouvoit souffrir autour de lui ce qui n'étoit pas de sa création ; hommes et choses, tout ne devoit plus connoître d'autre ère que la sienne. C'étoit un crime à ses yeux que de l'avoir précédé; c'étoit un titre de gloire que d'avoir été par lui tiré du néant. Fidèle à la maxime favorite de tout usurpateur, de distraire, par des triomphes extérieurs, une attention qui, sans cela, se porteroit sur lui, il transportoit, comme Thamas, la partie guerrière de la nation dans des contrées éloignées : comme lui, il en revenoit avec des millions et de sanglans lauriers, et ne vouloit pas voir que, comme lui, il eût été destiné à devenir la victime des instrumens de ses victoires, s'il n'avoit pas préféré la fin ridicule à laquelle il a dû de conserver sa vie: cette fin a prouvé qu'il avoit été l'homme du jour, et voilà tout. Cette tourbe d'êtres légers, insoucians ou égoïstes, l'auront vainement proclamé un grand homme, parce qu'il faisoit valoir leur égoïsme à son profit ; la postérité appelle de ce jugement, et ne veut pas même laisser cette seconde usurpation au charlatan coupable qui, en accumulant les guerres extérieures, ne voyoit, ne cherchoit en elles que l'occasion ou le prétexte d'en entreprendre d'autres ; qui substituoit les assassinats aux guerres civiles, et au lieu de régénérer une nation que des circonstances incalculables mettoient à sa discrétion, se vantoit d'avoir réuni tous les partis, parce que le spoliateur et le spolié, le délateur et sa victime, le meurtrier et le fils de celui qu'il avoit immolé, venoient à l'envi briguer l'honneur de porter ses fers, ou, ce qui est pire encore, ses décorations. En vain cet homme diroit-il que pour replacer la France au point où elle étoit, quand elle s'est précipitée avec démence au milieu des révolutions, il auroit fallu une nouvelle guerre civile ; cela fût-il vrai, cette guerre lui eût coûté moins d'hommes que les sanglans triomphes remportés sur des peuples dont on se faisoit des ennemis irréconciliables ;

et en outre, cette guerre auroit été bien plus utile à la France, à qui elle eût rendu un esprit national, à qui elle eût ôté cet esprit d'égoïsme qui ne peut se maintenir dans les guerres civiles, où il faut que chacun prenne un parti; à qui enfin elle eût assuré l'avantage inestimable d'avoir elle-même réparé les maux qu'elle-même avoit attirés sur elle, et, ne pouvant effacer le souvenir de ses crimes, d'en avoir au moins immortalisé le repentir.

Il y avoit en Europe un État où la guerre civile faisoit partie de la constitution; car les confédérations de la Pologne n'étoient pas autre chose qu'une guerre civile constitutionnellement organisée. Il est donc évident que la constitution l'avoit envisagée comme remède; mais comme ce remède avoit été imaginé plutôt par l'orgueil, la jalousie, l'habitude des insurrections, que par une politique prévoyante, la constitution sembla leur en abandonner l'application, tandis que c'eût été à la loi la plus sage et la plus nécessaire d'en régler l'usage. Il en résulta qu'en Pologne, les guerres civiles, établies par la loi comme *remède,* furent toujours une *maladie;* et destinées, dans le droit, à guérir les maux de l'État, dans le fait finirent toujours par les aggraver. Le Polonois, habitué à parler toujours de ses lois, et à se jouer d'elles, se jouoit de celles de la confédération comme de toutes les autres. Ainsi, ne redoutant jamais ce que je viens de dire, qu'ailleurs on avoit quelquefois trop redouté, il se jetoit dans une guerre civile comme dans une intrigue, et la conduisoit de même. Tant que ces intrigues étoient formées et concentrées dans l'intérieur de la Pologne, elles troubloient et affoiblissoient l'État; mais elles le perdirent du moment qu'elles furent employées par une politique étrangère. Le règne du dernier roi étoit destiné à en donner de terribles preuves : il commença par des confédérations, que Catherine forma, combattit, secourut au gré de son caprice ou de son intérêt. On peut dire qu'il finit à la confédération de Targowitz, formée par cette même Catherine : par son ordre, Poniatowski signa sa perte et sa honte éter-

nelle en adhérant à cette confédération,
pour détruire la constitution de 1791, qu'il
avoit paru seconder de tout son pouvoir.
Lorsque Catherine eut tiré de cette confédération le fruit qu'elle en attendoit, elle
l'abandonna à elle-même. Alors les Polonois, réduits à déplorer leur indépendance
et leur avilissement, éclairés dans leur inutile repentir, mais n'ayant ni les moyens,
ni l'énergie de l'honorer par de grandes actions, ne furent, dans cette intrigue, que
les instrumens, les jouets, les victimes d'une
ennemie qui vouloit en faire les artisans
de leur propre ruine. Ils ont péri sans
gloire, en perdant l'État par des guerres
civiles, lorsqu'il n'y avoit qu'une guerre civile qui pût le sauver.

C'est que la guerre civile étant toujours,
comme je l'ai dit au commencement de ce
chapitre, ou *maladie*, ou *remède*, on ne se
méprend pas impunément ou sur la cure de
l'une, ou sur l'application de l'autre. Toute
erreur, en pareilles circonstances, est mor-
telle si on ne l'aperçoit pas, et difficile à
réparer quand on s'en aperçoit. Pour con-

duire utilement une guere civile dans les deux cas, pour la commencer à temps, pour ne pas la prolonger trop tard, pour ne jamais mêler aucun intérêt particulier aux grands intérèts publics, pour se mettre sous la garantie de l'opinion publique, auxiliaire indispensable dans ces sortes de guerres, il faut une tête forte, un esprit juste, une ame pure. La réunion de ces trois qualités est de rigueur, et rien ne peut la suppléer : une tête forte, pour vouloir le bien avec ténacité; un esprit juste, pour le juger et le saisir avec certitude ; une ame pure, pour s'interdire toute vue personnelle dans le grand œuvre du salut de l'État.

Ces trois qualités réunies constituent essentiellement un grand homme; et j'ai observé qu'au grand homme seul est donné de s'emparer utilement d'une guerre civile, soit comme *maladie*, soit comme *remède*.

CHAPITRE XI.

DE LA FORCE PUBLIQUE.

LE moment d'une révolution est celui
où la force publique devient plus nécessaire, et c'est celui où il est le plus difficile de
la maintenir et de la diriger. Elle se trouve
alors exposée par les circonstances à être
ou *nulle*, quand elle est entre les mains
de tous, parce que la force armée de tous
est l'anarchie, ou un état de guerre *abusif*,
quand elle est entre les mains d'une seule
faction ou d'un seul individu. Presque toujours elle commence par le premier de ces
deux points pour arriver à l'autre. L'état
d'anarchie étant par lui-même un état
anti-social, ne peut être durable : la société
ne peut rester long-temps dans une position qui la détruit, et qui est directement
contraire au principe de sa formation.
Effrayée des désordres d'une force publique
nulle, parce qu'elle est universelle, elle se
jette ou est entraînée dans l'excès contraire ; et alors la force publique unique
devient d'autant plus puissante, que celle

qu'elle a remplacée l'étoit moins. On serre trop violemment le ressort, précisément parce qu'il étoit trop détendu.

C'est ce que nous avons vu dans notre révolution, c'est ce qu'on voit dans les révolutions de tous les peuples, sur-tout dans celles des petites républiques.

La force publique étant le rouage principal de la machine sociale, le régulateur de tous ses mouvemens, ne devroit, dans son exercice, participer à aucune passion : elle ne devroit jamais laisser entrevoir l'action de l'homme, mais toujours celle de la loi, dont elle seroit le ministre impassible. Son emploi ainsi établi, ainsi conduit de manière à être toujours juste et suffisant, est la perfection de l'ordre politique.

Telle elle est dans les sociétés bien réglées, telle elle étoit en Suisse, et notamment à Berne. La force publique paroissoit peu, mais elle veilloit toujours : on l'auroit jugée foible, mais elle étoit suffisante ; ce qui est le grand, le vrai point en deçà et au-delà duquel tout commence à devenir dangereux.

Cette proportion suffisante ne peut pas être absolue ; elle est relative aux localités, aux personnes, aux circonstances : elle peut donc être dans le cas de changer avec les *localités*, quand elles changent elles-mêmes par la conquête ou autrement ; avec les *personnes*, quand il y a changement dans les mœurs publiques, parce que c'est surtout avec elles que la force publique doit être parfaitement en équilibre ; avec les *circonstances*, quand la politique extérieure prend tout-à-coup, ou peu après, d'autres formes ou une autre direction.

Tant que dure la conquête, on ne peut pas donner le nom de force publique à la force qui domine ; elle n'est que force oppressive, ou au moins coercitive : elle n'est pas, comme l'autre, extraite de l'État ; au contraire elle étoit hors de l'État : elle s'y est introduite, mais en entrant par la brèche ; elle en a pris possession pour se maintenir, même contre lui, s'il est nécessaire.

En Angleterre, la force publique est suffisante relativement aux personnes ; il est dans leurs mœurs comme dans leur opinion, qu'il n'y en ait pas d'autre ; la baguette du *watchman* y est plus puissante que le bâton ou le cimeterre en Turquie. Mais si ces mœurs changeoient, si cette opinion venoit à s'affoiblir, il faudroit donner plus de moyens réels à la force publique. On en voit bien la preuve dans les momens où le peuple, excité par quelques séditieux, méconnoît la voix et le pouvoir de la loi. La constitution angloise a prévu que, dans ce moment, la force publique ordinaire n'ayant plus pour elle la puissance de l'opinion, il falloit lui donner celle des armes ; mais les précautions mêmes que l'on prend avant de faire agir celle-ci, prouvent au peuple qu'il ne tient qu'à lui de laisser l'autre reprendre son cours accoutumé.

Je viens de dire qu'à Berne la force publique étoit suffisante, parce qu'elle étoit en harmonie avec les anciennes mœurs ; aussi quand les mœurs ont été révolutionnées, la proportion s'est trouvée rompue. Les circonstances extérieures ayant changé presque en même temps, elle est devenue absolument nulle, à l'instant où il étoit le plus urgent qu'elle pût agir. L'État n'avoit plus de ressort, il est tombé en dissolution.

Il ne faut jamais perdre de vue que le caractère distinctif de la force publique est d'être protectrice et non oppressive. Ce caractère n'empêche pas qu'elle ne doive toujours être respectée et obéie : quand elle ne l'est pas volontairement, elle doit déployer toute sa puissance; et dans ce moment-là même elle n'opprime pas, elle contraint. Ce qui est contrainte pour quelques particuliers, est protection pour le public. J'ai indiqué ailleurs et l'on doit appliquer ici les principes du pouvoir conservateur qui, dans les temps de tranquillité, protége paisiblement par l'opinion, et, dans les temps de troubles, protége encore, mais violemment, par la force : alors le séditieux qui l'oblige à lui ôter la vie, consacre, par sa résistance et par sa mort, le caractère de cette force publique qu'il voudroit anéantir, et dont il s'est rendu librement la victime.

26..

La conséquence, c'est que, dès qu'elle perd ce caractère sacré, elle n'est plus que la force particulière d'un ou de plusieurs individus employée contre le public.

C'est ce qu'elle est dans une révolution, et tant que la révolution n'est pas finie : alors on la voit souvent disposer des individus malgré eux, et les faire agir contre leur propre intention. La fatale journée du 21 janvier en fournit une preuve effrayante. Soixante mille hommes furent commandés pour assurer l'exécution de l'attentat qui alloit être commis. Je ne veux assurément pas justifier leur servile obéissance, dont je rougis comme homme et comme François; mais il est certain que plus des deux tiers de ces êtres machines détestoient le crime qu'ils alloient protéger; qu'un mot eût suffi pour les faire agir en sens inverse. Cette force prétendue publique étoit donc celle de quelques particuliers, qui, même dans la Convention, ne formoient pas la majorité.

Il en fut de même dans la révolution du 13 vendémiaire, dans celle du 18 fructidor.

Ce mot de *force publique* n'avoit plus en France le sens qu'il avoit toujours eu : elle n'agissoit plus par une direction homogène, continue, mais insensible ; elle agissoit par de violentes commotions. Quand la force publique ne porte plus sur des lois stables, il faut qu'elle regagne, ou par le nombre ou par la puissance de ses instrumens, les effets qu'elle ne peut plus trouver dans la fixité des lois, puisqu'il n'y a plus que des lois variables ou contradictoires. Auguste, devenu maître paisible de l'empire, y maintenoit l'ordre et la tranquillité avec vingt-cinq légions (ce qui faisoit à peine cent soixante-dix mille hommes) (1), nombre qui, assurément, n'étoit pas en proportion avec l'immense étendue de l'empire romain. A Paris, jusqu'au moment de la révolution, une population de huit cent mille ames étoit contenue ou protégée par une garde qui ne montoit pas à mille hommes. A cette force publique, qui, foible numériquement,

---

(1) Chaque légion avoit six mille cent hommes de pied, et sept cent vingt-six cavaliers.

avoit toute la puissance de la loi, la révolution substitua plus de quarante-cinq mille gardes nationaux; et durant l'hiver de 1790, les délits commis dans la capitale, comparés à ceux des hivers précédens, furent dans la proportion de quatre à un.

CHAPITRE XII.

DES ÉLECTIONS EN RÉVOLUTION.

LES élections veulent être considérées différemment, suivant la différence du pouvoir qui en est l'objet. Plus ce pouvoir doit être grand, plus l'élection est exposée à toutes les manœuvres de l'ambition ou de la cupidité; et par conséquent, plus elle doit avoir été entourée par la loi de toutes les précautions qui peuvent la rendre indépendante et libre.

En général, l'élection exige, dans le peuple qui l'admet, des mœurs sévères; car, par sa nature, elle tend sans cesse, sinon à les corrompre, du moins à profiter de leur corruption. Il n'y a que les mœurs qui puissent la retenir dans le cercle qui doit lui être rigoureusement tracé. Si une fois elle parvient à les affoiblir, il ne faut pas espérer de la contenir par les lois ; car, en pareil cas, les lois ne feront jamais ce que n'ont pu faire les mœurs. Dans l'élection, la loi place l'électeur vis-à-vis de sa conscience ; il n'y a que les mœurs qui puissent garantir ce qui se passera entre elle et lui.

L'élection étoit donc parfaitement analogue aux mœurs des premiers siècles de l'église ; aussi donna-t-elle alors une foule de saints prélats. Par la même raison, elle sera toujours bonne dans une religion persécutée ; car l'intérêt de la religion y sera toujours prédominant : mais du moment qu'il pourra se trouver en opposition avec les intérêts humains, l'élection perdra ses avantages. A peine le christianisme fut-il devenu la religion des Césars, qu'on vit des troubles, des cabales dans les élections. L'histoire seule de Constantinople en fournit à chaque instant la preuve. Le patriarcat donnant un grand pouvoir, l'élection devoit donner lieu à une grande corruption.

Donc, plus l'État sera grand, plus il se

manifestera d'inconvéniens dans l'élection ; car la sévérité des mœurs sera toujours en raison inverse de l'étendue de l'État.

Ainsi, aux yeux de l'expérience et de la raison, l'élection ne peut être tolérable que dans une république petite et bien constituée : *république*, parce que c'est le gouvernement qui, plus que tout autre, admet ou suppose l'égalité ; *petite*, parce que la petitesse de la cité conserve les mœurs, en donnant aux citoyens la facilité de se connoître et de s'observer mutuellement ; *bien constituée*, parce qu'il est essentiel qu'ils puissent voir clairement dans la constitution la nature et l'étendue du pouvoir qu'ils doivent donner.

De là il résulte que l'élection, déjà si difficile et exposée à devenir dangereuse dans un petit État *bien constitué*, est inadmissible dans un grand État qui entre en révolution. Cette vérité fut annoncée aux législateurs révolutionnaires de 1790 ; mais elle fut accueillie comme l'étoit par eux toute vérité inconciliable avec leurs projets destructeurs. Il falloit flatter le peuple, parce qu'en fait

de destruction c'est l'agent par excellence.
L'élection fut appliquée à tout, et put
bientôt être jugée par l'événement. Il faut
sur-tout remonter à cette époque pour voir
les premiers vices de l'ordre judiciaire,
dont la réformation a présenté pendant dix
années tant d'obstacles à un gouvernement
absolu, accoutumé à n'en trouver aucun,
et en présente encore à celui qui l'a remplacé.

Rome, sous ses rois, avoit une constitution plus républicaine que monarchique ; elle
avoit de plus un territoire très-limité : aussi
l'élection y fut-elle toujours admise, mais
elle n'y fut jamais sans danger. Ancus Mar-
cius et Tarquin l'Ancien en abusèrent pour
se faire nommer rois ; l'orgueil ou l'ambition des patriciens en abusa bientôt après
pour parvenir au consulat. Ce fut par elle
qu'Appius, finissant sa première année de
décemvirat, se fit encore continuer pour
un an, et eut l'adresse de ne faire nommer
pour ses collègues que ceux qu'il avoit dé-
signés. Il n'y a qu'à suivre dans Tite-Live
la législation des comices, pour voir

comment le danger des élections augmenta, jusqu'au moment où la corruption des mœurs en fit un marché public, qui attestoit scandaleusement l'impuissance de la législation.

Mais dès auparavant, ce danger avoit été sensible, parce qu'il appartient à la chose même. L'ambition en abuse avant que la corruption en profite, parce que c'est toujours une passion qui, même sans en admettre aucune autre, peut trouver de grands secours dans l'élection. Voyez ce qu'elle fit en France, dans les assemblées qui précédèrent les États généraux : assurément elles furent bien moins influencées par la corruption que par l'ambition ; et cependant les funestes choix qu'elles firent ont bouleversé la moitié de l'Europe. Le malheureux Louis XVI avoit bien raison de s'écrier, en voyant la liste des députés : *Qu'eût-on dit de moi si j'avois composé les notables comme on a composé les États généraux !*

Les vices attachés à l'élection ont tellement frappé tous les législateurs, que ne pouvant les extirper, on les voit perpétuellement occupés à les affoiblir. Le scrutin fut établi dans cette intention : on présuma que tel électeur qui, donnant son suffrage verbalement, n'auroit osé braver les menaces ou les intrigues d'une faction, suivroit le mouvement de sa conscience, lorsqu'il seroit sûr que son choix ne le compromettroit pas. Bientôt la terreur et la corruption soulevèrent le voile derrière lequel la loi avoit cru pouvoir offrir un asile à la foiblesse : on parvint à connoître, à calculer d'avance le scrutin, et même le sort ; et alors il fut facile de juger ce qu'étoit en elle-même une institution qui corrompoit jusqu'aux moyens que l'on prenoit pour la préserver de la corruption.

L'histoire moderne des petites républiques d'Italie nous fait voir l'élection y occasionnant des troubles, jusqu'à ce qu'elle n'y fut plus qu'une vaine formalité, à laquelle, de jour en jour, on attacha moins d'importance, à mesure qu'elle donnoit moins de pouvoir.

La sage Venise en a mieux qu'une autre connu les dangers : jamais aucune république ne prit autant de précautions pour les prévenir ou les diminuer. C'est sur-tout pour la nomination du doge qu'elles étoient savamment combinées ; et il paroît impossible de porter plus loin l'art de balancer les chances du sort par celles du scrutin : aussi les élections n'eurent-elles jamais d'influence sur le petit nombre de révolutions qu'eut cette république pendant sa longue durée ; mais avec un peu de réflexion, il est aisé de voir que cela tenoit à la manière dont le gouvernement étoit constitué. Toute la noblesse de terre ferme étoit sujette ; la souveraineté aristocratique étoit concentrée dans les familles nobles de la ville même de Venise ; et ainsi réduite, elle rentroit dans la classe des petits États.

Il faut observer de plus que les mœurs publiques (en tant qu'on doit appliquer ce mot à toute intrigue ou cabale politique, soit extérieure, soit interne) étoient fortement surveillées à Venise, et que la bouche de fer et le conseil des dix étoient deux moyens de répression d'autant plus terribles, que ne devant jamais porter que sur quelques individus, ces moyens pouvoient toujours être mis en action par tous les autres.

En Allemagne, depuis Maximilien, l'élection de l'empereur étoit devenue une simple formalité: au premier moment où on voulut la ramener à ce qu'elle avoit été, c'est-à-dire lors de la mort de Charles VI, il s'ensuivit une guerre sanglante, qui pouvoit faire une révolution dans l'empire. Si Marie-Thérèse n'eût pas réparé ses premiers revers, si Charles VII ne fût pas mort aussi promptement, le corps germanique auroit éprouvé, sinon de grands déchiremens, au moins de violentes secousses; et Louis XV, en faisant déclarer aux électeurs qu'il n'entendoit pas influer sur l'élection, contribua au rétablissement de la vaine formalité qui seule pouvoit ramener le calme.

Ainsi maintenu, ce mode d'élection est sans doute insignifiant; mais c'est par cela même qu'il en est résulté deux avantages: le premier, que les électeurs sont restés réduits au plus petit nombre possible; le second, que ce simulacre d'élection étoit presque devenu une hérédité, deux choses

très-propres à empêcher, à éloigner, à abré‑
ger les révolutions. Dans les forêts de la
Germanie, le droit d'élection étoit parfai‑
tement d'accord avec les mœurs sévères
d'une multitude de petites nations, chez
lesquelles la politique n'existoit pas encore
et la civilisation étoit peu avancée. Les
Francs transportèrent ce droit au delà du
Rhin, dans leur nouvel établissement, et
ne manquèrent pas d'en éprouver les in‑
convéniens. Les désordres, les guerres civiles
de la première race, en furent la suite; et
cela devoit être par plusieurs raisons, no‑
tamment parce que ce droit se trouvoit alors
exercé par trois nations réunies, dont deux
étoient dans un degré de civilisation beau‑
coup plus avancé que la troisième. Il fut le
moyen par lequel la seconde race parvint
au trône, et celui par lequel elle en des‑
cendit, après plus d'un siècle de troubles et
de confusion. Deux fois il avoit changé
l'ordre de la succession, avant de mettre
la couronne sur la tête de Hugues Capet :
ce prince et ses premiers successeurs, n'o‑
sant pas encore proscrire cet usage, prépa‑

rèrent son abolition, en faisant, de leur vivant, couronner leur fils aîné. Depuis ce temps, on eut la sagesse de le laisser dans l'oubli; et l'Assemblée constituante elle-même, tout anti-monarchique qu'elle étoit, maintint et proclama l'hérédité du trône.

L'élection, si analogue, ainsi que je viens de le dire, aux mœurs des premiers siècles de l'Église, si applicable, si nécessaire même à la nomination des papes, a cependant produit toutes les révolutions des anti-papes; et l'histoire ecclésiastique n'a pu s'empêcher de dévoiler les scandales religieux et les troubles politiques qui ont eu lieu pendant si long-temps. Tel doit être l'effet de cette institution, dès qu'elle cesse d'être d'accord avec les mœurs: or, tous les témoignages historiques, même les plus respectables, se réunissent pour attester que jamais la dissolution et la cupidité n'avoient mis un plus grand désordre dans les mœurs du clergé, qu'à l'époque où commencèrent les schismes des anti-papes.

Je n'ai pas besoin de rappeler ici les calamités auxquelles la Pologne fut constamment exposée par l'élection de ses rois ; l'exercice de ce droit ne trouvoit chez elle que trop de chances funestes dans son étendue, ses relations extérieures, ses mœurs, sa population et sa turbulente aristocratie. L'élection même des juges y étoit toujours une occasion de troubles ; et cela seul suffit pour prouver ce qu'étoient en Pologne les mœurs publiques, notamment en ce qui regarde l'ordre judiciaire.

J'ai déjà fait voir ce que devint en France cet ordre, dès qu'il eut été soumis à l'élection : elle pouvoit cependant, même en 1790, être bonne pour les juges de paix, parce qu'ils ne devoient avoir qu'un pouvoir d'opinion, une autorité en quelque sorte paternelle ; et le peuple peut bien juger de ceux à qui il accordera ce genre de confiance : mais l'institution en elle-même devant être une espèce de tribunal patriarcal, ne convenoit plus à une nation révolutionnée par la corruption. Elle est cependant restée, parce que ses principales fonctions judiciaires sont devenues le plus souvent de pures formalités ; mais l'élection a disparu, dès que le pouvoir gouvernant est devenu unique : et en général, ce droit d'élection, si vanté au commencement de la révolution, ne subsistoit plus en 1814 que pour des places nulles ou insignifiantes, quoique lucratives. Il est curieux d'observer par quelles gradations le gouvernement consulaire et le gouvernement impérial l'ont successivement réduit à rien, ou à peu de chose : c'est bien là qu'il faut appliquer ce mot si juste de Montesquieu : *Ils dissolvoient une république pour rétablir une monarchie.*

Reprenant les derniers erremens du gouvernement consulaire, le gouvernement impérial, qui n'avoit fait que changer de nom, vouloit, en paroissant conserver à la France la représentation qu'on avoit appelée nationale, ne lui en laisser dans le fait que l'apparence ; mais dans la crainte que cette apparence ne fût encore inquiétante pour lui, il exigea que le choix même des électeurs fût soumis au sien. Les collèges électoraux, sur lesquels il lui étoit si facile d'exercer une grande influence, n'envoyoient point les députés directement

au Corps législatif; ils les envoyoient au
Sénat, qui faisoit parmi eux un triage suivant l'ordre qu'il en avoit reçu. Ainsi, sans
compter les moyens secrets employés pour
asservir les élections, celles des assemblées
d'arrondissement étoient influencées par les
légionnaires, à qui on ordonnoit de s'y
rendre; celles de l'assemblée de département
l'étoient par le sénateur qui recevoit l'ordre
de la présider : enfin les choix que celle-ci
avoit faits étoient jugés et réduits par le
Sénat, c'est-à-dire par le souverain lui-
même. C'est en cet état que se montroient
à la nation ses prétendus représentans, dans
lesquels le plus souvent elle ne pouvoit
pas plus se reconnoître elle-même, que
reconnoître ceux qu'elle auroit voulu choisir.

Ce n'est pas assurément que je prétende
dire qu'un gouvernement sage doive abandonner au hasard et ne jamais surveiller les
choix de la représentation nationale. Quand
on veut ces deux mots, quelque sens qu'on
puisse leur donner, il faut vouloir tout ce
qu'ils entraînent; en les prenant dans le sens
d'une théorie abstraite, c'est le plus bel

usage qu'une société politique puisse faire
de sa liberté; en les prenant dans le sens
que les faits leur ont toujours donné, c'est
un droit nul ou dangereux. Le gouvernement que l'on cite toujours comme représentatif, et qui doit, dit-on, toute sa grandeur à sa représentation, ne la doit, dans
le fait, qu'aux vices mêmes de cette représentation, et courra le risque d'entrer en
révolution le jour où il voudra les réformer.
C'est une chose curieuse que de voir des hommes qui n'ont appris la politique que dans
la révolution françoise, nous parler toujours de la représentation nationale en
Angleterre, pendant qu'en Angleterre
même le parti de l'opposition soutient qu'il
n'y a pas de représentation, et demande
qu'on en établisse une. On a si bien senti
que cette représentation pouvoit être dangereuse quand elle n'étoit pas nulle, qu'on
a toujours cru devoir armer le chef de
l'État du droit de la dissoudre. Quand il
use légalement de ce droit, c'est toujours
une secousse donnée à l'État, et qui peut
sans doute présenter des chances avanta-

geuses, mais qui en présente d'alarmantes;
quand ce droit ne lui est pas donné par la
loi, ou qu'il ne veut pas l'exercer légalement, il faut qu'il en use révolutionnairement. C'est ce qu'ont fait en France, à deux
époques, deux gouvernemens révolutionnaires, la Convention et la pentarchie.
Tous deux se sont crus obligés de prendre
cette mesure, parce que tous deux ont
cru être menacés par ceux que la nation
avouoit pour ses représentans. Au reste,
introduites en France par la révolution,
les élections, si funestes jusqu'à ces deux
époques, furent alors honorables pour la
nation, qui s'en servoit pour détruire la
révolution. C'étoit réellement une idée très-
nationale que de vouloir employer contre
cette révolution les moyens employés par elle
contre la monarchie. La nation sembloit
par-là désavouer tout ce qu'on avoit fait en
son nom, et ne vouloir se servir de sa liberté
que pour réparer le mal produit par cette
liberté même. Ces deux époques furent en
1795 et 1797. A la première, la France,
dans toutes ses assemblées départementales,

repoussoit la loi que vouloient encore lui
imposer ces conventionnels qui en avoient
fait leur esclave. A la seconde, elle s'élevoit contre ce Directoire, aussi impie
qu'impolitique, et lui envoyoit des députés
à qui elle avoit révélé le secret de son
repentir.

Je n'ai pas à examiner ici comment ces
deux grandes occasions furent manquées;
mais leur perte fut aussi déplorable pour
l'honneur de la nation que pour le salut de
la monarchie. Nul doute que la restauration qui pouvoit alors avoir lieu eût été
faite sur d'autres bases que celles de 1814;
mais elle eût été de plus l'ouvrage des François eux-mêmes, et, sous ce rapport au
moins, c'est un malheur irréparable. Avec
quelle respectueuse reconnoissance eussent
été envisagées dans la postérité ces assemblées départementales, qui donnoient à
leurs députés l'ordre unanime de sauver
l'État; ces sections de Paris qui, croyant
et devant croire qu'elles avoient le pouvoir d'exécuter cet ordre, consacrèrent par
leur sang le noble et grand usage que, pour

la première fois, elles faisoient de leur pouvoir. Alors s'élevoit un mur de séparation,
une distinction indélébile entre les électeurs
et les députés de 1789, 1791, 1792 et
ceux de 1795 ou 1797. Les premiers
étoient pour jamais ensevelis sous les débris
de l'antique édifice qu'ils avoient voulu
détruire jusque dans ses fondemens. Les
autres sortoient d'un monceau de ruines,
et y cherchoient avec autant de zèle que
de prudence tout ce qui pouvoit entrer
dans la reconstruction de cet édifice.

Certes c'eût été alors qu'on auroit pu,
non pas reprendre pour la suite le régime des
élections, mais avouer que, pour le moment, il avoit été applicable à l'état où se
trouvoit la nation. Pourquoi? c'est qu'elle
parut à ces deux époques vouloir reprendre
une moralité publique, et que, lorsque les
élections viennent de cette moralité ou s'y
rapportent, elles peuvent produire un bien
qui durera tant que la moralité pourra se
soutenir.

Il faut d'ailleurs observer qu'à ces deux
belles époques, la nation n'avoit point en-

core rampé sous un despote révolutionnaire. A force d'être tyrannisée, elle avoit
usé tous ses tyrans, mais n'avoit pas encore
été condamnée à la honte de s'en choisir
un et de l'étonner lui-même par sa basse
servitude. C'est en sortant de cet état
abject et oppressif, qu'une nation peut s'a-
buser encore sur la marche qu'elle doit
suivre : c'est alors que le desir même du
bien peut l'égarer et même l'en éloigner en
proportion de l'empressement qu'elle aura
mis à le saisir. Nouveau danger des élections, danger qui se trouvera toujours par-
tout où l'on rassemblera des hommes, et
sur-tout des hommes dont les opinions
auront été proscrites, dont les intérêts auront été blessés, et qui, sans avouer peut-
être leur intention de rétablir ceux-ci, se
représenteront avec l'espoir stimulant de
rétablir celles-là.

Ceci me ramène (et c'est une preuve de
la force et de la vérité des principes que
je viens d'exposer), ceci, dis-je, me ramène
à ce que j'ai indiqué en commençant. Dans
les beaux siècles de la république romaine,

les élections purent être bonnes quand il n'y avoit qu'un intérêt. Dans les deux premiers siècles du christianisme, les élections furent bonnes, parce qu'il n'y avoit qu'une opinion. Donc par-tout où il y aura opposition dans les opinions, opposition dans les intérêts, l'élection sera une mauvaise institution : si elle ne produit aucun effet, on devra s'estimer heureux, et jouir de sa nullité ; si elle en produit quelques-uns, toutes les probabilités en signalent le danger.

CHAPITRE XIII.

DES CLUBS.

Le nom de *club* étoit un mot inconnu dans l'histoire de nos révolutions. Les clubs ont joué un grand rôle dans la dernière : nous les avons empruntés des Anglois ; mais les effets qu'ils ont produits chez eux, sont bien différens de ceux que nous avons vus en France.

Ces réunions n'avoient originairement pour objet que l'amusement ou la littérature, mais ne pouvoient tarder long-temps à s'entremettre de politique. C'est sous ce dernier rapport que la révolution s'en empara, et en fit un de ses principaux moyens.

Dans un État révolutionné, les clubs sont autant de foyers d'incendie, qui attirent toutes les matières inflammables : dans un État où le gouvernement est paisiblement établi, ils peuvent être habituellement sans danger, mais ils peuvent éventuellement devenir dangereux. C'est au gouvernement à juger du degré de surveillance qu'il doit exercer sur eux. S'il a des raisons de craindre qu'ils ne séduisent ou ne corrompent l'esprit public, il doit ou les prohiber ou les tenir dans une grande dépendance. S'il est fondé à croire que l'esprit public sera plus fort qu'eux, et qu'il finira par les réduire au silence, il y a de sa part une force et une dignité politique à laisser faire par l'opinion ce qu'il pourroit faire par autorité, à les abandonner au mépris public, qui en fera justice.

· A la fin du siècle dernier, on a pu voir cela bien évidemment en Angleterre. Des enthousiastes ont beaucoup vanté sa consti-

tution, qui, en effet, est une belle théorie ;
mais ce qu'on n'a pas assez remarqué, et ce
qui est admirable dans la pratique, c'est la
sagesse avec laquelle le gouvernement laisse
l'esprit public exercer une justice qui est
réellement une police nationale. Jamais cet
esprit public ne s'est montré avec plus de
force que lorsque les clubs anglois ont
adopté ou voulu propager les principes de
nos clubs jacobins. Le gouvernement pouvoit obtenir un acte du parlement pour les
faire fermer ; il a bien mieux fait : sûr que
l'opinion présenteroit à ces principes une
barrière insurmontable, chez une nation
qui a une grande existence politique, et où
les classes élevées ont de grandes fortunes,
il a laissé les clubs outrer toutes les maximes
de la démagogie ; et bientôt ils ont été
conspués, au point que le parti même de
l'opposition n'a pu les soutenir, et que ceux
de leurs membres qui ont voulu conserver
quelque crédit, ont fini par les abandonner.
L'excès de leur démagogie a même été utile
au gouvernement, quand les circonstances
lui ont paru exiger la suspension de l'*habeas*

corpus. Il s'agissoit de réduire au silence,
pour un temps indéterminé, la loi à laquelle
les Anglois attachent le plus l'idée de leur liberté. On en donna pour motif les funestes
principes que les clubs s'efforçoient de répandre ; et la grande majorité du parlement
se prononça pour une mesure qui , en
d'autres temps , eût éprouvé beaucoup de
difficultés.

En France , quand les clubs révolutionnaires ont commencé à se former , il n'y
avoit point d'esprit public ; car l'esprit public étant essentiellement conservateur , je
ne puis donner ce nom à l'opinion prédominante qui appeloit une révolution. Il n'y
avoit plus de gouvernement ; l'ancien avoit
tout-à-la-fois perdu tous ses moyens. L'Assemblée constituante vouloit gouverner, et
ne savoit que détruire : elle adopta les clubs,
comme un moyen désorganisateur ; elle
voulut que le soldat y allât, pour être plus
sûre de désorganiser l'armée. Là se prépa-
roient les décrets, là se décidoit la marche
de la révolution ; et cela suffisoit pour juger
ce qu'étoient des législateurs qui croyoient

se donner une grande force en protégeant de pareilles réunions, qui se flattoient d'en être toujours les régulateurs, parce qu'ils en recevoient des adresses et des félicitations, et qui ont fini par fuir devant ces clubs, à qui il étoit réservé de détruire l'ouvrage qu'eux-mêmes avoient aidé à élever.

Les clubs de 1789, de la Propagande, des Feuillans, ont fui devant les clubs jacobins, qui sont restés maîtres absolus tant qu'il n'a fallu qu'abattre. Du moment qu'on a voulu essayer de reconstruire et de conserver, on a senti le grand inconvénient des clubs. Ils avoient rempli leur tâche : entourés de ruines, ils n'étoient plus bons à rien ; nous les avons vus successivement dominés par des commissaires, suspendus, fermés sous le Directoire. Sous Buonaparte, la moindre assemblée inquiétoit un gouvernement tout-puissant, mais usurpateur.

Comment la France a-t-elle été conduite à ce degré de contrainte et de servitude ? en partant d'un point absolument opposé. Aux termes de la déclaration des droits de l'homme, les citoyens peuvent se réunir paisiblement pour leurs plaisirs, pour leurs affaires, même pour présenter des pétitions : celui qui, sous l'empire, auroit voulu se prévaloir de cet article, eût été traité comme le soldat qui, usant de son droit, disputoit à Clovis la possession d'un vase.

L'histoire de ces clubs, qui ont gouverné la France pendant plusieurs années, seroit sans doute bien dégoûtante à lire ; mais au moins elle apprendroit à connoître l'homme en révolution, à découvrir la masse infecte sur laquelle repose son orgueil. On pourroit la réduire à deux parties : dans l'une seroit la nomenclature des membres des clubs ; dans l'autre celle de leurs motions ; et toutes deux seroient mutuellement dignes l'une de l'autre.

Leur puissance étoit si grande, qu'après avoir porté au dernier degré tous les crimes connus, et en avoir inventé d'autres, un jacobin osa défier la Convention de lui citer un seul excès que l'on pût leur imputer. Cette assemblée de législateurs, mais qui elle-même étoit une réunion de crimes, n'osa pas répondre à cet effroyable défi ; elle resta dans la stupeur et dans le silence, comme si elle eût rougi d'être surpassée en infamie.

CHAPITRE XIV.

DES JOURNAUX.

La presse est encore un de ces moyens révolutionnaires qui n'ont été connus que dans les temps modernes. Dès qu'il le fut, il servit puissamment toutes les révolutions; mais par sa nature même il devoit aussi servir à les combattre. Nul doute que sans lui la réforme de Luther n'eût pas fait des progrès aussi rapides. Malheureusement, quand cette réforme commença à paroître, la presse venoit d'être inventée; et en propageant avec vîtesse toutes les vérités, elle ne pouvoit manquer de propager en même temps toutes les erreurs. Un combat interminable s'établit entre les unes et les autres. Tous les gouvernemens sentirent la nécessité de donner des bornes à une institution qui, en s'étendant, se promettoit de n'en reconnoître aucune; tous voulurent la contenir par des lois; et tant que ces lois s'exéeutoient, on pouvoit éviter une partie des dangers qu'elles avoient voulu prévenir : mais quand on fait ou quand on veut faire une révolution, on s'élève contre les lois, parce qu'alors la première de toutes les lois est de n'en admettre aucune. Chaque attaque qu'on leur livre sert de moyen pour leur en livrer une autre. Le désavantage qu'il y auroit à se battre avec des armes inégales, force différens partis d'employer mutuellement les mêmes. Chacun recourt donc à la liberté ou plutôt à la licence de la presse ; et il est curieux de suivre ce qui se passe alors entre tous ces pouvoirs d'un moment, qui ont choisi ce moyen ou qui l'ont pris malgré eux. Dans les premiers instans, tous les partis qui veulent effrayer ou renverser le gouvernement, portent la licence de la presse jusqu'aux derniers excès. Dès que l'un d'eux croit entrevoir qu'il s'est donné quelque avantage sur les autres, il cherche à réprimer en eux ce qu'il a cherché à faire avec eux ; il les attaque avec les armes qu'ils avoient préparées ensemble.

A la chute de ce parti, celui qui lui succède suit la même marche envers les autres, qui la suivent aussi à son égard : c'est un cercle dans lequel ils sont entrés d'accord, mais où ils ne peuvent rester sans se combattre. La Ligue et le parti espagnol avoient inondé la France de pamphlets et d'invectives contre le Béarnois; la Ligue et le parti espagnol furent attaqués à outrance par la Satire Ménippée, qui seconda merveilleusement les efforts du vainqueur d'Ivry. Il en fut de même sous la Fronde; les pamphlets qui avoient été répandus avec profusion contre le cardinal, le furent avec la même profusion contre une partie des Frondeurs, quand ils commencèrent à se diviser.

Cela a été dans toutes les révolutions et sera toujours de même. Plus la révolution aura été violente, plus on verra toutes les factions s'attaquer alternativement avec une arme qu'elles semblent se prêter les unes aux autres. Cette arme sera toujours très-forte dans la main de celui qui l'arrache à son adversaire, au moment où elle étoit dirigée contre lui-même : mais il ne sera jamais sûr de la garder; il ne la tient que de la force, et un peu plus tard la force la lui ôtera.

La révolution françoise devoit être le théâtre sur lequel toutes ces attaques se succéderoient avec le plus de violence et de réciprocité. La profusion de la presse avoit été provoquée par le cardinal de Loménie, qui, en l'appelant à son secours pour opérer une révolution, croyoit faire un coup de politique. Deux mois après il se trouva lui-même accablé par les pamphlets; et cet homme, qu'on avoit, pendant trente ans, signalé comme devant être un grand ministre, ne fut pas ministre quinze mois, et le fut encore trop long-temps.

Mais l'impulsion étoit donnée pour tous les écrits qui pouvoient appeler une révolution : la France en fut inondée; et tous furent certains du succès, dès qu'ils attaquoient la noblesse, le clergé ou quelques autres des antiques colonnes de notre monarchie. Du moment que les États généraux furent ouverts, et plus encore quand ils se furent proclamés Assemblée nationale, le torrent

3. 28

des journaux vint se joindre à celui des autres écrits. L'Assemblée, qui vouloit tout détruire, employa sans réserve et caressa même ces terribles auxiliaires; mais à peine avoit-elle entassé les ruines, que ces auxiliaires s'annoncèrent pour vouloir être ses maîtres. Elle crut qu'elle pourroit leur opposer des lois qu'elle faisoit elle-même; et ils furent assez forts pour l'empêcher d'en faire, ou pour les enfreindre quand elles furent faites ; elle s'avoua tacitement son impuissance, et laissa les partis qui venoient de triompher d'elle, combattre les uns contre les autres. La fatale année de 1789 n'étoit pas encore expirée, et déjà la presse révéloit leur animosité, leurs craintes, leurs menaces. Les attaques se multiplièrent dans tout le cours de l'année 1790, et l'on finit par se battre à outrance après le retour de Varennes.

Il est curieux de lire les argumens présentés, pendant ces deux premières années, par tous les personnages fameux de ce temps pour ou contre la liberté de la presse. Mirabeau, avant de mourir, tonnoit contre cette licence, dont il avoit été le plus audacieux sectateur. Il étoit alors soutenu par Barnave, qui vouloit, comme lui, sinon finir, du moins arrêter la révolution. Barnave et ceux qui reconnoissoient comme lui la nécessité de revenir sur leurs pas, trouvèrent des antagonistes furieux dans des hommes qui avoient été d'abord leurs plus fermes soutiens. Les Marat, les Brissot, les Barrère, les Danton, rétorquèrent contre leurs premiers chefs, devenus leurs ennemis, les argumens qu'ils s'étoient tous empressés d'opposer au gouvernement légitime. Cette horde hideuse et sanglante d'êtres révolutionnaires épuisa successivement les divers moyens d'outrer ou d'arrêter la licence de la presse, parce que tous voulurent successivement faire une révolution et la finir à leur gré. De ces deux buts l'un est facile à atteindre au milieu des désordres révolutionnaires ; mais quand ce premier but est atteint, on aperçoit toutes les difficultés qui entourent le second.

Ces difficultés naissent sur-tout de la multitude et de l'opposition des journaux. Ce sont eux qui ont rendu la licence de la

presse bien plus active et bien plus dangereuse. Avant la révolution, on peut dire
qu'il n'y avoit point en France de journaux
politiques; l'Assemblée nationale les appela, les créa, les combattit, et finit par
être conspuée par eux. On vit alors quelle
devoit être la force d'une institution nouvelle, qui renversoit avec du papier la formidable puissance dont elle tenoit l'être; et
dès ce moment il fut prouvé que nul gouvernement ne pourroit s'établir, s'il ne
commençoit par réfréner cette licence indéfinie. Le Directoire l'essaya, réussit momentanément, et tomba sous le mépris que
les journaux versoient sur lui. Ils foibli-
rent devant le Consulat, qui les observoit
avec soin, malgré les éloges dont plusieurs
d'entre eux l'accabloient; mais dès que le
gouvernement fut devenu impérial, il en-
chaîna tous les journaux, et donna les
plus fortes entraves à la presse. Jamais,
sous la monarchie, une contrainte aussi
forte n'avoit pesé sur la liberté d'imprimer :
cette contrainte s'étendit, non-seulement
sur les ouvrages qui traitoient de la poli-

tique du moment, mais encore sur ceux qui y étoient étrangers; toute phrase qui présentoit au censeur l'idée d'un rapprochement ou d'une allusion, étoit réprouvée par lui. Si, par-là, ce gouvernement n'eût voulu qu'entraver la liberté des écrits périodiques et en réduire le nombre, il auroit rendu un vrai service au gouvernement qui devoit lui succéder, et peu à-peu il auroit déshabitué le peuple de ce prétendu besoin des journaux politiques; mais lui-même étoit bien aise de les répandre pour les faire parler dans son sens et inonder la France des bulletins de ses sanglantes conquêtes. On étoit donc encore trop accoutumé à ce malheureux régime, pour pouvoir le modifier, lorsque la restauration arriva. Des événemens nouveaux, vivement desirés, et cependant presque inattendus, sembloient ne pouvoir être trop publiés, et les journaux reprirent plus d'activité que jamais; mais avec des inconvéniens auxquels on auroit dû s'attendre, quoique très-différens les uns des autres. Le royaliste pur et fidèle, donnant tout au sentiment, et s'y livrant

avec plus d'enthousiasme que de mesure
et de réflexion, inquiétoit les révolutionnaires, en leur rappelant des souvenirs fâcheux, et cherchoit à faire naître des re-
mords dans des hommes plus alarmés de
l'avenir que repentans du passé. La malveillance prenoit son texte dans quelques-
unes de ces pages indiscrètes, et affectoit de
craindre ce dont au fond elle savoit bien
qu'elle n'étoit pas menacée. La guerre des
journaux et des pamphlets se ralluma de
nouveau. Si elle n'eût porté que sur les personnes, il n'en seroit résulté que quelques
malheurs individuels : mais elle porta souvent sur les principes ; et alors les maximes
du gouvernement se trouvèrent attaquées
ou pouvoient l'être, pendant que l'action
de l'administration étoit exposée à rencontrer par-tout des résistances.

On dira sans doute que le gouvernement peut se servir des journaux pour
proclamer les bons principes, pour éclairer
les hommes sages ou paisibles que l'on
chercheroit à séduire : c'est donc alors une
guerre de plume qui s'établit entre lui et

ses adversaires ; genre de combat qui, pour lui, n'est ni honorable ni sûr. Après un quart de siècle de révolution, qui peut garantir que des têtes ardentes ne recevront que des idées saines qu'on leur présentera? L'expérience a prouvé qu'à égalité de bonnes et de mauvaises intentions, les journaux réussiront toujours à faire plus de mal que de bien. Il n'y a qu'une époque où les chances du mal et du bien seront égales ; c'est celle où l'on verra les journaux avec indifférence, comme des productions littéraires, qu'on blâme ou qu'on approuve aujourd'hui, et dont, peu de jours après, on ne parle plus. Il faut donc prendre pour maxime certaine que tout peuple qui a été, dans ses révolutions, ballotté, vexé, gouverné par les journaux, ne pourra se dire hors de révolution, tant que les journaux auront sur lui quelque influence. En Angleterre, il y a une grande licence en fait de journaux, mais en même temps il y a des lois qui, dans une multitude de cas, prononcent des peines sévères : d'ailleurs, l'Angleterre n'ayant point eu de révolution de-

puis cent vingt ans, a pris une telle fixité
politique, que ce qui sembleroit devoir
ébranler d'autres États, est chez elle sans
conséquence. La guerre très-active que se
font les journalistes se borne à des invectives
qu'ils se renvoient mutuellement ; la mali-
gnité s'amuse de ce feu croisé d'injures et
d'accusations qui se succèdent avec rapidité.
L'habitude de lire les papiers publics est assez
grande pour qu'on se trouvât embarrassé
du temps qu'on auroit de trop s'il n'en paroissoit plus ; mais, cette lecture finie, on
s'en occupe peu, et l'on attend celle du
lendemain pour y donner le même temps
sans lui donner plus de suite. Cette habitude d'une simple et paisible curiosité, une
fois établie chez un peuple dont les grands
intérêts sont fixés, ne pourroit changer que
dans une révolution ; et, par sa nature,
elle n'en appelle aucune, et redoute même
celles dont elle auroit quelquefois l'air de
parler. Mais on ne peut espérer de la
trouver au milieu d'un peuple qui, de
secousses en secousses, parvenu à une
position dont il n'avoit plus d'idée, s'agite

encore sans avoir de but déterminé, et sans être sûr de s'arrêter à celui qu'on lui montre. D'après la valeur qu'il continuera d'attacher aux journaux, on pourra donc calculer jusqu'à quel degré il s'approche ou s'éloigne du repos auquel il doit tendre; et il ne trouvera ce repos que lorsqu'il aura perdu l'habitude de lire ces journaux, ou qu'il aura pris celle de ne les lire que comme un amusement sans conséquence.

C'est cette indifférence qu'on ne peut attendre au milieu d'une révolution, parce qu'elles ne sauroient se concilier ensemble, quand tous les intérêts sont éveillés, menacés ou attaqués. Elle conviendra parfaitement à l'état de quiétude qui suivroit le moment où tous les intérêts se verroient comprimés ou réunis : mais alors il faudroit qu'aucun journal ne cherchât à augmenter ou à diminuer cette compression ; car les intérêts étant, par leur nature, susceptibles de prendre l'alarme au moindre bruit, il suffit qu'un seul soit inquiété pour que l'inquiétude se communique à un autre ou à plusieurs d'entre eux : ils appellent alors à leur secours les opinions; et quand celles-ci viennent se joindre à ceux-là, la société, en proie aux plus grandes agitations, est à la merci de tous les écrits incendiaires. Jusqu'à ce que ce moyen révolutionnaire ait usé ou la révolution ou la société, l'une ou l'autre doit tomber avec lui ; mais cette alternative fait trembler, et malheur à qui peut regarder comme un moyen politique celui qui doit infailliblement finir par une de ces deux chances!

CHAPITRE XV.

DE LA TERREUR.

AVANT la révolution françoise, ce mot n'avoit pas encore été cité comme moyen *avoué* de gouvernement; aucun pouvoir, même révolutionnaire, ne l'avoit encore employé dans ce sens. Ce n'est pas que, de tout temps, la faction triomphante n'ait voulu imprimer la *terreur;* mais elle ne la proclamoit pas nominativement. Elle ne se refusoit aucun des actes qui pouvoient la répandre, mais elle ne faisoit pas de son institution un acte légal : le mot au contraire n'étoit prononcé que pour faire taire toutes les lois ; et l'on n'avoit pas encore imaginé que, pour les suppléer toutes, il pût devenir loi lui-même.

Certes Marius et Sylla avoient pris des mesures qui étoient bien celles de la terreur; et cependant ce mot ne fut inséré, ni dans leurs tablettes, ni dans leur code de proscription, si propres d'ailleurs à propager la terreur. Pendant les fureurs de la Ligue, les Seize imprimoient assurément la terreur dans Paris, puisqu'ils faisoient trembler les Ligueurs eux-mêmes ; mais ils se contentoient de l'imprimer par les faits, sans prétendre faire une loi de ce qui renversoit toutes les lois. La Convention est la première qui ait osé faire publiquement cette injure à la loi : elle la porta au point, qu'après avoir fabriqué une constitution d'après les principes de la démagogie la plus forcenée, elle décréta audacieusement que cette constitution seroit mise en réserve, sans pouvoir être exécutée jusqu'à nouvel ordre, et qu'en attendant, ses commissaires, son armée révolutionnaire et la guillotine donneroient seuls des lois à toute la France.

Ce décret, qui, au premier abord, paroîtroit incroyable, étoit une suite de tout ce qu'elle avoit fait jusqu'alors. Religion, lien social, intérêt public, sermens, morale, elle avoit tout détruit ou achevé de tout détruire; et ne se dissimulant pas qu'après avoir fait une table rase, en vain voudroit-elle y graver une loi éphémère dont rien ne garantissoit l'exécution, elle crut soumettre tout à une loi unique, que ses seuls agens pourroient dicter et exécuter à-la-fois. Tout fut en effet asservi à cette loi terrible; et la Convention, qui n'a jamais su ni prévoir, ni gouverner, s'applaudissoit du nouveau régime établi par elle, lorsqu'elle s'aperçut qu'elle y étoit soumise elle-même.

Conséquence juste, mais effrayante, de cet affreux moyen, qui doit se répercuter contre ceux qui l'emploient. Ils n'ont plus voulu entre eux d'autres liens que la terreur; ils n'ont plus connu d'autre ressort que celui qu'ils trouvoient commode de remonter à volonté: chacun, en effet, peut le serrer à son gré, jusqu'à ce qu'il casse par l'effet inévitable d'une trop forte tension : alors il ne peut plus se rétablir ; car toutes les horreurs qui en résultoient paroissent au grand jour ; et ceux même qui se faisoient une habitude de les commettre, s'empressent de les désavouer.

Pendant que la terreur subsiste, elle réduit la société à deux classes : l'une qui attend son sort, l'autre qui se charge de le lui préparer. C'est une épouvantable application du principe machiavélique : *Divide et impera*. Dans l'application ordinaire, ce principe met les hommes dans un état d'opposition les uns contre les autres ; mais c'est une opposition active des deux côtés, chacun travaillant pour son propre avantage. Lorsque la terreur au contraire s'empare de ce principe, il n'y a d'activité que dans la classe qui la sert : l'autre est nulle ; elle est bien en opposition, mais en opposition passive ; c'est un état de mort ; c'est celui de la victime réservée ou traînée à l'autel par le sacrificateur.

Entre ces deux classes, il n'y a plus aucun rapport social ; la seule relation qui subsiste encore est celle de l'individu qui donne
la mort à l'individu qui la reçoit ou qui
l'attend. Cela est si vrai, que, lorsque la
terreur sévit contre ses propres agens, ceux-
ci passent tout-à-coup de la première classe
dans la seconde ; aussi déplacés dans celle-
ci, qu'ils étoient dignes de celle-là : accou-
tumés à donner la mort, ils ne peuvent s'accoutumer à l'attendre.

Car ce privilége n'est pas seulement celui des ames fortes ; il est encore plus celui
des ames pures, qui, pouvant se rendre témoignage de l'injustice de leur condamnation, trouvent dans ce témoignage le courage de l'homme juste, et opposent le calme
de l'innocence aux fureurs de l'iniquité. Au
reste il ne faut pas, sous un régime de terreur, confondre cette résignation tout-à-la-
fois forte et paisible, ce calme qui est celui
de l'énergie dirigée par la réflexion, avec
l'apathie qui fait qu'on s'abandonne à son
sort, uniquement pour s'éviter la peine de
réfléchir sur les moyens de le changer. Cette
apathie n'est ni la résignation religieuse ,

ni le courage stoïque, qui tous deux sont une surabondance de sentimens pieux ou élevés. L'apathie est la privation de tout sentiment : celui qui en est atteint renonce aisément à la vie ; mais c'est un dégoût, bien plus qu'un sacrifice ; il préfère l'abandon de son existence, à l'embarras de chercher à en faire un emploi utile, ou au mérite d'en faire le sacrifice avec une soumission sincère.

Elle est même alors une suite de la légèreté habituelle, qui se porte indifféremment sur les privations comme sur les jouissances, sans réfléchir plus sur les unes que sur les autres ; et par cela même elle survit au terrible régime qu'elle supportoit sans impatience, qu'elle voit finir avec plaisir, sans prévoir ni observer ce qui le remplace.

Cet état apathique, cette habitude de tout souffrir, cet éloignement, cette aversion pour toute prévoyance, est un des plus grands avantages que trouve en arrivant le régime qui succède à la terreur. Qu'il annonce avec quelque vraisemblance qu'on pourra vivre, on ne lui en demande pas plus. Quelque mauvaises, quelque dangereuses que soient les formes qu'il va prendre, on n'y fera pas attention, pourvu que ce ne soit pas celles du pouvoir qu'il vient d'abattre.

L'attitude dans laquelle une nation se tient pendant un régime de terreur, est donc une donnée sûre pour préjuger ce qu'elle sera hors de ce régime. Aux yeux de l'observateur politique, le courage moral et religieux doit laisser et même motiver une juste espérance; on peut tout attendre de quiconque a su tout souffrir avec dignité. Aux yeux de ce même observateur, le calme de l'apathie n'en laisse entrevoir que la continuation; elle deviendra même plus forte, à mesure que les dangers seront moins imminens; et dès qu'ils paroîtront reculés de quelques jours, elle aimera bien mieux regarder ce délai comme une cessation, que de s'informer combien il peut durer.

La révolution françoise a offert ces différens tableaux, dans lesquels, à côté de quelques groupes où l'on admire la résignation du chrétien et le courage de la vertu, on voit des masses entières qui ne se font remarquer que par la stupeur, l'abattement, ou l'indifférence. Ces nuances se sont exactement retrouvées et se retrouvent encore dans la France, sortie du régime de la terreur pour revenir sous celui de la Convention; sortie de celui-ci pour passer sous le régime du Directoire, et de là sous le consulat ou sous l'empire. Une fois affranchie de la terreur de Robespierre, la grande majorité de la France n'a eu d'autre inquiétude que celle de la voir reparoître; elle n'a pas eu l'idée de craindre, et par conséquent d'empêcher, qu'il n'en vînt une autre, moins effrayante peut-être dans ses formes, mais par cela même plus dangereuse par sa durée.

Et c'est une différence essentielle à saisir entre la terreur exercée par le gouvernement démocratique et celle qui l'est par le gouvernement d'un seul.

La démocratie ne voulant donner de pouvoir qu'à la dernière classe, parce que c'est sur-tout celle-là qu'elle veut enivrer de la souveraineté, le pouvoir de la terreur se trouve entre les mains de la multitude. Or, dans tout ce qu'elle fait, la multitude n'a jamais ni plan, ni mesure, ni combinaison. Le désordre de ses idées nécessite celui de sa conduite : tout ce qui n'est pas excès lui paroît une privation ; et tout ce qui l'est, finit, comme toute autre chose, par la fatiguer et l'ennuyer. De là il résulte que chez elle tous les crimes se commettent, mais ne se calculent pas ; que, par conséquent, elle les exécute bien plus pour satisfaire sa passion que pour consolider son pouvoir ; que cette passion a le sort de tout ce qui est effervescence, c'est-à-dire qu'elle s'affaisse en s'assoupissant, et ne peut soutenir long-temps ce qu'elle a recherché avec le plus de fureur.

Au contraire, lorsque le gouvernement d'un seul veut régner par la terreur, il rapporte tout à ce but. Cette terreur, que la multitude répandoit comme jouissance pour elle, il l'emploie comme moyen pour lui ; il soumet ce moyen aux calculs d'une sombre inquiétude ou d'une politique prévoyante. Il pourra ne pas commettre plus de crimes qu'il ne jugera nécessaire ; mais il se sera promis de ne s'en refuser aucun ; et comme lui seul est juge de la nécessité, ce mot lui laisse toujours une grande latitude.

Ainsi, entre la durée de la terreur qu'inspire le peuple, et celle de la terreur qu'inspire un tyran, il y aura toujours la différence de l'enthousiasme à la combinaison, d'un élan fougueux à un système réfléchi. Ainsi la même différence se fera sentir entre les agens de l'une et ceux de l'autre. Les premiers exerceront leur propre autorité ; les seconds exerceront celle de leur maître : ce que ceux-là faisoient comme souverains, ceux-ci le feront comme esclaves ; c'est-à-dire que ce qui étoit chez les uns un signe de démence, chez les autres sera une preuve d'avilissement ; là un accès de fureur, ici un état habituel et fixe de soumission à tout ce qui sera crime.

Lorsque la Convention établit le régime de la terreur, elle vouloit en confier et elle en confia en effet l'exercice à la multitude. Les comités révolutionnaires, répartis sur toute la république, étoient composés de ce qu'il y avoit de plus abject : aussi leurs séances étoient-elles souvent aussi ridicules qu'atroces ; mais elles n'avoient pour juges que des spectateurs qui l'étoient eux-mêmes.

Un homme qui n'avoit que l'instinct ou le
besoin du crime, sans en avoir la tactique,
voulut régulariser la terreur, en la soumettant à son autorité; il voulut en faire sa propriété, non pour la rendre moins cruelle,
mais dans l'espoir de la rendre plus durable.
Il se trouva alors exerçant comme tyrannie
un pouvoir établi comme démocratie. L'u-
sage de ce pouvoir s'éloignoit donc de son
institution; et il falloit que, de la tyrannie
ou de la démocratie, l'une vînt à périr par
l'autre: celle-ci l'emporta, parce que la Convention, effrayée de la tyrannie qui alloit la
décimer, aima mieux soutenir encore
quelque temps une démocratie impuissante,
que de ramener une terreur dont les principaux directeurs pouvoient devenir si formidables. La sanglante vengeance qu'elle
tira d'eux en quelques heures, prouva:

1.° Que lorsque ce régime est établi par
la démocratie, il ne peut long-temps être
impunément employé contre elle;

2.° Qu'une fois renversé, il ne peut plus
se relever, parce qu'on n'a pu le détruire
qu'en détruisant ses propres agens, dont le
sort en épouvante d'autres;

3.º Que la route sur laquelle il se traî-
noit, et qu'on ne peut plus suivre, parce
qu'elle est obstruée de cadavres, venant à
se déblayer avec le temps, tout concourt à
en ouvrir une autre dont le but s'aperçoit
aisément, mais où il devient de jour en
jour plus difficile d'arrêter celui qu'on a
eu l'imprudence d'y laisser entrer.

CHAPITRE XVI.

DES FLATTEURS DU PEUPLE.

TEL est le malheureux sort de l'humanité, que le pouvoir enivre trop souvent
celui qui en jouit. C'est sur-tout la flatterie
qui met et entretient dans cet état d'ivresse;
plus le pouvoir est déplacé, c'est-à-dire plus
il se trouve en des mains qui ne devoient pas
l'exercer, plus il veut être flatté, soit que
par-là, l'homme, devenu puissant sans être
fait pour l'être, croie anéantir l'espace qui
devoit toujours rester entre le pouvoir et
lui; soit qu'il se persuade qu'à force d'être
répétés, les hommages qu'on lui rend fini-
ront par être sincères.

De là il suit que le peuple, devenu tout-à-coup puissant, veut toujours être flatté. Il a tout l'orgueil et en même temps toute la bassesse des nouveaux parvenus; il joint à cela toute la fougue qui lui appartient dès qu'il veut agir; et ces trois vices en font le souverain le plus barbare et le plus ridicule.

Par une suite de son ignorance, de sa crédulité, de la prévention ou des préjugés auxquels il est en proie, il doit toujours être la dupe de ceux qui se proclament humblement ses agens, et dont il n'est que l'aveugle instrument. C'est ce dernier point qu'ils veulent sur-tout l'empêcher de voir : pour cela, ils ne lui parlent que de sa puissance, c'est-à-dire de celle qu'eux-mêmes exercent pour lui; de sa volonté, c'est-à-dire de celle qu'ils lui suggèrent. Les plus violens démagogues n'ont jamais eu une autre tactique; ils la suivent même les uns contre les autres, pour se supplanter mutuellement; car il y va de leur tête s'ils n'entretiennent pas le peuple dans son erreur; quand il en sort, c'est pour être jeté dans une autre : mais dans cette mutation, ce qui ne varie pas, c'est sa fureur contre ceux qui le conduisoient ; il les sacrifie au ressentiment de ceux qui, pour se venger eux-mêmes, ne lui parlent que de venger la patrie. Ainsi ils obtiennent de lui de briser son idole, de la devenir à leur tour, pour être aussi brisés, quand cette multitude, qui n'a ni prévoyance, ni sentiment, voudra, par l'effusion du sang, se dédommager de la fade uniformité des hommages.

Toutes les révolutions offrent là-dessus un tableau mouvant qui par-tout est toujours le même : c'est le même dessin, les mêmes couleurs, les mêmes ombres ; il n'y a que quelques figures à changer.

Bien plus, le peuple, à qui il ne faut pas demander la justesse du coup-d'œil, le tact du discernement, n'admet aucune différence, ne soupçonne pas même qu'il y en ait entre ceux qui, dans une révolution, s'égarent en cherchant le bien public, et ceux qui, en affectant de le chercher, ne suivent que leurs vues personnelles. On lui dit qu'ils l'ont trompé ; il le croit, parce qu'il croit tout. Il a assassiné Stanislas de

Clermont-Tonnerre, la Rochefoucauld et Bailly, comme le duc d'Orléans, Brissot et Robespierre : il eût assassiné Mirabeau, comme la Fayette, si la mort de l'un et la fuite de l'autre ne les avoient pas soustraits à sa fureur. Tous ces hommes fameux dans la révolution avoient successivement flatté le peuple, et furent successivement abandonnés par lui.

Quand il ne veut plus être conduit par ses premiers flatteurs, ce n'est pas pour se conduire lui-même, il en est incapable; c'est pour être conduit et flatté par d'autres. Toutes les fois qu'on voudra, par une révolution, réunir un peuple au nom de sa souveraineté, on peut être sûr qu'en gardant tous les vices de la populace, il voudra affecter ceux des grands. Il perdra les vertus simples qui pouvoient lui convenir, et ne les remplacera point par ces vertus de convention qu'on trouve dans les classes élevées, qui peuvent souvent n'être que des vertus factices, mais qui, du moins pour les effets politiques, peuvent remplacer les vertus réelles, et même les faire naître.

Ainsi, en révolution, une populace souveraine est un rassemblement monstrueux des vices de toutes les classes. Pour la flatter, il faut lui parler son langage ; il faut offrir sans cesse un aliment , n'importe lequel , à sa crédulité , sans jamais craindre de l'é- puiser. Il n'y a pas d'extravagances que ses flatteurs ne se permettent , parce qu'il n'y en a pas qu'il se refuse à croire.

Au commencement de la révolution , les scélérats qui incendioient les châteaux di- soient que c'étoient les seigneurs eux-mêmes qui les faisoient brûler ; d'autres affirmoient qu'ils agissoient par ordre du roi ; et dans quelques cantons du Lyonnois et du Dau- phiné , on poussa l'impudence jusqu'à dis- tribuer un prétendu arrêt du conseil , qui ordonnoit ces incendies. On cria publique- ment dans Paris la dénonciation d'une cons- piration pour faire sauter, à Versailles , la salle des États généraux. Enfin cette Assem- blée elle-même n'eut pas honte , pour se populariser , de paroître ajouter foi à une atrocité absurde : un magistrat de Besançon fut dénoncé comme ayant réuni tous ses paysans pour les faire périr par le jeu d'une mine. L'Assemblée suspendit ses travaux pour accueillir avec emphase cette accusation, et enjoignit au roi de faire demander sur-le-champ par ses ministres, dans toutes les cours, l'arrestation du coupable. Cette Assemblée, destinée, disoit-elle modestement, à régénérer l'univers, apprenoit au peuple que c'étoit ainsi qu'il falloit le flatter. Le peuple n'a pas manqué de profiter de la leçon ; et ces constituans, qu'il appeloit ses dieux, ont été en son nom proscrits ou immolés par d'autres flatteurs.

Les uns et les autres commencent toujours par déclamer contre les flatteurs des rois, race funeste sans doute, dont il seroit à desirer qu'on purgeât la terre, mais qu'ils trouvent moyen de faire regretter. En suivant le parallèle des flatteurs des rois et des flatteurs du peuple, je crois que ceux-ci doivent être encore plus dangereux : ils sont nécessairement en plus grand nombre ; ils se subdivisent en autant de partis qu'il y a de factions auxquelles ils veulent plaire.

Nous en avons vu auprès du moindre club, de la plus misérable société popu-

laire. Ils comptent parmi eux les gens du
rang le plus élevé ou de la condition la
plus abjecte ; ce qui fait qu'il n'y a rien
que les uns ne soient prêts à suggérer et les
autres à applaudir : car lorsque toutes les
absurdités dont les dernières classes sont
susceptibles, peuvent se trouver réunies·à
tous les vices des premières, tout, dans la
société, est crime ou prêt à le devenir.

Enfin, il y a encore une raison qui rend
les flatteurs du peuple bien plus à craindre
que ceux des rois ; c'est qu'en couvrant ou
leur honte, ou leur ineptie, ou même leur
ambition, du manteau de la popularité, ils
ont l'air d'agir par un principe de bienfaisance, de philanthropie ; ils semblent se dé-
vouer pour améliorer le sort de l'humanité
souffrante : avantage dont ne peuvent se
prévaloir ceux qui, en se fixant auprès des
souverains, paroissent méconnoître tout ce
qui ne tient pas à la grandeur. Il est donc
bien plus aisé d'être en garde contre ceux-
ci, sur qui la flatterie fait planer déjà
des soupçons, tandis qu'elle facilite aux
autres leurs premiers succès. On voit rare-

ment un flatteur des rois se glorifier de sa servile adulation : le flatteur du peuple s'honore de la sienne ; il s'en honore d'autant plus, qu'il est plus puissant, parce qu'on ne manque pas de lui répéter que plus il s'abaisse, plus il est grand.

CHAPITRE XVII.

INQUISITION ET DÉLATION.

SANS doute il est fâcheux que l'autorité la plus légitime soit quelquefois obligée de rechercher sécrètement la conduite de ceux qu'elle gouverne, de provoquer ou du moins de payer les rapports qui lui sont faits contre eux, et par-là d'établir et d'encourager un espionnage, toujours difficile à contenir dans des bornes que tout le porte à franchir. Ce mal est peut-être inévitable dans un grand empire ; il est au nombre des inconvéniens auxquels s'expose une société politique, à mesure qu'en s'agrandissant elle augmente les proportions du cercle de famille qui fut sa première origine. Mais tel est le chef-d'œuvre d'un bon gouvernement, qu'il sait tirer avantage, même d'un établissement vicieux, et corriger par les effets un moyen dont il use sans en abuser. Cela tient à l'esprit de justice qui est le régulateur habituel de sa conduite, à la conscience qu'il a de la droiture de ses intentions, à la certitude que la grande majorité des sujets étant intéressés à sa conservation, verront sans inquiétude tout ce qui peut la leur assurer. Mais un gouvernement vicieux, vacillant, et sur-tout un gouvernement illégitime et révolutionnaire, toujours environné de craintes et de soupçons, parce qu'il ne peut se déguiser à lui-même son origine et ses excès, est toujours prêt à abuser même des bons moyens d'administration; à plus forte raison abusera-t-il des mauvais.

Je vais citer un nom qui est fait pour commander la confiance, et qu'on ne peut séparer d'aucune des idées qui tiennent au bien public et à l'amour de l'humanité. M. de Malesherbes, étant premier président de la Cour des aides, avoit été frappé de l'abus des lettres de cachet vers la fin du règne

de Louis XV, et il avoit fortement attaqué
cet abus dans des remontrances qui ont fait
époque. Appelé au ministère par Louis XVI,
il reconnut la nécessité de conserver un
moyen d'administration dont il falloit
seulement prévenir le danger. Les précautions qu'il prit à ce sujet sont un monument de sagesse et de prévoyance paternelle ; et il prouva par le fait combien ce
moyen pouvoit être utile au gouvernement,
sans être vexatoire pour les gouvernés, et
faire le bien public sans nuire aux individus.

M. le Noir, ancien lieutenant de police,
avoit commencé des mémoires sur plusieurs
parties de son administration , et parti-
culièrement sur la surveillance secrète et
l'inquisition, qui font partie nécessaire de
la police d'une ville populeuse, capitale
d'un grand empire. J'ai vu plusieurs mor-
ceaux de ces mémoires, dont j'avois déjà
connoissance par tout ce qu'il m'avoit dit
dans nos fréquentes conversations ; j'y ai
remarqué avec quel soin M. de Sartine et lui
s'étoient attachés à prévenir, à découvrir les
abus, et avec quelle sollicitude, mais en

même temps avec quelle prudence, ils avoient fait l'essai des mesures qui pouvoient diminuer le danger d'une institution dont ils reconnoissoient la nécessité.

Quand on lit, dans l'histoire de Venise, l'établissement de la bouche de fer et du conseil des dix, on s'attend à voir l'humanité en butte à tout ce que l'inquisition et la délation peuvent avoir de plus terrible. L'administration de Venise étoit la plus paternelle qui eût existé dans une république, long-temps célèbre par ses richesses et sa politique. Sujet ou citoyen, le Vénitien, qui ne se mêloit point des affaires du gouvernement, trouvoit toujours auprès de lui protection, assistance et justice. Les précautions effrayantes dont ce gouvernement paroissoit toujours entouré, n'atteignoient jamais que ceux qui cherchoient à le troubler.

C'est que, par sa solidité, par la régularité habituelle de sa marche, par la confiance générale dont il étoit investi et dont il étoit digne, il se trouvoit naturellement amené à corriger l'emploi journalier qu'il faisoit d'une institution dangereuse en elle-même.

A ces exemples pris dans la France monarchie et dans la paisible république de Venise, on peut en opposer d'autres qui seront pris dans la France révolutionnée et dans Rome sous Tibère.

Il faut d'abord remarquer que, dès les premiers momens de la révolution, l'inquisition fut tout de suite à l'ordre du jour. Excitée par toutes les clameurs, encouragée par le succès, la délation fut proclamée et vantée comme une vertu civique : un comité de recherches fut établi. J'ai dit plus haut qu'un homme estimable d'ailleurs, mais dont la tête étoit égarée, déposa cinquante mille francs pour être remis à celui qui dénonceroit un crime de lèse-nation. La nature de ce crime étoit aussi vague que sa dénomination étoit nouvelle. Les arrestations se multiplièrent sur tous les points de la France. Heureux encore ceux qui pouvoient arriver jusque dans la prison sans être massacrés ! car la justice populaire supportoit impatiemment un reste de formes; elle étoit pressée de jouir; et pendant plus de six mois il y eut peu de jours qui ne fussent marqués par quelques assassinats.

Le peuple, le comité, l'Assemblée, usoient d'un pouvoir nouveau, illégal, soupçonneux, qui, attaquant tout, devoit craindre et craignoit tout. Il en fut de même de la seconde Assemblée et de la Convention jusqu'au régime de la terreur. Pendant la violence de ce régime, inouï jusqu'alors, il y eut peut-être moins de dénonciations secrètes; ce monstrueux gouvernement pouvoit s'en passer, et le délateur lui-même n'avoit besoin ni de se cacher ni de chercher des prétextes : on vouloit des victimes; chacun étoit appelé à en fournir. La délation revint sous le Directoire, sous le Consulat, qui, à tous leurs vices comme gouvernemens, joignoient celui de n'être que provisoires. Comme définitif, le gouvernement impérial auroit dû la proscrire, et réduire le plus possible les mesures inquisitoriales; mais comme usurpateur, il les employoit d'autant plus, qu'il étoit plus inquiet de son existence, qu'il étoit plus obligé de craindre jusqu'aux agens mêmes qu'il soudoyoit. Il semble que Tacite avoit vu ce que nous voyons, quand il disoit, en parlant de Tibère : *Scelerum ministros, ut perverti ab aliis nolebat, ita plerùmque satiatus, et oblatis in eamdem operam recentibus, veteres et prægraves adflixit.* Par cette crainte de sa propre police, le gouvernement impérial a été conduit à en former une contre celle-là même. Alors la délation est devenue plus active, parce que ce vice si bas, qu'on a tant de peine à réprimer, ne manque pas de s'introduire partout où on a l'air de le provoquer.

De l'énormité des abus inséparables d'une police dont le premier statut est la délation, il résulte que plus il y en a, plus cette police cherche à les déguiser ; plus elle écarte tout ce qui pourroit faire entrevoir ou soupçonner ses erreurs. Ainsi, ces précautions qu'elle appelle mesures de sûreté, qui devroient toujours être passagères et provisoires, seront prolongées par elle, plutôt que de reconnoître qu'elles ont été prises sans motif. Ce n'est

pas qu'elle craigne l'opinion publique ;
sous un tel régime il n'y en a pas : mais
elle veut accoutumer le peuple (et tout est
peuple alors) à regarder comme certain
que tout homme détenu a mérité au moins
sa détention.

Cette habitude affoiblit toujours , si
même elle n'annulle pas l'intérêt que devroient naturellement exciter les victimes
de la délation. On commence par croire qu'il
est dangereux ; on va bientôt jusqu'à le
croire inutile ; et alors on est à la veille de
se persuader qu'il est mal fondé.

Ainsi se relâchent et se dissolvent tous
les liens de la société ; aussi n'est-elle plus
composée que d'individus placés les uns
auprès des autres, et néanmoins isolés ,
parce qu'ils sont rassemblés sans être unis,
et ne se voient ou ne se parlent qu'avec
un sentiment mutuel de méfiance ou de
terreur. Cet état anti - social , peint par
Tacite avec une vérité et une force de
coloris qu'on ne trouve point ailleurs , étoit
d'autant plus remarquable à Rome , que ,
dans les beaux jours de la république , le

3°..

titre d'accusateur non - seulement n'avoit rien de déshonorant , mais supposoit toujours un bon citoyen. Les anciens n'avoient point connu notre belle institution du ministère public. A Rome, la poursuite des crimes étoit un devoir pour tout citoyen qui avoit occasion de les connoître; il y avoit même du courage à remplir ce devoir, lorsqu'on s'exposoit au ressentiment d'un coupable puissant. Quand la puissance et la richesse furent devenues des moyens d'échapper à une condamnation méritée, le danger d'accuser devint plus grand , et le nombre des accusateurs diminua précisément parce que la vertu étoit diminuée. Alors on crut pouvoir par des lois exciter leur zèle : on leur accorda une partie de la confiscation ; et à l'instant le rôle d'accusateur fut avili. Il devint tout-à-fait infame parce qu'il devint lucratif, quand la loi de majesté , qui avoit été faite pour l'État , fut appliquée à l'empereur.

Voyons ce qu'il étoit à Rome du temps de Tibère et de ses trois successeurs. *Accusatorum major in dies et infestior vis sine le-*

*vamento grassabatur. . . . . Perinde, in foro,
in convivio, quaquâ de re locuti, incusabantur,
ut quis prævenire, et reum destinare properat;
pars ad subsidium suî, plures infecti quasi va-
letudine et contactu. . . . . A plerisque scrip-
toribus omissa multorum pericula et pœnas,
dùm copiâ fatiscunt, aut, quæ ipsis nimia et
mæsta fuerant, ne pari tædio lecturos adfice-
rent, verentur.*

Le sexe ne mettoit pas à l'abri du danger.
*Ne feminæ quidem exsortes periculi. . . . . Ob
lacrymas incusabantur.* Une mère étoit punie
de mort si elle pleuroit son fils. *Necata est
anus Vitia, Fusii Gemini mater, quòd filii necem
flevisset.* Et c'étoit le sénat qui prononçoit
ces horribles jugemens! *Hæc apud senatum.*

C'étoit toujours sur la loi de majesté
que portoient les accusations : *Postulato ma-
jestatis Considio Proculo : qui nullo pavore
diem natalem celebrans, raptus in curiam, pari-
terque damnatus, interfectusque.* C'étoit quelquefois au milieu des orgies de la débauche,
que les délateurs méditoient la perte des
hommes les plus illustres : *Haterius, somno
aut libidinosis vigiliis marcidus, et ob segnitiam,*

quamvis crudelem principem non metuens ; illustribus viris perniciem , inter ganeam ac stupra, meditabatur. A la vérité, cet Haterius parut par-là plus odieux que les autres, *invisior fuit.* Mais on trouvoit tout simple qu'un homme sans fortune cherchât à s'enrichir par la délation ; *nullo mirante, quòd diu egens, et parto nuper præmio malè usus, plura ad flagitia accingeretur :* tel fut ce Domitius Afer, qui accusa Varus Quintilius à cause de ses richesses, et dont il avoit déjà fait condamner la mère : *corripuerat Varum Quintilium, divitem... matris ejus condemnator.* Pour cette accusation, il s'étoit associé avec un parent de Varus, d'une illustre naissance ; *qui claris majoribus, et Varo connexus, suam ipse nobilitatem, suum sanguinem perditum ibat.*

Le récit de Tacite, le plus remarquable peut-être en ce genre, et qui fait faire le plus de réflexions, est celui de la mort de Sabinus, illustre chevalier, à qui on ne reprochoit que d'avoir été l'ami de Germanicus, et d'être resté attaché à sa veuve et à ses enfans. *Neque enim omiserat conjugem, liberos-*

que ejus percolere, sectator domi, comes in pu-blico, post tot clientes, unus. Cet attachement, admiré par les gens honnêtes, étoit odieux aux méchans, parce qu'ils ne tolèrent pas un sentiment qui les condamne : *Eoque apud bonos laudatus, et gravis iniquis.* Quatre anciens magistrats, *præturâ functi*, conjurent sa perte pour obtenir le consulat, *cupidine consulatûs.* Cet horrible plan arrêté entre eux, ils se partagent les rôles : l'un se charge de lui tendre des piéges, les autres de paroître comme témoins. *Compositum inter ipsos, ut Latiaris, qui modico usu Sabinum contingebat, strueret dolum, cæteri testes adessent.* Latiaris, en paroissant touché de son sort, l'amène à ces plaintes, à ces effusions auxquelles les cœurs malheureux s'abandonnent aisément : *Sabinus, ut sunt molles in calamitate mortalium animi, effudit lacrymas, junxit questus.* Quand il le vit disposé à déclamer contre Séjan et Tibère, les trois autres se cachèrent dans un endroit de la maison, d'où ils pouvoient entendre; *tectum inter et laquearia, tres senatores, haud minùs turpi latebrâ, quàm detestandâ fraude, sese abstrudunt ; foraminibus et rimis aurem admo-vent.* Alors Latiaris entraîne Sabinus, sous prétexte de l'instruire d'une chose qu'il venoit d'apprendre ; et, bientôt, excité par lui, le malheureux se livre à ces épanche-mens de la douleur, si difficiles à retenir quand on a commencé à les laisser échapper. *Quantò mæsta, ubi semel prorupêre, difficiliùs reticentur.* C'est alors que les quatre déla-teurs se réunissent pour écrire à Tibère, et lui détailler eux-mêmes leur honteux stra-tagème. *Properata inde accusatio, missisque ad Cæsarem litteris, ordinem fraudis, suumque ipsi dedecus narravêre.*

Voilà la machination du crime ! tout y est horrible, tout y est infame, tout y est marqué au coin de la bassesse la plus atroce ; et cependant tout y est conçu, médité, exécuté par quatre sénateurs qui avoient exercé les premières fonctions de la magis-trature, et qui veulent par-là s'élever jus-qu'au consulat ! Enfin, pour mettre le sceau à tant d'horreurs et d'ignominie, tout est raconté par eux-mêmes. Ce sont-là de ces traits frappans, dont un seul suffiroit pour

peindre avec une vérité effrayante un gouvernement et ses agens.

A présent voici l'effet que ce crime produit au milieu de Rome esclave et corrompue. L'inquiétude et la crainte sont à leur
comble : on évite d'entretenir, de voir,
non-seulement ses parens, mais tous ceux
que l'on connoît, plus encore ceux que l'on
ne connoît pas (1). On redoute jusqu'aux
objets inanimés, et on observe avec anxiété
les murs de sa propre maison. *Non aliàs magis
anxia et pavens civitas, egens adversùm proximos;
congressus, colloquia, notæ ignotæque aures vi-
tari; etiam muta atque inanima, tectum et parietes
circumspectabantur.* Et quand la malheureuse victime est traînée au supplice, par-
tout où elle jette les yeux, par-tout où elle
fait entendre ses cris, tout fuit; tout, rues
et places publiques, présente l'aspect d'un

_____

(1) Tacite revient encore sur ces temps désastreux,
lorsqu'il dit, au commencement de la vie d'Agricola:
*Dedimus profectò grande patientiæ documentum: et sicut
vetus ætas vidit, quid ultimum in libertate esset, ità nos
quid in servitute, adempto per inquisitiones et loquendi au-
diendique commercio. Memoriam quoque ipsam cum
voce perdidissemus, si tàm in nostrâ potestate esset oblivisci,
quàm tacere.*

lieu désert : si l'on aperçoit quelques citoyens, ce sont ceux qui, effrayés d'avoir donné des témoignages de crainte, reviennent pour affecter de se faire voir. *Quò intendisset oculos, quò verba acciderent, fuga, vastitas, deseri itinera, fora; et quidam regrediebantur, ostentabantque se rursùm, id ipsum paventes, quod timuissent.*

Enfin, au milieu de cette terreur, que faisoit le sénat ? il décrétoit qu'il seroit élevé des statues à Tibère et à Séjan, des autels à la Clémence et à l'Amitié. *Pavor internus occupaverat animos, cui remedium adulatione quærebatur...Aram Clementiæ, aram Amicitiæ, effigiesque circùm Cæsaris ac Sejani censuére.* Sénat bien digne en effet, par sa basse adulation, du sort qui, tous les jours, attendoit quelques-uns de ses membres ; assez vil pour croire échapper aux coups de la tyrannie ; et d'autant plus infame que le tyran étoit plus cruel !

Cette corruption honteuse, qui, dès qu'elle est le premier statut du premier corps de l'État, devient bientôt celui de la nation entière, établit une différence sensible entre la délation sous un régime anarchique, et la délation sous un gouvernement usurpateur.

Et d'abord l'anarchie, même aux yeux des plus grands révolutionnaires, n'est jamais qu'un régime provisoire : un gouvernement usurpateur veut toujours être regardé comme définitif ; et la flatterie, l'apathie, la terreur, ont toujours un grand intérêt à dire qu'il l'est en effet.

De là suit que, dans le premier de ces régimes, la délation n'est qu'un accident, que, dans le second, elle est un calcul. Dans l'un, elle a toute la fougue, mais en même temps toute l'irrégularité du régime auquel elle appartient : dans l'autre, elle a toutes les sombres combinaisons du gouvernement qu'elle soutient ; elle s'organise, je dirois presque qu'elle s'identifie avec lui. Elle ne peut pas être plus durable que le premier, qui ne crée rien, qui use ou détruit tout comme lui-même ; au contraire, elle entre dans tous les établissemens que fait le second, qui, réduit à craindre tout ce qui l'a précédé, crée sans cesse des institutions nouvelles, et ne rétablit les anciennes que sous de nouvelles formes ou de nouvelles dénominations.

Sans doute, dans l'anarchie, l'esprit de haine ou de vengeance peut porter à la délation; mais plus souvent elle est le fruit d'une grande exaltation, et j'en citois tout-à-l'heure un exemple : dans l'autre gouvernement, elle n'est jamais que le fruit de la corruption et de la cupidité. L'exaltation suppose toujours une ame susceptible de quelque énergie; la corruption indique une ame basse et avilie. Un moment heureux de réflexion peut éclairer, peut désabuser une ame exaltée, qui s'enthousiasme sans réfléchir; mais la corruption et la cupidité ont fait toutes leurs réflexions d'avance, et, d'après elles, ont réglé leur conduite. Un esprit égaré peut être ramené, parce que le motif qui l'égare n'est pas foncièrement mauvais; un cœur corrompu s'enfonce dans sa corruption. L'un a une fièvre chaude, qui prouve au moins la force du sang; l'autre a une gangrène, qui en annonce la dissolution.

C'est une conséquence de la différence des mœurs produites par l'abus de la liberté ou par l'habitude de la servitude. L'abus de la liberté est le délire de l'ivresse; il finit avec elle : l'habitude de la servitude est le mode constant d'une existence corrompue ; c'est, si je puis m'exprimer ainsi, l'état de santé de la bassesse et de l'infamie. L'un peut exciter des révolutions ; l'autre les reçoit, les sert, les perpétue, sans jamais songer à en tirer quelque avantage public. Car toute nation qui, après une grande révolution, se trouve plus corrompue qu'auparavant, est, aux yeux du moraliste, une nation qui a fini, et, aux yeux du politique, une nation qui finira bientôt : les grands mouvemens qu'elle pourra faire encore ne seront plus des efforts, ils ne seront que des convulsions. (*Voyez* Liv. IX, chap. IV.)

Enfin, si l'on veut bien connoître le degré de corruption d'un peuple chez qui la délation est le mot d'ordre, il faut voir dans quelle classe de la société se trouvent les délateurs. S'il y en a dans les classes les plus élevées, parmi des noms à qui l'illustration et l'ancienneté sembloient garantir une substitution de gloire et de vénération ; si, connus pour tels dans la société, ils y sont encore admis, parce que la crainte

de les recevoir cède à la crainte plus grande
de les exclure; si, dans le cercle le plus
resserré, il faut encore redouter de trouver
de ces êtres vils, qui spéculent journellement
sur l'indiscrétion toujours excusable d'un
épanchement, d'un abandon souvent provoqué par eux-mêmes; si l'opinion publique
n'en fait pas justice, ce que cependant elle
seule peut faire, c'est qu'il n'y a plus d'opinion publique; et par-tout où il n'y en a
plus, il n'y a plus de nation. Il n'y avoit
plus d'opinion publique à Rome sous les
Césars ; et dans l'empire romain, composé de tant de peuples étrangers les uns
aux autres, et forcément rassemblés sous un
même pouvoir (1), il n'y avoit plus de
nation; c'est une des vérités les mieux dé-
montrées dans l'histoire des empereurs. Il
n'y avoit plus d'opinion publique en France
sous le gouvernement impérial; et dans cet
empire françois, dont la carte géographique

---

(1) *Postquàm verò nationes in familiis habemus, quibus
diversi ritus, externa sacra aut nulla sunt, colluviem
istam nonnisi metu coercueris.* Tacite, *Annal. lib. XIV,
cap. 44.*

varioit au moins une fois par an, et englo-
boit tant de peuples qui n'avoient entre eux
aucun rapport, il n'y avoit point et il
n'y auroit jamais eu de nation.

CHAPITRE XVIII.

DE L'ÉMIGRATION.

CE mot a été si mal entendu et appliqué
dans la révolution françoise, que beaucoup
de personnes, même involontairement, ne
lui soupçonnent plus son véritable sens;
et c'est en général un des malheurs des révolutions, de dénaturer les choses les plus
simples, de changer la signification des
mots.

Pour bien connoître ce qu'est l'émigration en elle-même, il faut donc écarter tout
ce que l'esprit de parti a dit sur ce mot
depuis la révolution; il faut l'examiner
comme on eût fait il y a trente ans; il faut
remonter aux principes d'après lesquels on
eût alors donné sa définition.

L'homme, en se soumettant aux lois de
l'ordre social, a conservé de ses droits naturels tout ce qui n'étoit pas incompatible

avec cet ordre. Il s'est de plus soumis à des conditions qu'il a promis de remplir, mais que l'ordre social s'est engagé à maintenir envers lui. Quand cet ordre les viole ou les change, il rend à chacun de ses membres les droits dont il avoit fait le sacrifice à des conditions qu'on n'observe plus. Le premier de ces droits est incontestablement la liberté locomotive, liberté qui même ne peut être restreinte ou suspendue dans l'ordre social, qu'autant qu'elle pourroit compromettre la sûreté commune.

D'après ces quatre principes, je suis citoyen d'un État qui étoit régi par des lois ou des coutumes anciennes : une autorité, légitime ou non, veut les changer ; je m'éloigne avec l'intention de revenir, si les nouvelles lois me paroissent bonnes, ou de m'établir ailleurs, si je les juge mauvaises. Cela est vrai sur-tout lorsque ces nouvelles lois changent ou gênent ma religion ; lorsqu'elles déplacent les anciennes bases de l'ordre social à qui j'appartenois ; lorsqu'elles se proclament avec une violence qui trouble le repos public. Cela est encore plus vrai lorsqu'elles arment une classe de citoyens contre l'autre ; lorsqu'elles en désignent une à la spoliation, à la persécution, à la mort; lorsque je crois ne pouvoir rester sans compromettre ma vie, ma liberté, ou même mon repos.

De tout temps ces vérités ont été reconnues: depuis que les principes du droit des gens ont été la base principale des relations politiques de l'Europe, elles ont été suivies dans tous les traités. Chaque fois que, par l'effet de ces traités, une province passoit sous la domination d'un autre souverain, un terme étoit fixé, pendant lequel chacun des habitans pouvoit transporter ailleurs sa personne, sa famille et sa fortune; cette faculté étoit même devenue un article de forme, sur lequel il ne s'élevoit jamais de difficultés.

Le droit avoué et reconnu appartenir à tout individu, lorsque le sort de son pays change par les suites d'une guerre de sa nation contre une autre nation, lui appartient encore plus pendant ou après une guerre intestine : cette guerre est

même plus terrible qu'une guerre étrangère ;
et d'ailleurs l'issue de celle-ci conserve souvent à une province ses lois et ses coutumes,
même en la faisant passer sous une autre
souveraineté ; tandis que l'autre ne manque
presque jamais de changer ou de détruire
violemment les coutumes et les lois.

D'après ces propositions, aussi simples
qu'incontestables, l'émigration est un droit
inhérent à la qualité de membre de la société politique. Elle ne peut jamais être un
délit, quand elle n'est point accompagnée
d'actions hostiles ; par conséquent elle ne
peut motiver l'infliction d'une peine ,
que lorsque l'émigré rentre hostilement
dans sa patrie , et que la loi prononce des
peines contre lui. Ce n'est plus alors l'émigration qu'elle punit , c'est l'attaque ; mais
cette attaque rentre dans l'ordre des guerres
civiles , et doit être jugée d'après ce que je
viens de dire de celles-ci , chapitre x.

J'ai fait remarquer (aux Livres ii et iv)
que , dans toutes les révolutions des répu
bliques grecques , le bannissement étoit
toujours prononcé contre les principaux

membres du parti qui succomboit. On abusoit envers eux du droit du plus fort, en leur imposant comme peine l'obligation de prendre un parti qu'ils avoient le droit de prendre spontanément ; mais s'ils l'avoient pris d'eux-mêmes, on n'auroit plus eu de prétexte pour confisquer leurs biens ; et c'étoit la confiscation que l'on vouloit.

Ce droit d'émigration fut violé en France lors de la révocation de l'édit de Nantes. Les protestans, qui vivoient, qui étoient nés sous le régime de cet édit, éprouvoient, par sa révocation, un grand changement dans l'exercice de leur religion. Ils avoient le droit d'aller l'exercer ailleurs ; on n'avoit pas celui de les en empêcher : aussi n'employa-t-on, pour s'opposer à leur émigration, que des moyens militaires ; la loi n'en fournissoit aucun. Ces moyens militaires furent vexatoires, sur-tout dans les détails, parce qu'ils étoient ordonnés par Louvois, qui mettoit de la dureté à tout ; mais n'eussent-ils pas été vexatoires, ils étoient injustes et portoient atteinte à l'ordre social. Les protestans émigrés cherchèrent à exciter contre

3 1..

la France les ennemis de l'État : s'ils s'entendirent avec les protestans de l'intérieur pour y faire une guerre civile, ils étoient alors dans le cas d'être punis légalement, parce qu'ils commettoient réellement un délit public ; mais le souverain, à qui ils donnoient alors le droit de leur ôter la vie, n'avoit pas eu lui-même le droit de leur ôter l'exercice de leur liberté locomotive.

Il faut juger, d'après les mêmes principes, toutes les lois faites contre l'émigration depuis le commencement de la révolution françoise ; et l'on observera d'abord qu'il a fallu faire des lois, parce qu'il n'y en avoit pas de faites contre l'émigration, attendu que l'émigration n'étoit pas regardée comme un délit.

L'émigration en masse pourroit être regardée comme en étant un ; mais elle est sans exemple chez les nations civilisées : on ne la trouve que chez les peuples pasteurs ; et elle fait alors partie du droit naturel. Ainsi, lorsqu'en 1772, une horde de Tartares, vexée par les Russes, prit toute entière la route de la Chine pour aller s'établir sur les frontières de cet empire, elle exerçoit le droit en vertu duquel, soixante ans auparavant, elle avoit quitté ces mêmes frontières pour venir dans la petite Tartarie.

Ce fut aussi la réponse que fit la cour de Pékin aux plaintes que lui adressa celle de Saint-Pétersbourg ; et elle ne manqua pas de faire observer que cette réponse étoit exactement la même que celle que Pierre le Grand lui avoit faite dans la première circonstance. L'une et l'autre cour avoient donc, suivant leur intérêt, reconnu ou combattu le droit appartenant à ces tribus errantes.

Par la même raison, le droit d'émigration individuelle appartient à tout membre d'un corps politique, lorsqu'il se fait dans ce corps de grands changemens ; car il est à remarquer que, dans les temps calmes, cette émigration individuelle n'est point observée, n'est point recherchée. Quelques membres se détachent du corps, sans qu'on songe à prendre aucune mesure pour les ramener. Pourquoi ? c'est qu'ils sont trop peu nombreux pour fixer l'attention du gouvernement ; c'est qu'il est sans intérêt, parce qu'il ne craint pas que cet exemple ait beaucoup d'imitateurs. Un homme sage ne rompt pas sans de fortes raisons les liens naturels qui l'attachent à sa patrie et à sa famille. Il faut de plus considérer que, même en quittant sa patrie pendant qu'elle est dans un état de trouble, il n'a pas souvent l'intention de s'en séparer tout-à-fait; et alors ce n'est pas une émigration. Il conserve l'espoir que le nouvel ordre de choses, en se consolidant, ne lui sera pas aussi contraire qu'a dû le lui faire craindre le renversement de l'ancien. Il attend dans un exil volontaire (car son absence n'est que cela) que l'esprit de parti soit calmé, que le feu des factions soit éteint; et pendant qu'on lui reproche d'avoir oublié son pays, il peut souvent dire avec toute vérité : *Super flumina Babylonis, illic sedimus et flevimus, cùm recordaremur Sion.*

Mais la société qu'il quitte n'a-t-elle pas le droit de lui prescrire un terme pour se réunir à elle ? Elle n'a pour cela aucun droit de contrainte ; car si elle n'avoit pas le droit de l'empêcher de sortir, elle n'a pas celui de le forcer à rentrer. Tout au plus elle pourroit dire que, dans un délai donné, s'il ne rentre pas, il sera regardé comme étranger; mais il n'en résultera jamais contre lui aucun droit de confiscation.

Je suis obligé de donner une explication de cette dernière phrase, parce que je ne dois pas laisser de louche dans une matière aussi importante. La malveillance ne manquera pas de dire qu'il y avoit des cas où nos anciennes lois prononçoient la confiscation contre ceux qui sortoient du royaume sans passe-port; mais sur quoi portoit cette confiscation? sur leurs biens? non, mais sur leurs charges; et cela même, loin de détruire mes principes, en est une confirmation. Comme membre d'une société, j'ai le droit de la quitter, en emportant ou en laissant mes biens, dont, en ce dernier cas, je confie la régie à un fondé de pouvoirs. Mais si, en outre, j'appartiens à cette société par une charge qu'elle m'a confiée et que j'ai acceptée, j'ai contracté personnellement l'engagement de remplir les fonctions que cette charge m'attribue, et qui tiennent d'une manière quelconque à l'ordre public. Je ne puis remplir ces fonctions en quittant la société où je dois les exercer ; je ne puis donc la quitter sans une permission formelle, ou d'elle, ou de celui qui la représente. Elle a pu, elle a dû imposer une peine à l'infraction de ce devoir. J'ai connu ce devoir en prenant ma charge ; j'ai connu cette peine prononcée d'avance : je l'ai encourue, je dois la subir.

Mais puisque, pour me faire subir cette peine, il a fallu une loi antérieure à mon délit, puisque la société, en faisant cette loi, n'a compris dans ses dispositions pénales qu'une portion déterminée de mes biens, portion qu'elle-même m'a concédée à des conditions que je ne remplis pas, elle a donc, par son silence sur mes autres biens, reconnu que cette portion ne peut être assimilée à ceux-ci, et qu'ils ne peuvent m'être enlevés que par une confiscation prononcée d'avance contre un délit dont je me rendrois coupable.

Aucun de ces principes n'a été suivi par les différentes factions qui ont succes-

sivement régné dans la révolution , parce
que, du moment qu'elles ont commencé à
sévir contre l'émigration , toutes n'ont eu
qu'un but , qui étoit de confisquer : aussi
leurs lois sur ce point sont-elles allées
bien au-delà de tout ce que les révolutions
connues nous apprennent sur les confiscations. On a renversé, dans ces lois mons-
trueuses , non-seulement toutes les idées
reçues en matière de législation , mais encore l'ordre même de la nature. Par la loi
de présuccession , on a établi , pour estimer la vie des émigrés , deux mesures arbi-
traires absolument contradictoires, suivant
qu'ils avoient des rentes viagères à recevoir
ou à payer. En vain la faction qui avoit fait
ces lois étoit-elle détruite ; ses lois lui sur-
vivoient; elles ont fait plus , elles ont sur-
vécu à toutes les factions , quand toutes les
factions ont été étouffées ou au moins comprimées par le gouvernement consulaire et
impérial , parce que ce gouvernement étoit,
ainsi qu'elles , bien décidé à ne jamais re-
culer devant une iniquité qui devoit être
productive.

A diverses époques, ce gouvernement a voulu paroître s'occuper du sort des émigrés : il les a rangés dans différentes classes, pour les éliminer, les rayer, les amnistier, les proscrire pour toujours. Toutes ces distinctions, également injustes, avoient pour but de grossir le nombre des confiscations, et de réduire les radiations définitives au moindre nombre possible. Cela étoit tellement son but, qu'après avoir établi des distinctions entre les individus, il n'a pas eu honte d'en établir encore entre les biens appartenant à un même individu.

En vertu de ces distinctions, désavouées par le bon sens, par la bonne foi, par tous les principes garans de la proprieté, les bois et les canaux ont été enlevés à leurs véritables propriétaires ; et après avoir échappé à la rapacité de tous les partis révolutionnaires, ils n'ont pu échapper à celle de ce gouvernement, destiné à tout engloutir.

Ces lois d'émigration ont eu le sort de toutes les lois révolutionnaires, proposées, proclamées avec violence par des législateurs insensés ; elles ont souvent été appli-

quées contre eux-mêmes, lorsque le changement des chances les rangeoit dans la classe
des victimes. Condorcet, Manuel, Pétion,
ont été obligés de fuir, et en fuyant ont
trouvé la mort, pour n'avoir pas voulu entendre rétorquer contre eux les argumens
dont ils avoient fait un si funeste usage.
C'est à eux qu'appartient le brevet d'invention de ces lois spoliatrices; elles sont devenues pour eux le taureau de Phalaris.
Cela s'est vu sur-tout après les révolutions
du 31 mai 1793 et du 18 fructidor
[4 septembre 1797] : à ces deux époques,
les révolutionnaires les plus fameux furent
atteints, les uns par la loi de l'émigration,
les autres par la loi de déportation, et plu·
sieurs par la loi de mort.

Juste châtiment de tous ceux qui, en
voulant faire céder tous les droits reconnus dans l'ordre social au droit du plus fort,
ne veulent pas voir que les victimes contre
lesquelles ils l'exercent, apprennent par-là
à l'exercer un jour contre eux-mêmes!

CHAPITRE XIX.

DES PROSCRIPTIONS ET DES CONFISCATIONS.

Il ne faut pas séparer ces deux noms, qui, en révolution, ont entre eux une relation nécessaire, et s'expliquent l'un par l'autre. La haine proscrit, la cupidité confisque ; et toutes les deux ne manquent jamais d'agir au nom du bien public et de la loi.

Ces deux passions si actives sont donc, dans une révolution, toujours aux ordres de l'ambitieux, qui est sûr de les employer pour lui, en les laissant travailler pour elles. Aussi les proscriptions et les confiscations se trouvent-elles dans toutes les révolutions. Il n'y a ni mœurs, ni climats, qui changent cette marche, parce qu'elle part de la corruption du cœur humain, corruption qui doit se retrouver par-tout, dès qu'elle rencontre des circonstances dans lesquelles elle peut impunément enfreindre ou détruire les lois, ou même en abuser.

Je dis même en abuser, parce que, de

toutes les mesures révolutionnaires, celle qui abuse des lois est la plus terrible. On semble alors conserver encore pour les lois un respect que ne connoissent plus ceux qui, avec plus d'audace, les ont enfreintes ou détruites : cette attitude respectueuse est un outrage; mais elle trompe la multitude, à qui on présente comme une application de la loi, ce qui en est la violation ou l'abus.

De tout temps, dans les sociétés, le bannissement a été une peine prononcée par la loi contre un délit social ; dans certains cas, la loi prononçoit en outre la confiscation. Je sais qu'il a été fait de fortes objections contre ces deux lois. Quelque chose qu'il puisse y avoir à dire contre elles (car il n'y a pas de lois humaines qui n'aient leurs inconvéniens), la société où elles étoient établies vivoit sous leur empire, et connoissoit les délits antérieurement déterminés que ces lois punissoient. Cependant, sous un bon gouvernement, on ne les exécutoit jamais avec rigueur. En 1702, des Messinois rebelles à Philippe V étant dans le cas de voir leurs biens confisqués, le sage

Torcy ne craignit pas de dire : *Il est à sou-haiter que Sa Majesté Catholique n'augmente jamais les finances de cette manière, et éloigne toute idée de confiscation.* Mais, dans une révolution, l'application de ces lois, au lieu de se faire sur quelques individus, se fait en masse ; au lieu de se faire sur des délits déjà définis, elle se fait sur des délits nouveaux, et auxquels on peut donner une extension arbitraire; au lieu de se faire par l'action lente et suivie des formes légales, elle se fait par des secousses violentes et précipitées.

Dans tout cela on retrouve bien le nom de la loi, mais aucun de ses attributs les plus essentiels : et cependant on en reconnoît tellement la nécessité, que l'on veut encore agir en son nom, et, comme elle, agir pour le bien public, c'est-à-dire que l'on veut légitimer l'iniquité. C'est-là le complément du code révolutionnaire, et c'est ce qu'il a été par-tout. En retrouvant les proscriptions et les confiscations révolutionnaires, on retrouve les mêmes prétextes, les mêmes motifs, les mêmes résultats ; et tous, toujours jugés de même par les principes, la raison et l'expérience; parce que, par-tout où il y a des hommes, et des hommes en révolution, il y a des passions réunies et opposées, il y a des factions victorieuses et vaincues; et que jamais, ni de la coalition ni du conflit des passions et des factions, il ne résultera une législation sage, juste et stable, trois choses nécessaires pour assurer la félicité publique.

Dans le court exposé que j'ai présenté sur quelques républiques de la Grèce, à chaque révolution on voit régulièrement le parti vainqueur proscrire et confisquer. La première ville qui donna ce funeste exemple, ou plutôt dans laquelle il fut donné par deux factions de Sparte et d'Athènes, ce fut Corcyre. Les excès y furent affreux; chaque parti sembloit, dans sa vengeance, vouloir se distinguer par une invention nouvelle. Thucydide, en nous donnant le tableau de tant de massacres et d'iniquités réciproques, observe (ce qui rentre parfaitement dans ce que j'ai dit ailleurs) que l'acception ordinaire des mots

étoit changée; qu'en affectant de ne chercher que le bien de la patrie, c'étoit toujours elle qu'on se disputoit. Il fait les
mêmes observations sur les villes qui, après
la bataille de Leuctres, se trouvèrent affran-
chies de la domination de Sparte. Rendues
à une liberté qui, pour elles, n'étoit que
la licence, Mégare, Sicyone, Phialée,
Phlionte, Corinthe, présentèrent tout-à-
coup une masse effroyable de délations, de
jugemens iniques, d'exécutions, de ban-
nissemens, de confiscations, de tout ce que
la vengeance a de plus atroce et de plus
recherché. Rome, qui avoit pris en Grèce
ses lois des douze tables, y prit aussi ses
lois révolutionnaires; mais en passant des
petites villes grecques au milieu de cette
Rome maîtresse du monde et souillée des
richesses de l'univers, ces lois semblent
se dépouiller d'un reste de retenue; elles
étonnent par tout ce qu'elles embrassent
dans leurs profondes combinaisons, dans
leur immense latitude. Ce ne sont plus
seulement quelques particuliers dont on
vend les biens; ce droit *calamiteux* s'étend

sur des provinces entières (1). C'est alors que les proscriptions révolutionnaires de la Grèce ne paroissent plus que de foibles esquisses crayonnées au hasard sur quelques feuilles volantes, pendant que celles de Rome sont des chefs-d'œuvre savamment dessinés, fortement gravés sur l'airain, et enluminés à force de sang (2).

' J'ai dit ailleurs que depuis Marius et Sylla, l'histoire romaine n'est plus qu'un nécrologe et un registre de confiscations. Alternativement voleurs et volés, les Romains éprouvent la soif de l'or, en s'égorgeant sur les trésors du monde entier. A voir avec quelle rage, avec quel acharnement ils s'attaquent, se dépouillent, s'assassinent les uns les autres, on diroit que le monde opprimé les a chargés de débattre eux-mêmes le compte de sa vengeance. Dans la proscription convenue entre Octave, Antoine et Lépide, outre une multitude de citoyens,

---

(1). *Secutus est, qui in causâ impiâ, victoriâ etiam fœdiore, non singulorum civium bona publicaret, sed universas provincias regionesque uno calamitatis jure comprehenderet.* Cicero, de Officiis, lib. II, § 8.

(2) *Esprit de l'Histoire*, Lettre XVIII.

3. 32

on avoit inscrit trois cents sénateurs, deux mille chevaliers. Il y avoit défense de cacher un proscrit, sous peine de mort; récompense pour chaque tête qu'on apporteroit; tout esclave qui tuoit son maître devenoit libre, et étoit inscrit à sa place sur le rôle des citoyens.

Octave, devenu seul arbitre des proscriptions, croyant que son intérêt pouvoit être de se rapprocher de l'humanité, ne parut plus avoir besoin d'autant de sang, mais eut encore besoin d'argent. Il condamna en une seule fois quatorze cents dames romaines à payer deux cent mille talens; il exigea des prêtres une portion de leurs biens, les menaçant, en cas de refus, de les mettre sur la liste des proscrits.

Nous avons vu la même chose dans la France révolutionnée: nous avons vu les prêtres déportés après avoir été dépouillés; tout propriétaire absent, réputé fugitif et son patrimoine confisqué; ceux qui restoient, déclarés suspects, emprisonnés, soumis au séquestre ou tués. Nous avons vu le Directoire statuer seul définitivement sur les listes de proscription, se trouver ainsi juge absolu de la vie et de la propriété, et en faire pour lui une affaire de finance; nous avons vu une province entière mise, par une loi, hors de l'humanité; hommes, femmes, enfans, bestiaux, habitations, tout condamné à la destruction, et l'œil des destructeurs frémissant à l'aspect de ce qui offroit encore quelque signe d'existence.

La Convention, qui avoit inventé les *mises hors la loi*, vit exécuter contre elle cette mesure atroce: ses députés, ses agens se condamnoient mutuellement à la mort; au milieu même de ses séances, ils se menaçoient réciproquement de l'échafaud.

La proscription étoit devenue un moyen de gouvernement, parce que la confiscation avoit été établie comme moyen de finance. Les premières lois de ce code anti-social furent faites par l'Assemblée législative, pour bannir et dépouiller les émigrés. Les principes, la raison, la bonne foi, y ayant été impudemment violés, encore moins les retrouva-t-on dans les lois subséquentes, qui n'étoient que le corollaire de celles-là;

et ce que je dis ici avoit été dit dans cette Assemblée elle-même, lorsqu'on y proposa pour la première fois la loi sur les émigrés. Les journaux nous ont conservé les réclamations énergiques qui furent faites alors par quelques gens sages. « Vous allez ouvrir, » disoient-ils, une liste de proscription qui » en produira une multitude; ces listes se-» ront vastes et terribles.... Dans tous » les gouvernemens, la confiscation a » quelque chose d'odieux; mais dans un » gouvernement libre, c'est un poison ré-» pandu au milieu de la société; il y cor-» rompt toute probité, toute morale. La » confiscation offre sans doute une ressource » aux finances; mais c'est une ressource que » l'on veut étendre, à laquelle on est tou-» jours tenté de revenir; et alors on y re-» vient par l'oppression et les crimes.... » Vous voulez, dites-vous, proscrire les émi-» grés, qui veulent vous attaquer; mais les » femmes, mais les enfans, mais tous ceux » qui, en émigrant, n'ont cédé qu'à la terreur, » tous ceux que leur industrie aura précé-» demment conduits chez l'étranger?....

» Que d'iniquités vont résulter d'une seule
» loi ! Vous vous flatteriez en vain de la
» modifier ; atroce dans son but, elle le sera
» encore plus dans ses moyens. »

Toutes ces objections, et cette dernière phrase sur-tout, étoient réellement
prophétiques. C'est dans l'histoire et dans
le cœur humain que ceux qui parloient
ainsi avoient lu ce que nous avons vu se
vérifier depuis. Toute la législation sur l'émigration a été inique et absurde ; le mode
même de l'inscription sur la liste révoltoit
le bon sens autant que la justice. Tout
homme qui, par vengeance ou par caprice,
vouloit en faire inscrire un autre, n'avoit
aucun obstacle à surmonter ; on ne
lui faisoit pas même d'observations : il annonçoit une confiscation, il désignoit une
victime, il étoit sûr d'être accueilli. L'inscription avoit lieu sans qu'il fût mention
de celui qui faisoit inscrire ; elle constituoit
en délit l'inscrit, qui souvent l'ignoroit, et
seule suffisoit pour faire prononcer sa ruine
et même sa mort.

On croiroit qu'il n'est pas possible de

porter plus loin l'oubli de tout principe : le gouvernement impérial sut encore ajouter à cette absurde législation. Comme le crime, tout crime qu'il est, ne peut pas penser à tout, des propriétaires avoient été soumis au séquestre sans être inscrits ; et quand ils ont voulu faire valoir la non-inscription, le gouvernement a osé leur dire que cette omission ne devoit pas lui préjudicier, et que le simple séquestre seroit regardé comme une preuve d'émigration.

Ce gouvernement avoit trouvé moyen d'agraver une loi du terrorisme, et il se disoit réparateur !

Il faudroit reprendre une à une toutes les lois sur l'émigration, pour voir jusqu'où l'inconséquence et l'absurdité peuvent aller, quand elles sont dirigées par une iniquité cupide.

A force de corrompre jusqu'aux moyens mêmes d'accomplir ces lois, on parvint à faire naître des moyens de les éluder. Un grand nombre d'individus se trouvoient inscrits sur la fatale liste, quoique n'étant jamais sortis de France, n'ayant jamais pu en sortir ; plusieurs même l'avoient été quoique étant morts avant la révolution; beaucoup avoient été incarcérés pendant le régime de la terreur; d'autres avoient péri victimes des premiers accès de la frénésie populaire (1). Des réclamations se firent entendre de toutes parts. Le Directoire n'avoit pas encore imaginé le principe (établi par le gouvernement qui l'a remplacé) de l'infaillibilité de l'inscription. Les premières réclamations étoient évidemment justes; on fit des lois pour en régler la forme. A l'instant cette forme fut saisie par tous ceux qui étoient à portée de réclamer. Les agens du gouvernement virent, dans les radiations, un moyen de s'enrichir; elles se vendirent publiquement, parce que la liberté d'un peuple et d'un gouvernement corrompus ne peut jamais être que corruption et vénalité. Les faux certificats, les faux témoins, furent provoqués; et il fallut prendre la marche du crime pour se défendre contre l'iniquité.

---

(1) Le malheureux Bertier, intendant de Paris, massacré publiquement à l'Hôtel-de-ville au mois de juillet 1789, fut mis sur la liste des émigrés.

Voilà l'effet inévitable des lois révolutionnaires, en opposition avec les principes du droit public : leurs insensés ou fougueux auteurs sont tout étonnés d'éprouver des effets entièrement opposés à leurs vues. Pour établir ces lois, il a fallu s'éloigner de toute morale ; pour les éluder ou les enfreindre, on suit la même route ; et la société, à qui on avoit dit qu'elle trouveroit dans ces lois un grand accroissement de richesses, n'y trouve en définitif qu'un accroissement d'immoralité.

Car ces immenses confiscations tournent bien moins au profit de l'État qu'à celui de quelques particuliers avides et audacieux, espèce d'hommes que l'État n'a jamais intérêt d'enrichir, quand même son plus grand et son premier intérêt ne seroit pas de maintenir la stabilité des propriétés. Les biens confisqués se vendoient à vil prix : il semble qu'il y ait une conscience publique qui réprouve ces acquisitions ; cela a toujours été ; la révolution françoise m'en fourniroit mille exemples. J'aime mieux en choisir un dans les proscriptions de Rome sous Sylla, proscriptions que Cicéron appeloit *pugna Cannensis*. Toutes les circonstances en ont un rapport effrayant avec ce que nous avons vu.

Le père de Roscius avoit été tué sans être sur la fatale liste; néanmoins ses biens furent confisqués, parce qu'on l'y inscrivit après sa mort. Ces biens valoient plus de sept cent mille francs; ils furent vendus, ou plutôt donnés pour deux cent cinquante francs à Chrysogonus, affranchi de Sylla. L'injustice criante de la confiscation, et l'énorme avantage de l'acquisition, firent craindre à cet affranchi que le fils de Roscius ne redemandât le bien de son père; il n'imagina rien de mieux que de l'accuser d'en être l'assassin. La terreur étoit si grande, que personne n'osoit le défendre. Cicéron le défendit, et le fit absoudre; mais le ton même qui règne dans son plaidoyer, prouve combien il se crut obligé de garder de ménagemens. Il se justifie, pour ainsi dire, de s'être chargé de la cause de l'accusé: *Neque uti satis firmo præsidio defensus Sex. Roscius, verùm uti ne omninò desertus esset.* Il reproche bien à

Chrysogonus de n'avoir intenté cette affreuse accusation de parricide, que pour s'assurer la jouissance d'un bien acquis contre la loi même; mais cependant il déclare qu'il ne répète pas ce bien, injustement enlevé, qu'il ne demande que la vie et l'absolution de son client : *Ut pecuniâ, fortunîsque nostris contentus sit, sanguinem et vitam ne petat.* Il se soumet à ce qu'il y a d'inique, pour ne pas s'exposer à ce qui est atroce.

Dans un seul fait que de crimes réunis, et qui tous naissent d'un crime public, les proscriptions !

Toutes les recherches et tous les raisonnemens que l'on peut faire sur les confiscations, sont bien une preuve de la différente application d'une même loi, suivant la différence des gouvernemens. Sous la monarchie, la confiscation, effrayante par son nom, étoit à-peu-près nulle dans la pratique. Le pouvoir révolutionnaire, qui renversoit toutes les lois, trouva celle-là dans les débris de notre législation ; il s'en empara, il se l'appropria, il en fit un code

complet; et à l'instant cette loi, juste dans
son principe, toujours de plus en plus
adoucie dans ses effets, devint tout-à-coup
méconnoissable et terrible dans ses appli-
cations : et néanmoins tel doit toujours
être dans un gouvernement révolutionnaire
l'accroissement de l'injustice, que le dernier
liquidateur de la dette publique trouva encore insuffisant le commentaire déjà si ample
de cette loi; il imagina des moyens ou des
prétextes nouveaux pour donner une nouvelle extension aux effets qu'on en avoit
jusqu'alors obtenus. On ne songeoit encore
qu'avec effroi à l'extension de cette loi,
quand l'usurpateur fut relégué dans l'île
d'Elbe. Lors de la confection de la Charte,
sa suppression fut demandée; et par qui le
fut-elle avec le plus de chaleur? par les révolutionnaires qui en avoient le plus abusé,
et qui, méditant peut-être les délits auxquels elle auroit dû s'appliquer, vouloient
abolir d'avance la punition du crime qu'ils
espéroient commettre. Au lieu de supprimer
cette loi, on auroit pu la réduire à quelques
cas rares et bien déterminés; c'est ce qu'on

ne fit pas. Ce tort (car c'en fut un) ne peut se justifier que par les considérations du moment où la Charte fut faite. Si la confiscation eût été conservée pour les crimes de lèse-majesté et pour ceux qui attaquent le gouvernement légitime, les nombreux déserteurs de la cause royale auroient pu être, l'année suivante, retenus du moins par leurs intérêts. Les défenseurs qu'ils trouvèrent malheureusement dans le Conseil, au mois de juillet 1815, n'osèrent pas nier la grandeur du crime qui avoit remis la France en révolution; mais ils objectèrent la nécessité de maintenir la Charte et de n'y point porter atteinte. Au fond ils avoient raison, parce qu'il importe à la tranquillité de l'État que la Charte soit maintenue, puisque la restauration n'a pas donné à l'État d'autre garantie ni d'autres institutions; mais en la maintenant, une ordonnance justement motivée sur les circonstances dont on sortoit, pouvoit, sous le nom d'amende et de dommages et intérêts, donner à l'État une foible compensation des maux que tant de coupables faisoient peser

sur lui. Nous avions dans notre jurispru-
dence un exemple parfaitement applicable
aux délits du moment. Dans les affaires
criminelles où il y avoit une partie civile,
le ministère public non-seulement requéroit des peines corporelles ou afflictives
contre l'accusé, mais il requéroit encore,
au profit de la partie lésée, des dommages et
intérêts proportionnés à la lésion qu'elle
avoit éprouvée. Ces dommages et intérêts
étoient toujours prononcés avec solidarité
et par forme de réparation civile. La solidarité soumettoit un des accusés à payer
en totalité, sauf recours contre ses complices. La forme de réparation civile em-
portoit la contrainte par corps, et l'accusé
restoit en prison jusqu'à l'entier paiement
de la somme à laquelle il avoit été condamné.

Ce qu'une loi sage et ancienne ordonnoit contre un particulier qui en avoit lésé
un autre, pouvoit, à plus forte raison, être
aussi prononcé par une loi contre les criminels d'État. Cette condamnation dérive
immédiatement du droit naturel ; c'est lui

qui veut que le tort fait à quelqu'un soit réparé par l'auteur de ce tort. Pour ne pas accorder à l'État la justice qui ne peut être refusée à un individu, il faut aller jusqu'à dire que l'individu est plus favorable que l'État, et que le criminel qui attaque celui-ci est plus excusable que celui qui attaque un particulier.

Si une décision aussi juste eût été prise contre les principaux fauteurs de l'usurpation des cent jours, il en seroit résulté pour la France deux avantages : le premier, c'est qu'elle n'auroit pas vu porter hors de chez elle des monceaux d'or accumulés par les révolutionnaires ; le second, c'est que, soit en quittant le sol françois, soit en y restant, ils eussent eu moins de moyens pour y entretenir ou y semer des troubles. Il en seroit de plus résulté un grand avantage pour le maintien des principes de la légitimité des gouvernemens, principes que les souverains prennent aujourd'hui pour base de leurs traités. La morale publique n'eût pas été réduite à gémir de voir des révolutionnaires françois étaler aux yeux d'un peuple étranger le produit scandaleux de leurs crimes, et l'enhardir par leur exemple à commettre les mêmes crimes, dans l'espérance d'en recueillir le même prix.

FIN DU TROISIÈME VOLUME.

TABLE
DES CHAPITRES

CONTENUS DANS CE VOLUME.

~~~~~~~

LIVRE VI.

CAUSES, OCCASIONS, PRÉTEXTES,
MOTIFS DES RÉVOLUTIONS.

———

LIVRE VII.

EFFETS DES RÉVOLUTIONS.

FIN DE LA TABLE DES CHAPITRES
DU III.ᵉ VOLUME.

Imprimé en France
FROC011906060720
24425FR00014B/607